Informatik – Fachberichte

Band 1: Programmiersprachen. Fachtagung 1976. Herausgegeben von H.-J. Schneider und M. Nagl. VI, 270 Seiten. 1976

Band 2: Betrieb von Rechenzentren. Workshop der Gesellschaft für Informatik 1975. Herausgegeben von A. Schreiner. VII, 283 Seiten. 1976

Band 3: Rechnernetze und Datenfernverarbeitung. Fachtagung der GI und NTG 1976. Herausgegeben von D. Haupt und H. Petersen. VI, 309 Seiten. 1976

Informatik - Fachberichte
Herausgegeben von W. Brauer
im Auftrag der Gesellschaft für Informatik (GI)

3

Rechnernetze und Datenfernverarbeitung

Fachtagung der GI und NTG
Aachen, 31. 3.–2. 4. 1976

Herausgegeben von
D. Haupt und H. Petersen

Springer-Verlag
Berlin Heidelberg New York 1976

Herausgeber
Prof. Dr. Dieter Haupt
RWTH Aachen
Rechenzentrum
D-5100 Aachen

Dr. Heinz Petersen
RWTH Aachen
IFG 15
Seffenter Weg 23
D-5100 Aachen

Library of Congress Cataloging in Publication Data

Main entry under title:

Rechnernetze und Datenfernverarbeitung.

(Informatik-Fachberichte ; Bd. 3)
German or English.
Bibliography: p.
Includes index.
1. Computer networks--Congresses. 2. Electronic data processing--Congresses. I. Haupt, Dieter. II. Petersen, Heinz, 1936- III. Gesellschaft für Informatik. IV. Nachrichtentechnische Gesellschaft. V. Series.
TK5105.5.R4 001.6'44'04 76-6450

AMS Subject Classifications (1970): 68 · 02

ISBN-13: 978-3-540-07672-8 e-ISBN-13: 978-3-642-66344-4
DOI: 10.1007/978-3-642-66344-4

VORWORT / PREFACE

Im Herbst 1974 entschied sich der Fachausschuß 3/4 ("Rechnerorganisation und Betriebssysteme") der GI in Übereinstimmung mit dem Fachausschuß 6 ("Technische Informatik") der NTG, das Thema "Datenfernverarbeitung und Rechnerverbundnetze" der geplanten Fachtagung in Aachen voranzustellen. Für die Wahl dieses Themas gab es eine Vielzahl von Motiven, von herausragender Bedeutung zeigte sich jedoch, daß die Entwicklung und Entstehung von Rechnerverbundnetzen in immer größeren Schritten verlief und sich nicht nur in den USA, sondern auch in Europa beachtliche Aktivitäten entwickelt hatten. Heute, zu Beginn dieser Tagung, hat sich bei vielen mit diesem Thema vertrauten Personen der Eindruck noch verstärkt, daß die Bedeutung der Möglichkeit des Aufbaus von Rechnernetzen sich nicht nur auf die Informatik beschränkt, sondern auch in kaum zu überschätzendem Maße auf die gesamte Gesellschaft erstreckt. Bereits heute geben in Ansätzen vorhandene Netze, welche u.a. weitgespannten Zugriff zu Personaldaten ermöglichen, in der Gesellschaft Anlaß zu grundsätzlichen Diskussionen.

Für die Gestaltung der Fachtagung stellte sich deshalb die Aufgabe, zum einen durch Spezialbeiträge eine Palette von Problemen zu beleuchten, welche typisch für die Entwicklung und eventuell für den Betrieb von Rechnernetzen sind, zum anderen durch Übersichtsvorträge ein möglichst aktuelles Bild vom Stand der Entwicklung, insbesondere in Europa, zu gewinnen. Ob und wieweit dies gelungen ist, werden die Beiträge und Gespräche, der Erfahrungsaustausch und die kritischen Diskussionen der kommenden Tage zeigen.

Der Programmausschuß dieser Tagung, der aus den Herren

P. Bocker, München
W. Händler, Erlangen
D. Haupt, Aachen
P. Müller-Stoy, München
W. Proebster, Stuttgart
E. Raubold, Darmstadt
J. Schröder, Darmstadt
F. Schwenkel, Hamburg
J. Swoboda, Ulm

besteht, hat sich bemüht, aus den zahlreich eingesandten Beiträgen ein ausgewogenes Bild der gegenwärtigen Situation auf diesem Fachgebiet zusammenzustellen. Dies war nicht immer ohne mit Bedauern vermerktem Verzicht auf manchen interessanten Beitrag möglich.

Bereits jetzt läßt sich aus der Sicht der Herausgeber und der örtlichen Tagungsleitung eine erste bemerkenswerte Feststellung treffen: Das Echo, welches die Ankündigung dieser Tagung gefunden hat, übertraf die Vorausschätzungen beträchtlich.

Zu danken ist allen jenen, die am Zustandekommen dieser Tagung beteiligt waren, insbesondere den Vortragenden, den Mitgliedern des Programmausschusses, Herrn B. Schlender als dem Vorsitzenden des Fachausschusses 3/4 der GI für seine freundlichen Ratschläge sowie Frau W. Ballhause, Frau S. Braunleder und Herrn E. Klausmann für ihren unermüdlichen Einsatz bei der Tagungsvorbereitung.

Aachen, im März 1976

Dieter Haupt
Heinz Petersen

INHALTSVERZEICHNIS / TABLE OF CONTENTS

HAUPTVORTRÄGE / MAIN LECTURES

Rechnerverbund: Motivation, Möglichkeiten und Gefahren
W. Händler 3

Datenübertragung in öffentlichen Nachrichtennetzen am Beispiel des öffentlichen Fernschreib- und Datennetzes der Deutschen Bundespost
W. Staudinger 19

Rechnernetze in der BRD - ein Situationsbericht
E. Raubold 29

Developments in European Public Data Networks
P.T. Kirstein 39

WIRTSCHAFTLICHE ASPEKTE / ECONOMICAL ASPECTS

The Influence of Computer Hardware and Communication Lines on the Cost of Distributed Computer Systems
L. Ambrosini / G. Bucci 61

Modell zur Ermittlung eines dezentralisierten Rechnersystems mit minimalen Kosten
P. Schmitz / A. Schönlein 75

Entwicklung und Wirtschaftlichkeit von Rechnerverbundnetzen
J.C.W. Schroeder 81

GEPLANTE UND REALISIERTE SYSTEME / PLANNED AND REALIZED SYSTEMS

Aufgaben und Funktionen des GMD-Netz-Steuersystems
B. Struif 101

Struktur der Kommunikationsprotokolle im GMD-Netz
I. Barth 111

Simulation of the Protocols of the GMD-Net
J. Hänle 119

The Hahn-Meitner-Institut Computer Network
H.W. Strack-Zimmermann / H.-D. Schrödter 131

Interprocess-Communication (IPC) in a Resource Sharing Network (Using Datagram-Service)
B. Butscher / R. Irsigler / F. Vogt 141

Eine Dialogmaschine für den Betrieb eines Terminals - Ihre Anwendung auf die Kopplung PDP11 - TR440
W. Glatthaar / G. Peter 151

Der Kaiserslauterner Lastverbund für TR440-Rechner
M. Bürkle 165

BETRIEBSSYSTEME / OPERATING SYSTEMS

Ein Betriebssystem mit Ringstruktur für Kommunikationsrechner in Rechnernetzen
R.Dierstein / J. Gersing / G. Glas / F. Vildosola 177

Neue Kommunikationsdienste in Datenfernverarbeitungssystemen
P. Jilek 193

On the Exchange of Messages Between Processes
A.N. Doederlein / F.R. Hertweck 207

THEORETISCHE ASPEKTE / THEORETICAL ASPECTS

Distributed Applications on Heterogeneous Networks
J.C. Chupin / J. Seguin / G. Sergeant 219

Strukturmodelle dezentralisierter Kontrolle in Mehrrechnersystemen
O. Drobnik 233

Leistungskriterien für Rechnernetze und ihre Betriebsstragegie
S. Hoener / H. Weber 245

An Axiomatic Description of the Transport Protocol of Cyclades
A.A.S. Danthine / J. Bremer 259

Priorities and Pay Function Routing for a Packet Switching Network
A. Butrimenko / U. Sichra 275

Strukturen in Rechnerverbundsystemen
H. Bender 291

Autorenverzeichnis / List of Authors 307

HAUPTVORTRÄGE / MAIN LECTURES

RECHNERVERBUND: MOTIVATION, MÖGLICHKEITEN UND GEFAHREN

WOLFGANG HÄNDLER
Institut für Mathematische Maschinen
und Datenverarbeitung der Universität
Erlangen-Nürnberg

1. Motivation

Es sollen im folgenden einige Hauptpunkte aufgeführt werden, unter denen der weltweite Betrieb von Rechnerverbundnetzen als notwendig, nützlich und sogar unerläßlich erscheint. Zu den Hauptzielen gehören insbesondere:

1) Die Rechenleistung (und/oder die Information) soll zu gewünschten Zeiten dorthin gebracht werden, wo sie tatsächlich benötigt wird, ohne im Einzelfall die Anschaffung eines Rechners zu erfordern.

2) Unter den vorhandenen Rechnern soll ein Ausgleich der Last vorgenommen werden können.

3) Die Teilnehmer bzw. der Benutzer sollen ein verbreitertes Angebot von Diensten in Anspruch nehmen können. Die Dienstleistungen betreffen im einzelnen:

   - Software, insbesondere Anwender-Software
   - Datenbanken, Informationssysteme

4) Die Verfügbarkeit von Dienstleistungen soll erhöht werden ohne eine Vervielfachung der Rechner-Einrichtungen am Ort.

In der globalen Betrachtung ergibt sich damit zugleich eine Kosteneinsparung. Das ist besonders augenfällig dort, wo eine Zeitdifferenz im Tagesablauf besteht. Betrachtet man das Verkehrsaufkommen hinsichtlich der benötigten Rechenleistung über der Tageszeit für einen Ort (Abb. 1), so ergibt sich ein Ansteigen während der Vormittagsstunden, ein vorübergehendes Abflauen während der Mittagsstunden und schließlich ein allgemeines Abklingen zu den Abendstunden hin. Bei annähernd gleicher Charakteristik für das Verkehrsaufkommen wären solche Kurven für die verschiedenen Orte, die am Netz beteiligt sind, entsprechend der Ortszeit verschoben aufeinander zu legen und zu addieren. Im Idealfall erhielte man dann eine konstante Belastung bzw. Auslastung in einem weltweiten Rechnerverbundnetz (vgl. 2). Durch die Bildung von Rechner-Verbundnetzen ist eine Erhöhung der globalen Rechnerleistung erst dann vorzunehmen, wenn die Summe aller Rechner-Anforderungen die Leistungsfähigkeit des Gesamtnetzes übersteigt (vgl. 1). Damit wäre auch volkswirtschaftlich der Einsatz von Rechner-Verbundnetzen zu befürworten, wenn sich die Aufwendungen für das eigentliche Leitungsnetz, d. h. die Leistungskosten, die Vermittlungskosten und ähnliches in zuträglichen Grenzen halten lassen.

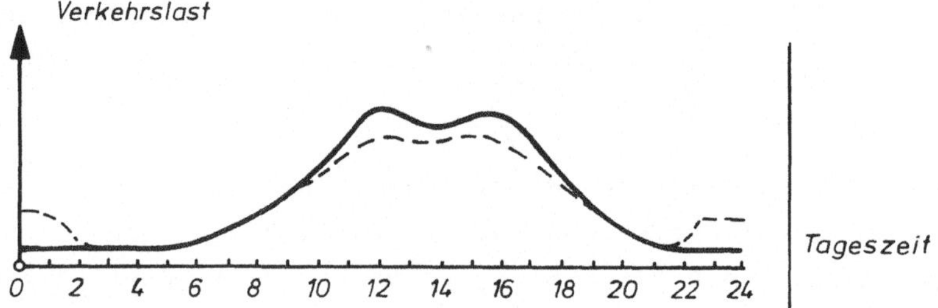

Abb. 1 Verkehrsaufkommen hinsichtlich der erforderlichen Rechenleistung über der Tageszeit an einem Ort (gestrichelte Linie ergibt sich möglicherweise nach Einführung eines günstigen Nachttarifs).

Durch geeignete Wahl der Netzwerk-Topologie kann die Ausfallsicherheit bzw. die Verfügbarkeit global stark erhöht werden, ohne daß an einem Ort die spezifische Rechenleistung vergrößert werden muss. Die Ausfallsicherheit wird gelegentlich durch die sog. "Verfügbarkeit" angegeben. Sie ist definiert[1)] als

$$= \frac{\text{MTBF}}{\text{MTBF - MTR}} ,$$

wenn MTBF die mittlere Zeit zwischen dem Auftreten zweier Fehler ist (mean time between failures) und MTR die mittlere Reparaturzeit (mean time for repair). Bei dem gegenwärtigen Stand der Entwicklung erfordert die Erhöhung der Verfügbarkeit in einem Rechner-Verbundnetz (vgl. 4), daß mehrere Rechner vom gleichen Typ dem Netz angeschlossen sind. Auf der anderen Seite erfordert die Verbreiterung des Angebots (vgl. 3), daß unterschiedliche Rechnertypen vorhanden sind, die bei unterschiedlichen Anwendungen den jeweils ökonomischsten Betrieb ermöglichen.

---

1) Bedenken gegen diese Form der Definition seien hier zurückgestellt. Es müßte ersichtlich gefordert werden, daß MTBF größer ist als die mittlere Rechenzeit von Aufgaben auf einem Rechner.

Merkliche Vorteile ergeben sich bei einer relativ großen Zahl von unterschiedlichen Rechensystemen. Kleinere Rechner-Verbundnetze mit begrenzten Zielen, bei denen Abstriche hinsichtlich der obenstehenden drei Ziele gemacht werden, können jedoch durchaus Nutzen abwerfen. Aus dieser Betrachtung folgt unmittelbar:

1. Im Rechner-Verbundnetz haben auch Rechner mit "Spezialbegabungen" (etwa ILLIAC IV oder STARAN) einen Platz, die andernfalls nicht wirtschaftlich eingesetzt werden könnten. Der Rechner-Verbund garantiert von allen Orten des Netzes aus die höhere und ausgeglichenere Nutzung.

2. Die Steigerung der Verfügbarkeit durch Massierung von Rechnern gleicher Art an einem Ort ist i.A. sehr unwirtschaftlich. Um z.B. die Verfügbarkeit von 98 % auf 99 % heraufzusetzen, bedarf es oft des doppelten Aufwandes. Demgegenüber kann die globale Verfügbarkeit in sehr wirtschaftlicher Weise durch die Anordnung mehrerer Rechner mit gleicher Dienstleistung an verschiedenen Orten im Netzwerk erhöht werden (damit sinkt zugleich die Verletzbarkeit im Krisen- und Katastrophenfall).

Struktur von Rechner-Verbundnetzen, dargestellt am Beispiel des ARPANET[1)]

Im folgenden können nicht alle Möglichkeiten der Bildung von Rechner-Verbundnetzen ausgebreitet werden. Vielmehr soll im Rahmen dieser Tagung eine erste Orientierung gegeben werden, die ganz wesentlich aus den Erkenntnissen über das ARPANET stammt. Das seit etwa dem Jahr 1967 stufenweise entstandene Rechner-Verbundnetz ist das bisher größte. Es erstreckt sich über den amerikanischen Kontinent (Nord) und schließt seit einiger Zeit auch Hawai und Europa ein. Der Anschluß von Hawai dient zugleich der Erprobung einer Nachrichten-Übertragung durch Nachrichten-Satelliten, während im übrigen das ARPANET ganz wesentlich auf konventionellen Übertragungsleitungen der Telefon-Technik mit einer "Bandbreite" von 50 kHz aufbaut.

Die Verwendung von Mietleitungen der zuständigen Telefongesellschaften beruht einmal auf der erforderlichen Verkehrsleistung, zum anderen aber auf der Notwendigkeit, im Falle des Ausfalls einzelner Leitungen eine Ersatzverbindung herstellen zu können. Erst die Beachtung des letzteren Gesichtspunktes schafft die erforderliche Erhöhung der Betriebssicherheit bzw. der Verfügbarkeit.

---

1) Advanced Research Project Agency, eine dem Pentagon angeschlossene Behörde.

Die Forderung nach minimalem Aufwand würde zu einem sternförmigen Verbundnetz führen, das (indirekt) jeden Punkt mit jedem anderen Punkt zu verbinden gestattet (Abb. 2). Der Aufwand ist proportional 2(N-1), wenn N die Anzahl der beteiligten Institutionen ist (bei Verbindungen in beiden Richtungen). Das andere Extrem der Forderung nach höchster Betriebssicherheit (Verfügbarkeit) würde jedoch zu einem "vollständigen Graphen" führen, in dem jeder Punkt mit jedem anderen Punkt im Netz direkt verbunden werden kann (Abb. 3). Der Aufwand wäre in diesem Fall N(N-1). Die Forderung nach hinreichender Ausfallsicherheit einerseits

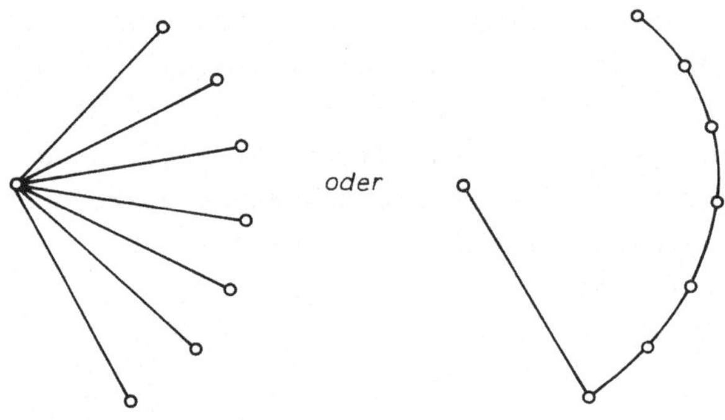

Abb. 2 Sternförmiges Netz: geringste Kosten bzw. Betriebskosten. Aufwand proportional 2(N-1). Bei Ausfall des Sternpunktes Gesamtausfall (links). Alternative (rechts) etwas günstiger (minimale Konnektivität, Kosten steigen linear mit N).

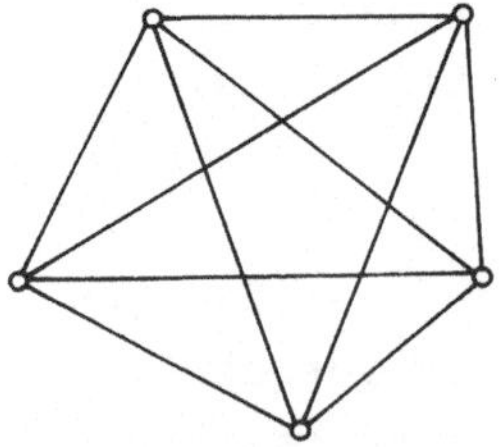

Abb. 3 "Vollständiges" Netz: hohe Betriebssicherheit, jedoch hoher Aufwand proportional N(N-1) (maximale Konnektivität, Kosten steigen quadratisch mit N).

und nach wirtschaftlicher Nutzung andererseits muß in einem vernünftigen Kompromiß gesucht werden. So werden im ARPANET alle Institutionen durch wenigstens zwei Leitungen, einige jedoch durch drei Leitungen in das Netzwerk einbezogen (Abb. 4). Grundlagen für einen solchen Kompromiß bieten der FORD-FULKERSON-Algorithmus einerseits [1] und die Berechnung der Gesamtverfügbarkeit [2] aus bekannten Einzel-Verfügbarkeiten andererseits.

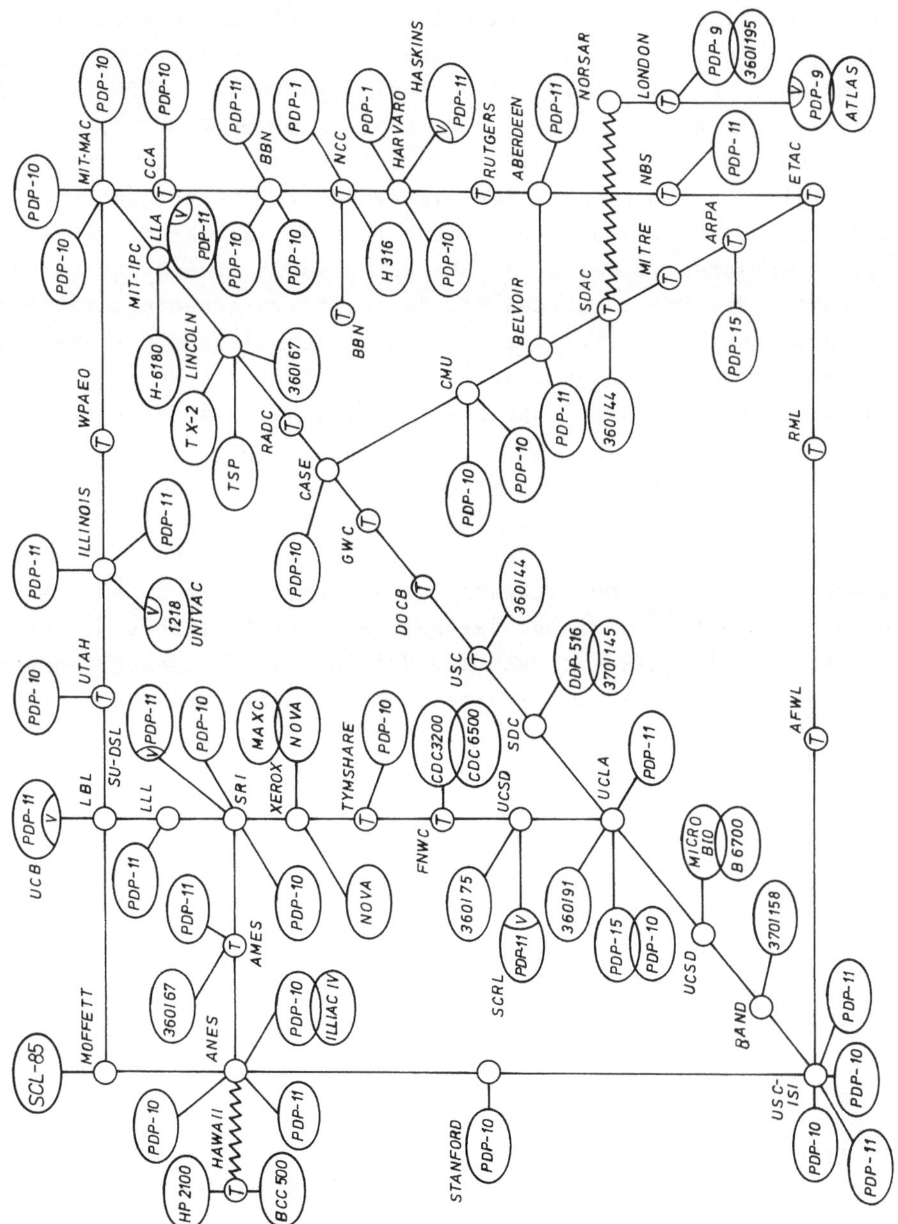

Abb. 4 ARPA NETwork, topologische Karte. Stand Juni 1974.

Die Darstellung des ARPANET (Abb. 4) entspricht den topologisch-strukturellen Verhältnissen. In der rechten oberen Hälfte erkennt man in Abkürzungen z.B. MIT-MAC: Massachusetts Institute of Technology - Project MAC, oder, weiter unten, BBN: Bolt, Beranek and Newman (ebenfalls im Bostoner Raum) und dicht daneben CMU: Carnegie Mellon University (Pittsburgh, PA.) usw.

In dieser Darstellung (Abb. 4) erkennt man zugleich, daß sich ein einfacher Anschluß in den runden Anschlußpunkt bzw. Knoten (Vermittlungsrechner, genannt IMP 4) und in den eigentlichen "Host"[3](PDP-10, 360/44 usw.) aufteilt. Der Anschlußpunkt ist einheitlich im ganzen ARPANET z.Zt. ein Honeywell- Rechner (H 516 bzw. H 316), der ausschließlich Vermittlungsaufgaben zu erfüllen hat. Er sorgt für die geordnete Übertragung von Nachrichten-"Paketen". Die Paket-Übertragung (packet switching) wurde als Übertragungsverfahren im Falle des ARPANET gewählt. Die Nachrichten zwischen 2 Punkten des Netzes werden mit "Etikett" versehen als Paket auf die Reise geschickt. Alle zwischen beiden Knoten liegenden Knoten (IMPs) sind mit der Weitergabe befaßt, wobei aber in analoger Weise auch die Pakete mit anderen Herkunfts- und Bestimmungspunkten befördert werden.

Mehrere "Hosts", d.h. Rechenanlagen (oval in Abb. 4) können an einen IMP angeschlossen werden. Es gibt inzwischen 2 Arten von IMPs (kreisförmig in Abb. 4); während zur Zeit der Gründung des ARPANET nur die oben angegebene Art von IMP (schwarz ausgezogener Kreis in Abb. 4) existierte, werden heute stärker die Rechner mit der Bezeichnung "Terminal IMP" oder kurz TIP eingesetzt. Während die IMPs in der angegebenen Weise den Austausch von Informationspaketen im Netz bewerkstelligen, ermöglichen die TIPs zusätzlich noch den direkten Anschluß von Teilnehmer-Stationen (Terminals).

Dem IMP lag die Konzeption zugrunde, bestehende Rechensysteme und insbesondere Teilnehmersysteme mit einem örtlichen Teilnehmernetz an das ARPANET anzuschließen (Abb. 5). Die gegenwärtig noch vorherrschende Form der funktionellen Aufteilung zwischen HOST und IMP erklärt sich hieraus. Demgegenüber ermöglicht die neuere Konzeption eines "TIP" den direkten Anschluß von Teilnehmerstationen auch dann, wenn kein HOST an diesen Knotenpunkt des ARPANET angeschlossen ist. Hierfür erhält ein TIP zu-

---

3) Mit "Host" (engl.) wird ein "Gastgeber" (Wirt) bezeichnet. Im Zusammenhang mit Rechnerverbundsystemen wird damit ausgedrückt, daß "Dienste" angeboten werden.

4) IMP: Interface Message Processor - Bezeichnungsweise im Zus.hang mit ARPANET

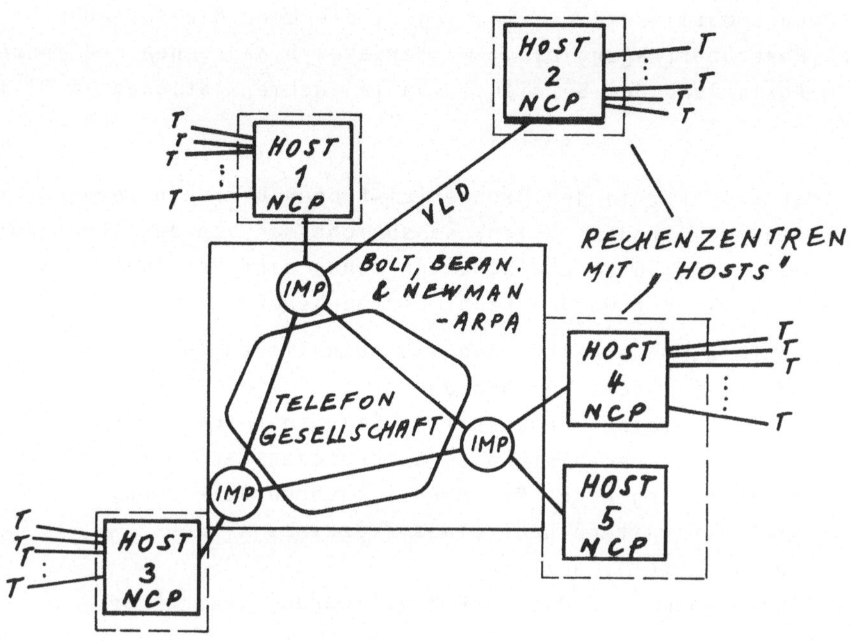

Abb. 5 Struktur des ARPANET. Hierarchischer Aufbau im wesentlichen in drei Stufen:

- Leitungen (zumeist 48 kHz) in der Obhut der Telefongesellschaften;
- Paketverkehr in der Obhut der Fa. Bolt, Beranek and Newman;
- eigentlicher Teilnehmerverkehr über HOST od. TIP, z.B. unter Nutzung von Prozessen im Bestimmungs-HOST.

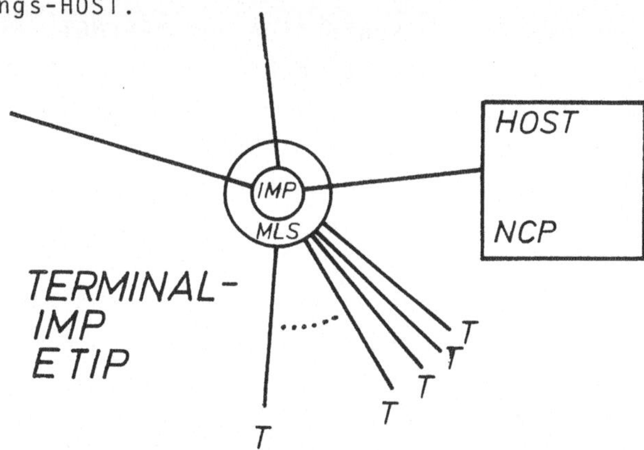

Abb. 6 Modifikation der Struktur des ARPANET durch Anschluß von Teilnehmerstationen direkt an einen Terminal IMP bzw. TIP. Der HOST kann ggf. von der reinen Verkehrsleistung freiwerden. Anschluß ist jedoch auch möglich, wenn kein HOST am Ort angeschlossen ist.

sätzliche Programmteile und Einrichtungen, die über die Aufgaben des reinen IMP (Paketübertragung bzw. -weitergabe) hinausgehen und insbesondere die Abwicklung des Betriebes von Teilnehmerstationen im Dialog besorgen (Abb. 6).

Betrachtet man die Art, in der Rechnerleistungen über ein Verbundnetz in Anspruch genommen werden sollen, so spricht man von den "Protokollen" und meint hiermit die Spielregeln, unter denen eine Verbindung mit einem fernen Rechner aktiviert werden kann. Hierzu gehört:

1. Das Eröffnen, Unterhalten und das Abschließen von Verbindungen zum Zwecke der Nutzung;
2. die Einleitung eines Prozesses im Sinne der Inanspruchnahme einer Rechnerleistung im angerufenen Rechner;
3. die Unterbrechung eines Prozesses, insbesondere dann, wenn sich der weitere Lauf eines Prozesses als unnütz herausgestellt hat;
4. die Einflußnahme auf die Verkehrssteuerung (Verkehrsflußsteuerung) in den IMPs;
5. das Einleiten von Maßnahmen zur Wartung der IMPs;
6. die Fehlersuche und die Fehleraufhebung bzw. -beseitigung.

Für all diese Funktionen also gibt es Spielregeln, die streng eingehalten werden müssen. Die Widerspruchsfreiheit bzw. Konsistenz dieser Regeln sind ein besonderes Problem.

Im einzelnen mag an der Konzeption des ARPANET, die jetzt 8-10 Jahre zurückliegt, Kritik geäußert werden. Vieles ist inzwischen verbessert worden. Im ganzen aber stellt der Aufbau des ARPANET eine hervorragende organisatorische und technologische Leistung dar. Manches kann bei einer völligen Neuplanung, für die in Europa einige Chancen bestanden oder bestehen, besser gemacht werden.

So kann man z.B. im Sinne einer besseren funktionellen Aufteilung im Netz ein neues Front-End-Konzept anwenden[1)], nach dem alle Leistungen mit Ausnahme der eigentlichen Dienstleistungen im Sinne von 'Benutzer-Prozessoren' in einen Front-End-Rechner verlagert werden, dem außer der Funktion des Betriebes der 'eigenen' Peripherie auch die Funktion der Leitungs- oder Paketvermittlung (im Sinne z.B. des IMP) zukommt.

[1)] Nach Gedanken meines Mitarbeiters R.K. Bell. Hierüber wird andernorts veröffentlicht.

Dimensionen eines weiteren Ausbaus von Rechner-Verbundnetzen

Bis zu einem wirklich weltweiten Versorgungsnetz, das den Bedarf an Rechnerleistung sozusagen aus der Steckdose decken kann, ist noch ein weiter Weg. Die technologische Komplexität, mit der man es bei der Einrichtung von Rechner-Verbundnetzen zu tun hat, ist erheblich. Zudem sind die zu investierenden Summen recht erheblich, wenn man davon absieht, daß sie sich bis zu einem gewissen Grade auf die verschiedenen Teilnehmer aufteilen lassen. Schließlich aber spielen auch politische und sozio-ökonomische Fragestellungen eine große Rolle.

Der technologische Problemkreis umfaßt wiederum so umfangreiche Gebiete wie Nachrichtentechnik, Vermittlungstechnik, Informationstheorie, Codierungstheorie und Datensicherung. Mit Fragen der Nachrichtenübertragung und -aussendung befassen sich neben den nationalen Post- und Telegraphie-Verwaltungen bzw. Behörden z.B.:

CCITT - Comité Consultatif International de Télégraphie et Téléphonie
CEPT - Conférence Européenne des Postes et Télecommunications
ISO/TC 97/SC 6 - International Standardisation Organisation (Technical Com. 97/Subcom. 6)
DNA - Deutscher Normenausschuß
FNI - Fachnormenausschuß Informationsverarbeitung (im DNA)
INWG - International Network Working Group

In enger Zusammenarbeit bemüht man sich, die Voraussetzungen für den weiteren Ausbau der Rechner-Verbundnetze, z.B. durch geeignete Normung, zu schaffen.

Ein wesentlicher Punkt in der Planung von Rechnernetzen ist die Tatsache, daß es eigentlich keine abgeschlossene Planung sein kann wie in anderen Bereichen der Technik. Aufbau, Wachstum, ja auch Schrumpfung eines Rechnerverbundnetzes kann Jahrzehnte beanspruchen. In dieser Zeit ändern sich die Technologie, der Bedarf wie auch die Art der Nutzung ständig, so daß nur in einem mehr globalen Sinn von einer Planung gesprochen werden kann. Man ist geneigt, hier wieder einen Grundsatz anzuwenden, der in der Informatik seit längerem gilt: Open-Ended-Design. Man betrachtet die Struktur eines Rechner-Verbundnetzes als einen Organismus, der - wie schon festgestellt - dem Wachstum, der Veränderung und der Schrumpfung unterworfen ist und entwickelt Techniken, die es ermöglichen, ihn der sich ständig wandelnden Umwelt anzupassen. Betrachtet man einen Momentan-Zustand in einem Netz des Jahres 1976, dann findet man hierin die Technik bzw. Technologie von mehr als zwei Jahrzehnten wieder. In jedem Augenblick aber muß die Forderung erfüllt sein, daß das bis dahin Aufgebaute in all seiner Komplexität im Sinne der Zielsetzung funktionieren muß.

Die Komplexität wird noch erhöht durch die Notwendigkeit, einen Verrechnungsmodus auf internationaler Basis für die Inanspruchnahme der Einrichtungen einzuführen oder z.B. die Notwendigkeit, die Daten nicht nur zu sichern im Sinne der Verhinderung des Verlustes (Data Security), sondern auch gegen Mißbrauch zu schützen (Privacy).

Im Zusammenhang mit Rechner-Verbundnetzen wird heute auch der Terminus "Optimierung" gebraucht. Es muß deutlich gemacht werden, daß angesichts der vielen Einflußgrößen und der unbewältigten komplexen Interdependenz zwischen ihnen eine umfassende Optimierung nicht möglich erscheint. Man wird daher mehr zu einer unmittelbaren Betriebsüberwachung und anschließenden Korrektur - falls erforderlich - übergehen. Es läßt sich allenfalls eine Optimierung auf verschiedene Ziele orientieren wie z.B. Kostenminimierung, bestmögliche Nutzung der Nachrichtenwege oder Minimierung der Antwortzeiten.

Das bisher in der Technik verfolgte Schema: Aufgabe → Problemanalyse → Wahl der Hilfsmittel → Lösung → einmalige Realisierung ist nicht durchführbar. Die bisherige mathematisch-techische Tradition täuscht uns die Möglichkeit vor, daß Probleme, über die man lange genug Untersuchungen angestellt hat, mithilfe z.B. von Differentialgleichungen eindeutig gelöst werden können. Im Falle von Rechner-Verbundnetzen wird man jedoch im Einzelfall den Weg des aktuellen Monitoring gehen, während eine globale Lösung nicht in echter Weise möglich bzw. sinnvoll ist.

In der Komplexität der Rechner-Verbundnetze und insbesondere in der Komplexität der Betriebsbedingungen setzt sich der schwere Weg fort, den die Informatiker seit der Installierung der ersten Teilnehmer-Rechensysteme zu gehen hatten. Mitte der sechziger Jahre schien der Weg manchmal ungehbar steil. Gerade damals faßten einige Fachleute in den USA den Plan zu Rechner-Verbundnetzen. Nachträglich betrachtet war ein Unternehmen von der Dimension des ARPANET ein sehr kühnes Unternehmen, umsomehr, als seinerzeit mehrere Implementierungen von Teilnehmer-Betriebssystemen erfolglos abgebrochen werden mußten.

Worauf läßt sich der erfolgreiche Betrieb eines Rechner-Verbundnetzes begründen? Unter den Erfolgsrezepten sei ein ausgezeichnetes Management zu nennen, das die Einhaltung von widerspruchsfreien Spezifikationen bei den beteiligten Institutionen sicherstellt. Dann zeigt sich auch, daß eine Unterteilung bestimmter Funktionen in Tasks und deren Behandlung in verschiedenen Prozessoren - z.B. HOSTS einerseits und IMPs andererseits - die Lösung der anstehenden Fragen durch Verringerung des Overheads erleichtert.

Inzwischen beziehen alle Bereiche der Informatik aus der Arbeit mit Rechner-Verbundnetzen neue Erkenntnisse. In diesem Sinne erscheint die Entwicklung der Rechner-Verbundnetze in ähnlichem Lichte für die Informatik, wie seinerzeit die Raumfahrt für die Technologie.

Zu den Gesichtspunkten der Informatik, die neue Anstöße enthalten, gehören z.B.:

- Modularität in Soft- und Hardware
- Kompatibilität, d.h. Verträglichkeit verschiedener Technologien
- Verfügbarkeit
- Zuverlässigkeit
- Portabilität, d.h. die Übertragbarkeit von Programmen auf verschiedene Rechnertypen bzw. Konfigurationen
- strukturierte Programmierung
- Top-Down-Design
- Open-Ended-Design
- Dokumentierbarkeit

Dabei bedürfen die beiden Termini "Top-Down-Design" und "Open-Ended-Design" noch einer Erläuterung hinsichtlich ihrer Relation zueinander. Das Top-Down-Design kann nur im Falle einer begrenzten Entwurfs- und Implementier-Phase angewandt werden. Im Falle eines Rechner-Verbundnetzes muß mit einer ständigen Änderung der Umweltbedingungen, der Technologien usw. gerechnet werden, wobei sich das Ganze über Jahrzehnte erstreckt. Hier muß man sich, wie dies weiter oben schon angedeutet worden ist, auf die globale Strukturierung beschränken und im übrigen die Erweiterbarkeit im Sinne des Open-Ended-Design vorsehen, die der ständigen Anpassung gerecht wird. In einem gewissen Sinne ergänzen sich die Prinzipien und widersprechen einander nicht. Die beiden Prinzipien substantiell zu machen und aus der Sphäre von plausiblen Ratschlägen herauszuholen, wird unter anderem die Aufgabe der Informatik der nächsten

Jahre sein.

Teilgebiete der Informatik erhielten bereits Denkanstöße in einer bestimmten Richtung. Seit einigen Jahren werden Rechenstrukturen untersucht, die eine Vielzahl von Prozessoren oder wenigstens eine Vielzahl von Rechenwerten enthalten. Bekannteste Beispiele sind die Rechner SOLOMON und ILLIAC IV. Auch in Hannover wurde ca. 1964 ein Projekt mit dem Arbeitsnamen BIENE [3] bearbeitet. Die Richtigkeit einiger Ideen aus dieser Epoche erweisen sich heute im Betrieb von Rechner-Verbundnetzen.

Ganz unmittelbar im Zusammenhang mit dem ARPANET entstand das Rechnerkonzept PLURIBUS [4], bei dem 14 Prozessoren zusammen einen gemeinsamen Speicher benutzen. Jeder einzelne Prozessor hat darüber hinaus einen Privatspeicher. Die 14 Prozessoren arbeiten gemeinschaftlich eine Warteschlange ab, die im gemeinsamen Speicher aufgebaut wird. Dieser Rechner PLURIBUS soll demnächst die IMPs vom Typ H 516 und H 316 ablösen. Bereits jetzt liegen sehr ermutigende Versuchsergebnisse vor. Der neue Rechner, der von den Ingenieuren der BBN (Bolt, Beranek and Newman) entwickelt wurde, paßt sich den jeweiligen Erfordernissen des Betriebes weit flexibler an, als dies von Rechnern herkömmlicher Art möglich ist. Darüberhinaus ergibt sich eine hohe Ausfallsicherheit gerade für den Betrieb des PLURIBUS als IMP. Die Anwendungsmöglichkeiten von Mehrprozessoranlagen - die heutige Technologie läßt die Anordnung von einigen tausend Prozessoren in durchaus greifbare Nähe rücken - beschränken sich jedoch keineswegs auf enge und spezielle Problemstellungen [5].

Möglichkeiten und Gefahren

Man darf überzeugt davon sein, daß Rechner-Verbundnetze im Laufe der nächsten Jahrzehnte mit einer Zwangsläufigkeit entstehen werden, mit der seinerzeit vor mehr als 2000 Jahren die Römer Wasserleitungen und Aquädukte angelegt haben. Ging es damals um die Versorgung der Bevölkerung (etwa der römischen Stadt Colonia) mit Wasser, d.h. mit Materie, so geht es in der Folgezeit auch um Energie und wiederum später um Information. Nach allen Formen des Informationsaustauschs (Telefon und Telegraphie) und der Informationsausbreitung (Rundfunk und Fernsehen) darf man erwarten, daß auch die verarbeitete Information wie die codierten Hilfsmittel bzw. Programme der Informationsverarbeitung in Netzform weltweit angeboten werden, ohne daß wir in späteren Jahren darin noch etwas Exotisches sehen werden. Hierfür sprechen Gründe, die im einlei-

tenden Abschnitt aufgeführt worden sind. Die wirtschaftlichen und technischen Probleme haben in der Vergangenheit auch ernst zu nehmende Persönlichkeiten zu nachdenklichen und oft sehr negativen Prognosen bezüglich technischer Einrichtungen geführt. So sei daran erinnert, daß etwa M. Morgan nach einer ersten Vorführung des Telephons durch Bell im Namen der Beamten und Ingenieure der Western Union (USA) ausführte:
" Mr. Bell: After careful consideration of your invention, while it is a very interesting novelty we have come to the conclusion that it has no commercial possibilities."

Man hat den Eindruck, daß hinsichtlich des Telefonnetzes damals eine ähnliche Situation vorlag, wie sie jetzt im Hinblick auf die Rechner-Verbundnetze gegeben ist. Es können Verzögerungen bei der Einrichtung von Rechner-Verbundnetzen eintreten, an ihrer grundsätzlichen Lebensfähigkeit ist auf lange Sicht jedoch kaum zu zweifeln.

Es bliebe allenfalls zu untersuchen, in welchem Ausmaß die Entwicklung durch kleine programmierbare Taschenrechner aufgehalten oder modifiziert werden könnte. Auf diesem Gebiet hat sich ein bemerkenswerter Fortschritt vollzogen, der mit der tatsächlich eingetretenen Schnelligkeit nicht erwartet werden konnte. Jedoch ist die Nutzung von Datenbanken und Informationssystemen mithilfe von elektronischen Taschenrechnern nicht möglich. Es könnte allenfalls daran gedacht werden, Taschenrechner mit gewissen Zusatzadaptern als Teilnehmerstationen an ein Rechner-Verbundnetz anzuschließen.

Hieraus läßt sich auch der Schluß ableiten, daß Rechner-Verbundnetze künftig existieren werden, weil große Datenbestände aufgebaut, gehalten und benutzt werden müssen, deren Existenz in jedem einzelnen Taschenrechner nicht denkbar ist.

Damit scheint sich aber zugleich die ganze Problematik der Rechner-Verbundnetze anzukündigen, gegen die die gegenwärtig manchmal anklingende Frage des Datenschutzes (Privacy) und der Datensicherung noch harmlos erscheinen: Der Anschluß an ein Datennetz erhält den Rang der Teilhabe an einem Massenmedium, dem bisher modernsten und vollkommensten. Wenn auch die Möglichkeit wie nie zuvor besteht, auf "Darbietungen" aller Art vonseiten der Teilnehmer zu reagieren, so wird man doch rechtzeitig nach demokratischen Kontrollmöglichkeiten Ausschau halten müssen, mit denen verhindert wird, daß die HOSTS mit ihren Diensten bzw. Darbietungen den Teilnehmer einseitig in bestimmte Richtungen leiten.

Dies wird besonders augenfällig, wenn bestimmte Rechner oder bestimmte Dienstleistungs-Institute rechnergestützten Unterricht anbieten. Aber auch der Konstrukteur kann einer besonderen Vorstellung vom Entwurfsgegenstand zum Durchbruch verhelfen, indem er ein entsprechendes System für den rechnergestützten Entwurf implementiert.

Der Umgang mit den Funktionen sin und cos eines Taschenrechners erscheint zunächst wertfrei, wenn er es auch nicht mehr ganz ist. Der Umgang mit ganzen Rechnersystemen, die sich über Kontinente erstrecken, kann nicht mehr wertfrei sein. In solchen Systemen wird eine Interpretation gegeben bzw. einem semantischen Bezug der Vorrang gegeben.

Sollten wir deshalb noch rechtzeitig von der Anwendung des neuen Massenmediums Abstand nehmen, weil weitere, noch unbekannte Gefahren drohen? Sicher nicht. Die Möglichkeiten einer konsequenten Anwendung von Rechner-Verbundnetzen sind vielversprechend. Zu ihrer Nutzung gibt es bei vielen Aufgaben, die uns, bzw. der Menschheit bevorstehen, keine Alternative. Es muß aber dazu aufgerufen werden, alle bestehenden Möglichkeiten unter demokratischer Kontrolle und mit dem Wertmaßstab der Qualität des Lebens und der Lebensfähigkeit bzw. der Ökologie zu werten und auszubauen.

Literaturverzeichnis

[1] Ford, L. K., Jr. and Fulkerson, D. R. — Flows in Networks, Princeton University Press, Princeton 1962

[2] Davies, D. W. and Barber, D. L. A. — Communication Networks for Computers, John Wiley & Sons, London, etc. 1973

[3] Händler, W. et al — BIENE: Gedanken zu einem neuen Rechnersystem, Arbeitsblätter des Lehrstuhls für Elektronische Rechenanlagen der Technischen Hochschule Hannover 1965

[4] Ornstein, S. M. et al — PLURIBUS - A reliable Multiprocessor, Proc. NCC 1975

[5] Händler, W., Hofmann, F. und Schneider, H. J. — A general purpose array with a broad spectrum of applications, Workshop on Computer Architecture, Erlangen, May 1975

Wird veröffentlicht durch Springer Verlag, Berlin, etc. 1976

DATENÜBERTRAGUNG IN ÖFFENTLICHEN NACHRICHTENNETZEN AM BEISPIEL DES ÖFFENTLICHEN FERNSCHREIB- UND DATENNETZES DER DEUTSCHEN BUNDESPOST

W. Staudinger

Fernmeldetechnisches Zentralamt

Darmstadt

1. Grundsätzliche Probleme der Bereitstellung von Datendiensten

Die Datenübertragung zwischen entfernten Endstellen hat in jüngster Zeit Fernmeldeverwaltungen und Trägergesellschaften mit Problemen konfrontiert, die sich mit konventionellem Vorgehen nicht lösen lassen. Durch zwei hauptsächliche Einflußgrößen wird die Komplexität der Probleme bestimmt: Erstens ermöglicht der Fortschritt der Technologie und die Verbilligung von Material und Logik die verbreitete Anwendung von Mikroprozessoren und den Aufbau von physikalisch und logisch stark vermaschten Systemen, die eine Abgrenzung zwischen Teilnehmer- und Verwaltungszuständigkeit erschweren. Zweitens führt der schnelle Fortschritt der Technologie zu einer rascheren Änderung der Anforderungen der Teilnehmer an die Fernmeldedienste als in der Vergangenheit, d.h. daß Marktbeobachtung und Vorhersagestudien, die Grundlagen der Planungen sind, sehr bald (zu bald!) unvorhersehbar von der Entwicklung überholt sein können. Aber selbst eine solide Grundlage fehlt, wo doch schon die entwicklungsbegleitenden Einflüsse wenig definierbar sind: Die heutigen Anforderungen an die Fernmeldedienste für die Datenübertragung scheinen mehr und mehr nicht die Keimzelle künftiger Anforderungen zu sein, deren Spezifizierung sich an der Bisherigen orientiert. Sie erscheinen vielmehr nur als ein erster Versuch mit den, im Vergleich zu künftig vorstellbaren primitiven Möglichkeiten, der Technik Datendienste darzustellen.

2. Bisherige Entwicklung der Datenübertragung

Solange ein allgemeines Bedürfnis für Datendienste, die in bestehenden Fernmeldenetzen nicht zu realisieren waren, weder in Qualität noch in Quantität feststellbar war, fehlte es den Verwaltungen an der öffentlich nachprüfbaren Berechtigung, Investitionen für neue Netze zu planen. Die Anwender stellten aufgrund der Modernisierung und Rationalisierung der Büroorganisation, der Fertigungssteuerung oder der Verteilung körperlichen oder geistigen Gutes im Zusammenwirken mit den Geräteherstellern erste Ansprüche an die Datenübertragung.

2.1 Nutzung bestehender Möglichkeiten für die Datenübertragung

Es konnten grundsätzlich zwei Wege beschritten werden, die Mitbenutzung vorhandener öffentlicher Netze (Fernsprech- und Telexnetz) mithilfe entsprechender Zusatzeinrichtungen oder die Benutzung von überlassenen Stromwegen für Punkt-zu-Punkt-Verbindungen oder als Verbindungswege für private Netze. Vor allem das Fernsprechnetz als das in allen Ländern am besten ausgebaute Netz bot die Möglichkeit, auf den analogen Verbindungen über zusätzlich zum Fernsprechapparat angeschlossene Modulatoren und Demodulatoren, den Modems, digitale Daten zu übertragen. Für eine Reihe von Anwendungen waren die durch Übertragungsgüte und Geschwindigkeit gegebenen Leistungsgrenzen durchaus ausreichend und werden es auch in Zukunft sein, zumal nicht nur die Qualität durch den Ersatz elektromechanischer Wähler durch elektronische Vermittlungseinrichtungen verbessert wird, sondern auch höhere Geschwindigkeiten (2400 bit/s und höher) mit neuen Modems erschlossen werden. Bild 1 zeigt u.a. den Anstieg der Benutzung des öffentlichen Fernsprechnetzes für die Datenübertragung seit 1967.

Trotz aller Verbesserungen der Datendienste im öffentlichen Fernsprechwählnetz sowie der digitalen Übertragung der digitalen Daten im öffentlichen Telexnetz oder Datexnetz (aber seiner Beschränkung auf 50 Bd Start-Stop, bzw. 200 Bd), erforderten schon bisher viele Anwendungen Leistungsmerkmale, die mit Diensten der bestehenden Netze nicht darstellbar waren. Es blieb also nichts anderes übrig als - im Rahmen der Verordnungen - den Datenverkehr über eine oder mehrere, ausschließlich dem eigenen Gebrauch vorbehaltene, von den Fernmeldeverwaltungen gemietete Leitungen abzuwickeln, wobei natürlich ein Zugang von oder zu den öffentlichen Wählnetzen nicht möglich war. Im Bild 1 ist auch die Entwicklung der Inanspruchnahme gemieteter Leitungen ablesbar.

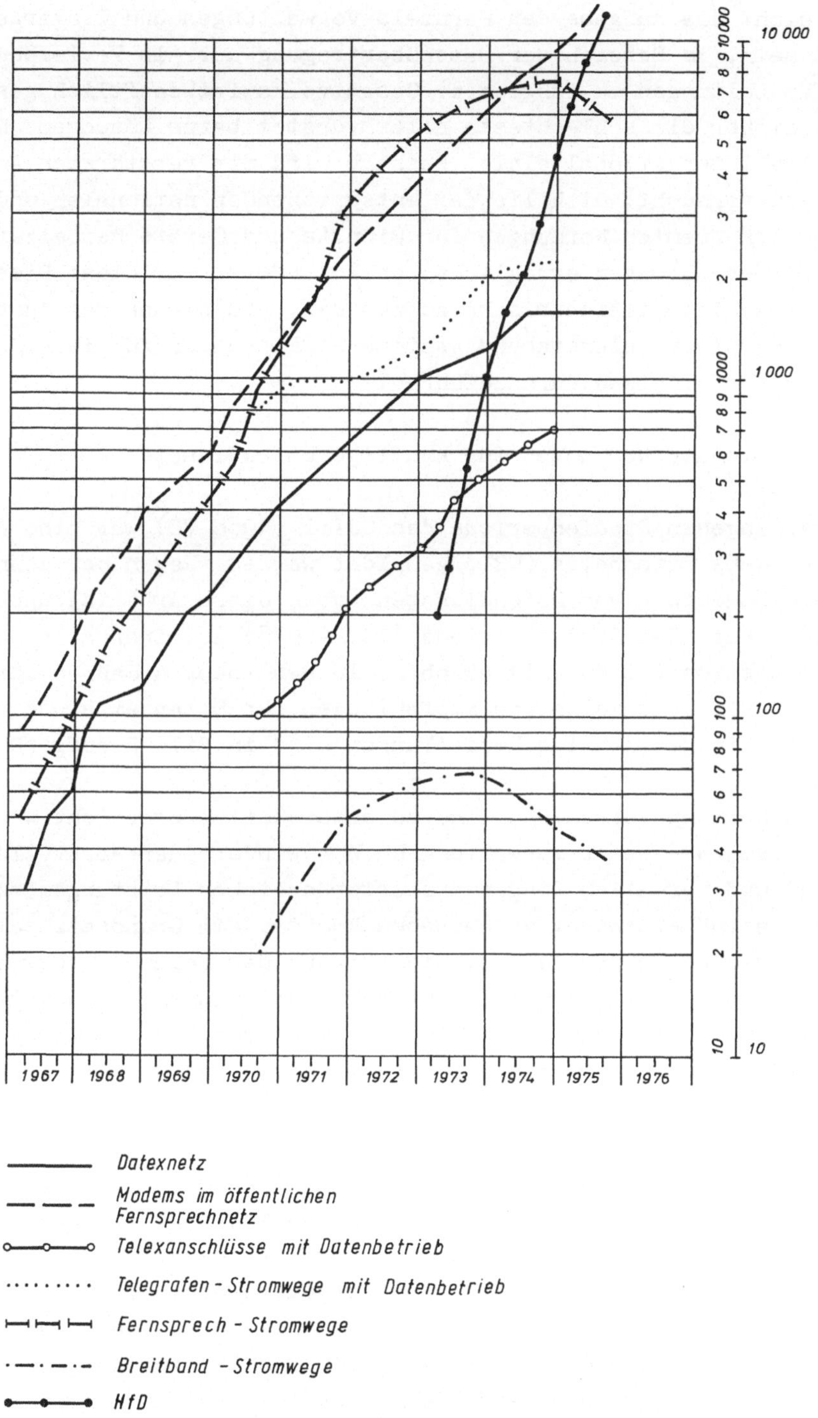

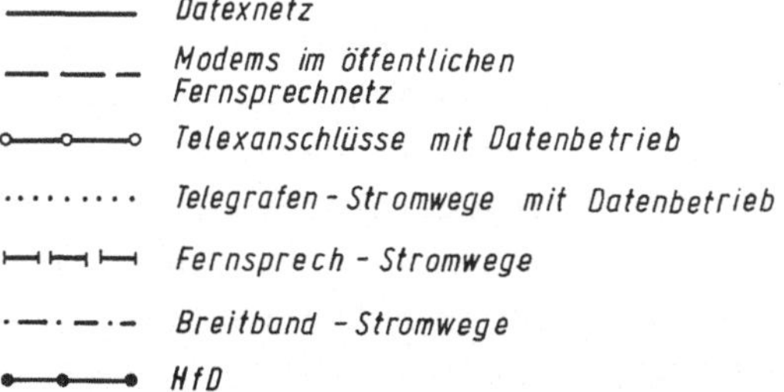

Bild 1: Datenstationen an Fernmeldewegen der DBP

Es kann nicht die Aufgabe der Fernmeldeverwaltungen und Trägergesellschaften sein, im Bereich der Datenübertragung nur als Verleihunternehmer für Leitungen zu fungieren. Gesamtvolkswirtschaftlich gesehen wäre das sicher die schlechteste aller vorstellbaren Lösungen. Darin istman sich international einig. Deshalb wird mit verstärkten Anstrengungen versucht, mithilfe der entsprechenden nationalen und internationalen Gremien Normungen für Dienste und Geräte herbeizuführen, die es den Verwaltungen ermöglichen sollen, Netze für diese Dienste mit tragbarem Investitionsrisiko aufzubauen, und die es den Anwendern ermöglichen sollen, hinreichend gesicherte Planungen für ihre Datenübertragungsbedürfnisse durchzuführen.

2.2 Internationale Normungen für künftige Datendienste

In der vergangenen Studienperiode des CCITT (1968-72) war eine Arbeitsgruppe für Neue Datennetze (NRD) gebildet worden. Wegen der schnell wachsenden Bedeutung von Datendiensten wurde diese Arbeitsgruppe mit Beginn der folgenden Studienperiode (1972-1976) zu einer selbständigen Studienkommission (St.K. VII) erhoben. In den knapp 4 Jahren ihres Bestehens hat sie eine Reihe von Empfehlungen für Datennetze und -dienste erarbeitet. Einige wichtige Empfehlungen sind in Bild 2 aufgeführt.

Die ersten Normungsvorschläge sind zu einer Zeit eingereicht worden, als noch niemand - weder Verwaltung noch Anwender oder Hersteller - das Ausmaß und vor allen Dingen die erforderlichen Leistungsmerkmale künftiger Datenübertragung vorhersehen konnte. Ein Grundsatz sollte jedoch weiterhin bestehen bleiben: Die Aufgabe der Fernmeldeverwaltung ist es, die Verbindung zwischen entfernten Datenstationen herzustellen und die im Rahmen des beanspruchten Dienstes freizügige Übertragung der Daten zu ermöglichen, aber keine Dienstleistungen der Datenverarbeitung zu übernehmen.

Unter Beachtung dieses Grundsatzes und in Anlehnung an die in den Fernsprech-, Telex- und Datexnetzen gewonnenen Erfahrungen, wurde mit dem Studium von Leitungs- oder Durchschaltevermittlungsnetzen begonnen. Der größte Teil der erarbeiteten Empfehlungsvorschläge bezieht sich auf Durchschaltesysteme. Erst gegen Mitte dieser Studienperiode entwickelte sich ein steigendes Interesse für den Bereich der Paketvermittlungstechnik. Der entsprechende Entwurf einer Rahmenempfehlung (X 25) hat gute Chancen, zum Ende dieser Studienperiode angenommen zu werden. In Bezug auf die Paketvermittlungstechnik hat auch die CEPT in jüngster Zeit eine besondere Aktivität aus Anlaß der Einführung eines europäischen Informatiknetzes ergriffen. Mit besonderen Arbeitsgruppen wird versucht, noch offene Details der Rahmenempfehlung X25 so zu spezifizieren, daß eine internationale Anwendung ermöglicht wird.

X1	Benutzerklassen in öffentlichen Datennetzen nach Geschwindigkeit, Coderahmen und Übertragungsverfahren
X2	Leistungsmerkmale für Teilnehmer in öffentlichen Datennetzen
X20	Schnittstelle für Endeinrichtungen bei Start-Stop-Betrieb
X21	Schnittstelle für Endeinrichtungen bei Synchronbetrieb
X21bis	Schnittstelle für Endeinrichtungen bei Synchronbetrieb, die kompatibel mit den Schnittstellen der bestehenden V-Serie (Fernsprechnetz) ist
X25	Schnittstelle für Endeinrichtungen bei Paketbetrieb
X31	Übertragungseigenschaften einer 200Bd-Datenendeinrichtung mit Alphabet Nr. 5
X50	Multiplexschema für eine Schnittstelle zwischen synchronen Datennetzen
X70	Internationale Zeichengabe zwischen anisochronen Datennetzen
X71	Internationale Zeichengabe zwischen synchronen Datennetzen

Bild 2: Einige Empfehlungen für neue Datennetze

3. Durchschaltevermittlungstechnik - Paketvermittlungstechnik für öffentliche Netze

Die rasche Entwicklung der Datenverarbeitung und die Notwendigkeit, dadurch sich bietende Rationalisierungsvorteile möglichst schnell auszuschöpfen, hat die Datenübertragung stark aktiviert. In sinkendem Maße sind die konventionellen öffentlichen Wählnetze geeignete Träger neuer Datenübertragungsmechanismen. Die Folge ist die wenig erwünschte Zunahme privater Netze, solange das öffentliche Dienstangebot nicht ausreichend ist. Die Träger öffentlicher Datendienste sehen sich daher gezwungen, in kürzester Zeit neue Datendienste anzubieten, die zumindest die wichtigsten Anwendungen in öffentliche Netze leiten sollen. Die Fernmeldeverwaltungen müssen sich deshalb sehr schnell entscheiden, mit welchen technischen Mitteln die neuen Dienste realisiert werden sollen. Die Einflußgrößen, die die Auswahl der Mittel bestimmen, sind ganz andere, als die, die für Netze spezieller Anwendung mit engen qualitativen und quantitativen Grenzen bestimmend sind. Wesentliche Merkmale öffentlicher Netze sind Transparenz, allgemeine Zugängigkeit, flächendeckendes Dienstangebot, Befolgung internationaler Empfehlungen und Kontinuität für übliche Planungszeiträume.

Nach dem heutigen Stand der Erkenntnisse wird die Durchschaltevermittlungstechnik von der überwiegenden Mehrheit der europäischen Fernmeldeverwaltungen als die Basistechnik für universelle Datennetze der Zukunft angesehen. Nach einer Umfrage im Herbst 1975 planen mindestens 9 Länder für den Zeitraum ab 1980 Durchschaltenetze, 3 Länder planen Paketvermittlungsnetze in Europa.

Das Planungsrisiko der Verwaltungen besteht darin, daß selbst der heutige Datenverkehr nur eine sehr unsichere Extrapolation auf die Anforderungen von 1980 zuläßt. Der Fortschritt der Technologie ist so rasant, daß eine Kontinuität kaum erwartet werden kann. Die Ablösung von zeichenorientierter Übertragung durch Verfahren, die nur mehr den Bitsynchronismus verlangen, oder der wachsende Interessenkonflikt zwischen Netztransparenz und einheitlicher Prozedurvorschrift bis in die Ebene der Datenstationen sind Beispiele dafür. Es kann daher aus heutiger Sicht weder die Durchschaltevermittlungstechnik noch die Paketvermittlungstechnik als die objektiv richtige Technik für künftige Netze bezeichnet werden. Jedes System gibt - unter Nutzung des Standes der Technik - eine gleichwertige Möglichkeit, sich an die Zukunft der Datennetze heranzutasten. Eine strenge, prinzipielle Grenzziehung zwischen

Durchschalte- und Paketvermittlungstechnik ist nicht mehr möglich, weil sich durch Einsatz von programmgesteuerten Rechnern für vermittlungstechnische Aufgaben die Grenzen zwangsläufig verwischen. Die Vorteile, die in der Literatur oft der Paketvermittlungstechnik zugeordnet werden, sind grundsätzliche Vorteile der programmgesteuerten Vermittlungstechnik mit Rechnern schlechthin, ganz gleich, ob die sekundäre Programmgestaltung zu Durchschalte- oder Paketvermittlungsprinzipien führt. Diejenigen Verwaltungen, die sich für die Paketvermittlungstechnik als ersten Schritt entschlossen haben, sind in der Hauptsache nicht technischen, sondern geschäftspolitischen Argumenten gefolgt, unter Berücksichtigung von Terminen und Kosten.

4. Durchschaltevermittlungstechnik als Basis für das neue Datennetz der DBP

Es erfordert beträchtliche Investitionen, ein Datennetz flächendeckend in einem Land aufzubauen. Durch die gegebene Lage der mangelnden Vorhersagesicherheit und der nur zum Teil verfügbaren internationalen Normungen bedeutet das ein erhebliches Investitionsrisiko, das möglichst gering zu halten eine der Aufgaben einer Fernmeldeverwaltung ist. Viele Länder sehen sich daher nicht in der Lage, heute schon mit dem Aufbau von Datennetzen mit Durchschaltesystemen zu beginnen.

4.1 Investition und Wirtschaftlichkeit

Die Größe des deutschen Telexnetzes und der hohe Teilnehmerzugang hatten die Ablösung der elektromechanischen Vermittlungstechnik erfordert. Die neue Technik sollte sich bereits die Fortschritte der Technologie zu eigen machen, also moderne Rechnertechnik für die Aufgaben von Vermittlung, Betrieb und Unterhaltung benutzen. Es liegt auf der Hand, daß der Einsatzbereich somit prinzipiell nicht nur auf den Telexdienst beschränkt ist, sondern auch Datendienste von dieser Technik übernommen werden können. Das Volumen in der Größenordnung von 100 000 Telexanschlüssen soll die wirtschaftliche Basis bilden, flächendeckend ein Netz von rechnergesteuerten Vermittlungsstellen einzuführen, das dann mit vergleichsweise geringen Zusatzaufwendungen in der Lage sein soll, künftige Datendienste zu realisieren. Sowohl aus der Tatsache, daß für eine geraume Zeit der Start-Stop-Telexverkehr, der Start-Stop-Datenverkehr und der Synchronverkehr konventioneller Art den Hauptteil des Verkehrs bilden wird, als auch aufgrund der Forderung nach einem universellen, transparenten und flexiblen Netz, das auch künftige Datendienste, die bislang noch nicht definiert sind, tragen können soll, konnte die Entscheidung nur für ein Durchschaltevermittlungssystem als Basistechnik fallen.

4.2 Auf den Weg zu einem integrierten Digitalnetz

Seite Mitte 1975 wird das Elektronische Datenvermittlungssystem EDS für die Telexfunktionen im Netz der DBP eingeführt. 1976 wird mit einem 2400-bit/s-Dienst begonnen werden, der Synchronübertragung zwischen Endstellen in einem anisochronen Netz erlaubt. Ein taktgesteuertes Netz für die bitgruppenverschachtelte Übertragung wird - ebenfalls mit EDS - ab 1980 aufgebaut werden.

Bereits zuvor müssen aber Alternativen zu privaten Netzen geboten werden. Die DBP hat deshalb den Hauptanschluß für Direktruf geprägt. Er kennzeichnet die Direktdatenverbindung im öffentlichen Netz mit den grundsätzlichen Vorteilen eines überlassenen Stromweges, aber ohne dessen grundlegende Einschränkungen benutzungsrechtlicher Art. Der Hauptanschluß für Direktruf erlaubt die nahtlose Eingliederung heutiger Anforderungen in das künftige Datennetz.

4.3 Die Zukunft der Paketvermittlungstechnik im Netz der DBP

"Paketvermittlungstechnik" ist zu einem Schlagwort geworden, dessen gedankenlose Anwendung viel Verwirrung stiftet. Die Gründe, die private Anwender zum Einsatz von Paketvermittlungssystemen für private Netze führen, lassen sich nicht auf die Bedürfnisse der Fernmeldeverwaltungen projizieren. Wenn manche Anwender Paketvermittlungstechnik in öffentlichen Netzen fordern, dann fordern sie eigentlich nur die Leistungsmerkmale, die landläufig mit Paketvermittlungssystemen assoziert werden ohne zwingend mit ihnen verknüpft zu sein. Diese Merkmale umschreiben im wesentlichen die möglichst uneingeschränkte Gerätekompatibilität und die Zugangsmöglichkeit zu unterschiedlichen Netzen mithilfe eines einzigen Dienstes. Die Netzgestaltung selbst und die Anwendung von Durchschalte- oder Paketvermittlungssystemen ist ausschließlich Sache der Fernmeldeverwaltungen, solange die Art der angebotenen Dienste dadurch nicht eingeschränkt wird.

Die DBP führt mit EDS eine in höchstem Maße flexible Vermittlungstechnik ein, die entsprechend künftiger internationaler Erfahrungen mit Datennetzen ergänzt und modifiziert werden kann, um auch künftigen Anforderungen zu genügen. Das im folgenden Kapitel beschriebene Öffentliche Fernschreib- und Datennetz der DBP läßt hinreichende Flexibilität für die Einführung weiterer Leistungsmerkmale, auch solcher, die den Anschluß von Paketendgeräten erlauben, falls sich hierfür eine wirtschaftlich zu rechtfertigende Notwendigkeit ergeben sollte.

5. Das öffentliche Fernschreib- und Datennetz der DBP

Die Summe der digitalen Datendienste (Telexdienst, Datendienste für unterschiedliche Geschwindigkeitsstufen, Hauptanschluß für Direktruf, Gentexdienst) wird im öffentlichen Fernschreib- und Datennetz der DBP realisiert, das die öffentlichen Wählnetze für Telex und Datex in Generalklasse und geschlossenen Benutzergruppen mit einer einheitlichen Vermittlungstechnik (EDS) umfaßt, sowie die Direkt-Datenverbindungen in einer mit den Wählnetzen gemeinsamen Übertragungstechnik (Bild 3). Alle Teilnehmer sind an das öffentliche Netz angeschlossen; abhängig von der Art des gewünschten Dienstes wird ihr Anschluß von der DBP technisch realisiert, indem die Datenübertragungseinrichtung zur Verfügung gestellt, der entsprechende Stromweg, das Frequenzband oder der Zugang zur Vermittlungsstelle bereitgestellt und die Betriebsfähigkeit gesichert wird.

Mit diesem Vorgehen ebnet die DBP den Weg für die so wichtige Entwicklung der Datenkommunikation in einem vorgegebenen Rahmen des größten volkswirtschaftlichen Nutzens und läßt gleichzeitig eine Vielzahl möglicher Entwicklungsrichtungen offen. Es liegt bei den Anwendern und den Herstellern, die optimale Richtung einer künftigen Generation fernmeldetechnischer Umwelt sich entwickeln zu lassen.

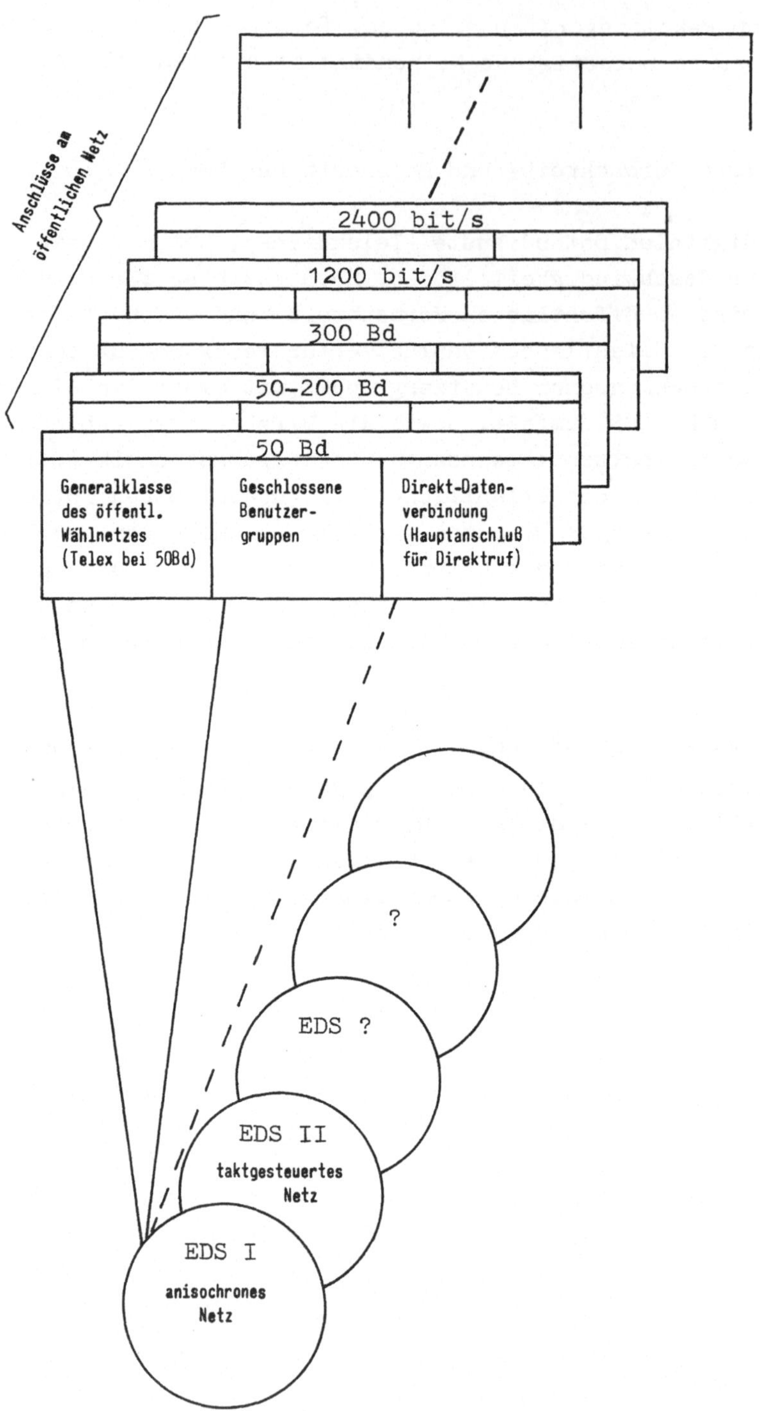

Bild 3: Das öffentliche Fernschreib- und Datennetz der DBP

RECHNERNETZE IN DER BUNDESREPUBLIK
- Ein Situationsbericht -

E. Raubold

1. Eingrenzung des Vortragsziels

Es ist nicht meine Absicht, in diesem Vortrag eine kommentierte Liste der in der BRD existierenden Rechnernetz-Anwendungen, Rechnernetz-Entwicklungen oder für Rechnervernetzung relevante Forschungstätigkeiten aufzustellen. Ich halte es vielmehr für eine der Aufgaben dieser Tagung, mittels der hier vorgetragenen Arbeiten, einen solchen Überblick zu ermöglichen. Mein Ziel ist es dagegen, einer spekulativen Zusammenfassung des potentiellen Bedarfs und des bereits jetzt technisch Machbaren, eine Liste der teils allgemeinen, teils BRD-speziellen Probleme gegenüberzustellen, um hieraus Aussagen über Forschungs- oder Entwicklungsaktivitäten ableiten zu können.

2. Entwicklung von Technologie und Anwendungen

Die Technologie-Entwicklung ist gekennzeichnet durch rapide ansteigenden Integrationsgrad von elektronischen Schaltkreisen, Verbesserungen der Entwurfs- und Fertigungstechniken und Erhöhung der Zuverlässigkeit der Schaltkreise (und damit der aus ihnen gefertigten Geräte). Das Resultat sind drastisch sinkende Kosten pro Leistung sowohl für die Fertigung (automatische Reproduktion einmal entworfener LSI-Schaltkreise und geringe Montage-Kosten), den Betrieb (Stromverbrauch, Kühlung, Volumen stark reduziert) und die Wartung (höhere MTBF, "repair by replacement"). Hinzu kommt die Entwurfsverbilligung durch kundenspezifische Mikroprogrammierung allgemein verwendbarer (und dadurch in großen Stückzahlen herstellbarer) LSI-Schaltkreise.

Diese enormen Kostensenkungen für Elektronik haben drei unmittelbare Auswirkungen:

- Die Hardware-Kosten machen nicht mehr einen entscheidenden Anteil der System-Kosten aus. Dadurch hat Grosch's Gesetz

  $$\text{Hardware-Kosten} \sim \sqrt{\text{Leistung}}$$

  keinen zur Zentralisierung der EDV-Leistung zwingenden Effekt mehr. Es wird vielmehr das dezentrale, arbeitsplatznahe und funktionsspezialisierte DV-System wegen des geringeren Benutzungs-, Operating- und System-Overheads eine zunehmend kostengünstigere Alternative zur zentralen DV-Dienstleistung.

- Die Terminalgeräte können bei gleichen Kosten mit mehr Komfort ("lokale Intelligenz") ausgestattet werden.

- Der Bau von Billig- ("Volks"-)Terminals in der 100 DM-Größenordnung erscheint möglich.

Der Trend zur Dezentralisierung scheint in nur drei Fällen eine natürliche Grenze zu haben:

(1) Bei Anwendungen, die extrem hohe DV-Leistungen (wissenschaftliche DV) oder sehr große Extern-Speicher (Groß-Datenbanken, Vielzahl von wechselnd genutzten Kompilern etc.) erfordern, da hier die Hardware-Kosten noch immer einen dominierenden Kostenanteil ausmachen.

(2) Bei Systemen, deren Entwicklung und Pflege einen großen Personalaufwand nach Anzahl und/oder Qualifikation erfordert (Dokumentations-Dienste, spezielle Anwendungen wie z. B. Molekülberechnungen der theoretischen Chemie etc.).

(3) Befriedigung von sehr ungleichmäßigen und im Mittel niedrigen DV-Bedarf (typisch: nur gelegentlich benutzte Time-Sharing-Dienste).

Gebremst wird die Dezentralisation außerdem dann, wenn durch die dezentrale Anordnung von Systemkomponenten erhöhte Kommunikationskosten entstehen.

Auf der Anwendungsseite sind vier Trends klar ersichtlich:

(1) Der seit langem bestehende Zwang zur Rationalisierung von Arbeitsabläufen führt zum ständig steigenden Einsatz von Rechnern und daraus resultierend zu immer vollständigerer und näher am Entstehungsort liegenden Erfassung und Speicherung von Daten in maschinenlesbarer Form.
Ein aktuelles Beispiel für diese Entwicklung ist die im Zusammenhang mit der Büroautomation zu beobachtende Entwicklung der rechnergestützten Textbearbeitung. Andere typische Beispiele sind: Fernablesung von Zählerständen, Warenidentifikation durch magnetische Etiketten-Kodes, usw.

(2) Zur Unterstützung des Informationen benötigenden Individuums wird zunehmend der Rechner eingesetzt, sei es um gezielt auf Informationen aus einer sehr großen Datenmenge zuzugreifen oder um in rechnerunterstützter Wechselwirkung mit einem Datenbestand Art und Umfang vorhandener Informationen über einen Fragenkomplex zu ermitteln. Hierdurch entsteht der Bedarf zur maschinenlesbaren Informationsspeicherung selbst dann, wenn der Datenerfassungsprozeß den Einsatz des Rechners nicht unbedingt erforderlich macht.

(3) Ein deutlich zunehmender Anteil der maschinenlesbaren Informationen beziehen sich auf Individuen und, damit im Zusammenhang, ein entsprechend großer Anteil der von Rechnern auf diesen Daten durchgeführten Operationen werden durch Handlungen von Individuen in eigener Sache ausgelöst. Diese Entwicklung ist im Bank- und Versicherungswesen schon seit langem im Gang; im öffentlichen Bereich kuluminiert diese Entwicklung in der mit dem "Personenkennzeichen" verbundenen Aktivität. Dieser an sich schon wegen des hieraus resultierenden Umfangs der zu speichernden Information und zu bearbeitenden Transaktionen wichtige Trend hat aber eine weitere überaus bemerkenswerte Konsequenz: Dadurch, daß das Individuum in einem Systemverbund durch maschinengespeicherte Information "bekannt" ist, ist es auch "belastbar" geworden; d. h. Gebühren für Dienstleistungen unterschiedlichster Art können auf ein individuelles Konto "gebucht" werden, welches mit großer Sicherheit auch "ausgleichbar" ist. Damit wird es für Anbieter von Dienstleistungen möglich, rechnervermittelte oder sogar rechnererbrachte Dienste dem Individuum über Fernzugriff per Terminal rationell und bequem anzubieten. Beispiele solcher Dienste sind automatische Geldausgaben, Fernbestellung von Waren oder Diensten per Datentelefon oder auch der von der britischen Post im Versuchsbetrieb eingesetzte "viewdata"-Informationsdienst.

(4) Während früher die Form der Informationsübergabe zwischen Menschen und Rechnern vorwiegend durch die Möglichkeiten des Rechners bestimmt wurden, wird jetzt zunehmend das Bedürfnis des Menschen für die Gestaltung dieses Dialogs wichtig. Dieser Trend ist teilweise bereits im Rationali-

sierungszwang (1) enthalten, hat aber auch noch eine andere Komponente die hier explizit erwähnt werden muß: Bedarf entsteht als Kompromiß aus Wunsch und Möglichkeit, wobei Möglichkeit - die technische Machbarkeit vorausgesetzt - Bezahlbarkeit bedeutet. Da aus zahlreichen unterschiedlichen Wünschen und den Kosten der verschiedenen Möglichkeiten zur Befriedigung dieser Wünsche eine entsprechend große Zahl verschiedener Bedürfnisse resultieren, entsteht ein ständig wachsendes Angebot an verschiedenen Geräten für die Informationsvermittlung zwischen Mensch und Rechner.

3. Konsequenzen für die Bedarfsentwicklung

Nimmt man an, daß die Entwicklung des Bedarfs allein durch die Wünsche der Anwender und die Kosten der Systeme bestimmt wird, so gelangt man durch Extrapolation der Technologie- und Anwendungsentwicklung zum folgenden Bild:

(1) Geringere Hardware-Kosten und geringerer Operating-Overhead durch Funktionsspezialisierung führen zur Dezentralisierung der DV-Systeme. Diese Dezentralisierung vollzieht sich in zwei Richtungen:

- weg vom "general purpose" Großrechner zum anwendungs-spezialisierten und in der Leistung dem lokalen Bedarf angepaßten Mini- oder Midi-Rechner,
- Bereitstellen von arbeitsplatz-spezifischen Funktionen direkt "vor Ort" im Terminal.

(2) Der Bedarf an Terminals zur Datenerfassung, Datenmanipulation und Datenrückgewinnung wächst rapide, einerseits wegen des Wachstums der für die DV erforderlichen Datenbestände und dem damit verbundenen Datenerfassungsproblem, andererseits wegen der zur Beherrschung großer Informationsmengen erforderlichen Rechnerunterstützung.

(3) Nicht nur die Zahl der DV-Anwendungen sondern auch der Detailierungsgrad und damit der Umfang der Daten und die Zahl der Operationen auf den Daten pro DV-Anwendung nimmt zu. Das erzeugt einerseits ein quantitatives Erfassungs-, Verarbeitungs- und Rückgewinnungsproblem (siehe 2), führt aber auch zur Kostenbelastbarkeit des Individuums und damit zur Möglichkeit eines DV-Dienstleistungsangebots für Bedürfnisse des Individual-Bereichs, d. h. zum Bedarf an öffentlich

und/oder privat zugänglichen Datenterminals.

Die Grenzen dieser Bedarfsentwicklung werden durch die Kosten-Nutzen-Relation bestimmt, wobei

- der Dezentralisierung von DV-Funktionen die Wartungs- und Pflegekosten pro Installation,
- der Dezentralisierung von Teilfunktionen eines Gesamtsystems die Zunahme der Telekommunikationskosten,
- der Individualisierung von Terminals der sinkende Nutzungsgrad und
- der Funktionalisierung von Terminals die Entwicklungskosten pro Sonderausführung entgegenwirken.

4. Probleme bei der Bedarfsbefriedigung

Die Probleme, welche bei der Befriedigung dieser Bedürfnisse auftreten, lassen sich im wesentlichen unter fünf Themenkreisen zusammenfassen:

(1) Sichere Funktion
(2) System-Generierung
(3) Standardisierung der Kommunikation
(4) Datenübertragungsdienste
(5) Benutzungsrecht

Keines dieser Themen ist völlig unabhängig von den anderen; insbesondere ist jeweils jedes mit jedem benachbartem in der obigen Aufzählung besonders eng verquickt.

4.1 Sichere Funktion und
4.2 Systemgenerierung

Probleme aus dem Themenkreis (1) entstehen bei der dezentralen Realisierung der Teilfunktionen eines Gesamtsystems bzw. bei der Nutzung einer Funktion durch mehrere Systeme. Hierbei gehören Fragen der verklemmungsfreien und optimalen Verwaltung von Betriebsmitteln, der Gleichmäßigkeit oder Garantierbarkeit von Dienstleistungen, der Interferenz-Freiheit zwischen verschiedenen Benutzern und der Rekonfiguration bzw. des sicheren Wiederanlaufs nach Zusammenbrüchen von Systemkomponenten. Der Problemkreis "System-Generierung" hat zwei Aspekte:

- Aufwand für die System-Definition
- Sicherheit der System-Implementation,

wobei beide Aspekte eng miteinander verbunden sind. Gewünscht wird eine möglichst Anwendungs-Problem-bezogene Funktionsbeschreibung, die dann unter Benutzung einer Vorgabe für die System-Konfiguration zu einer automatischen Generierung der System-Implementation führt. Dieser Problemkreis wird besonders für stark individualisierte DV-Anwendungen zur kritischen ökonomischen Schwelle für die Realisierbarkeit des Systems. Die Ausnutzbarkeit von lokaler "distributed" Intelligenz für seltene Anwendungsfälle hängt unmittelbar mit diesem Problem zusammen. Die Problemkreise (1) und (2) werden um so schwieriger zu beherrschen, je mehr Dynamik für die Implementation und die Betriebsmittelbelegung einer Anwendung erforderlich ist (extremer Fall: Verschieben von benutzerspezifischen Teilfunktionen eines Systems zwischen verschiedenen Implementations-Orten 'at run time').

4.3 Standardisierung der Kommunikation

Standardisierungsfragen haben einerseits mit Sicherheit und Effizienz der Systemgenerierung zu tun, da mit der Festlegung von Kommunikationsklassen und von Protokollen innerhalb der Kommunikationsklassen implementationsunabhängige Schnittstellen zu Benutzerprogrammen und eine beschränkte Zahl von möglichen Funktionen zur Realisation des Benutzerbedarfs entstehen. Andererseits sind Kommunikationsstandards aber auch die Voraussetzung für freizügige Kommunikation innerhalb eines Systemverbundes. Beide Aspekte stellen die derzeit größten Probleme beim Aufbau dezentralisierter Systeme dar. In der Regel wird der Anwender beim Aufbau seines Anwendungssystems wegen der Kompatibilitätsprobleme auf die Geräte eines Herstellers und bei der Programmierung seiner Anwendung sogar auf die speziellen Gerätetypen festgelegt; die freie Wahl zwischen verschiedenen Geräten ist ihm nur bei sehr großen Systemen, bei denen die Kosten pro Gerät für die Zusatzprogrammierung verschwinden, möglich. Ebenso wird der Anwender, wenn er Verbindung zu verschiedenen DV-Diensten benötigt, in der Regel gesondertes Gerät für jede Verbindung benutzen müssen, was er natürlich aus Kostengründen nur kann, wenn die Nutzung beider Verbindungen die Kosten rechtfertigt. Zusammengefaßt entstehen folgende Nachteile:

- Nur bei großen Systemen lohnt sich eine Anpassung von Endgeräten, die der geforderten Funktion am besten entsprechen,
- der Besitzer eines Terminals ist in der Auswahl zwischen den verfügbaren DV-Diensten behindert,
- der Geräte-Hersteller muß eine Vielzahl von Modell-Varianten entwickeln, wenn er einen genügend großen Markt haben will,
- der Anbieter von DV-Dienstleistung muß zahlreiche unterschiedliche Protokolle unterstützen, wenn er nicht den Markt für seine Dienstleistung beschränken will.

Das besonders problematische an dieser Situation ist, daß bei der derzeitigen Konstellation im Normungsbereich keine Lösung zu erwarten ist, da traditioneller Weise Normen dieser Art innerhalb ISO mit Zuarbeit durch z. B. ANSI, ECMA oder DIN behandelt werden, in diesen Gremien aber IBM für den DV-Bereich einen übermächtigen Einfluß besitzt. Und gerade IBM scheint (aus begreiflichen firmenpolitischen Gründen) kein Interesse an Normungen dieser Art zu haben.

Die einzige in dieser Situation verbleibende "normale" Möglichkeit wäre eine Einflußnahme durch Formierung der Benutzer. Aber hier kommen aus praktischen Gründen nur die Großbenutzer in Frage; die aber wiederung kein sonderliches Interesse am Problem besitzen, da bei der Größenordnung ihrer Anwendungen immer eine individuelle Lösung möglich ist. Es bleibt daher zu fragen, ob nicht durch Erweiterung des Posteinflusses in Richtung Standardisierung <u>von</u> und Garantie <u>für</u> Kommunikationsstandards die Freizügigkeit der Kommunikation hergestellt werden sollte, wie es ja bei Telefon und Telex für jedermann selbstverständlich ist.

4.4 Datenübertragungsdienste

Die derzeit von der DBP angebotenen Dienste und die mit EDS zukünftig zu erwartenden setze ich als bekannt voraus.

Es bleibt die Frage, inwieweit diese Dienste den zu erwartenden Bedarf (a) prinzipiell und (b) ökonomisch befriedigen können.

Zunächst scheint mir hier die prinzipielle Frage der Gebührenpolitik wichtig zu sein: Es steht außer Zweifel, daß für die Ökonomie dezentralisierter Systeme die Datenübertragungsgebühren eine wesentliche Rolle spielen. Da nun einerseits die Wirtschaftlichkeit der DV für die Rationalisierung in Staat und Wirtschaft von großer Bedeutung ist, andererseits aber die Ökonomie des Einsatzes dezentraler Systeme das Wachstum der Terminal- und Kommunikationssystem- und der DV-Dienstleistungsindustrie bestimmt, nimmt die Gebührenpolitik eine Schlüsselrolle für Wachstumsbranchen der deutschen Industrie ein. Sie wird durch diese Bedeutung aus dem internen geschäftspolitischen Fragenkreis der DBP herausgehoben und muß in Abstimmung mit gesamtwirtschaftlichen Erwägungen betrachtet werden. Speziell ergibt sich die Frage der Gebührenberechnung. Hier besteht zur Zeit das Verfahren der Berechnung nach der zugewiesenen Kanalkapazität. Im Zusammenhang mit den unter 4.5 zu diskutierenden benutzungsrechtlichen Fragen folgt hieraus eine extreme Benachteiligung der "kleinen" Anwender von DV-Leistung (oder, anders herum, die bevorzugte Anwendung von Datenfernverarbeitung in abgeschlosssenen Groß-Systemen und damit die Deformierung des Bildes von den Benutzerbedürfnissen, welches die DBP durch Befragung der z. Zt. etablierten Benutzer erhält). Der Übergang zur mengenorientierten Gebührenberechnung für Übertragungsdienste würde hier Abhilfe schaffen.

Als nächstes sind Quantität und Qualität der existierenden oder geplanten Datendienste zu betrachten. Quantität heißt hier: Datenübertragungs- und Datenvermittlungs-Kapazität; Qualität heißt: Art der Übergabe der Leistung an den Benutzer und zusätzliche Dienste.

Ausgehend von der in Kapitel 3 beschriebenen Bedarfsentwicklung können Aussagen über die Entwicklungstendenzen der Endgeräte gemacht werden:

- Wegen der Dezentralisierung der DV ist wachsender Rechner-Rechner-Verkehr mit Austausch größerer Datenmengen zu erwarten.
- Wegen wachsendem DV-Einsatz und dem damit zusammenhängenden Anwachsens der Terminal-Zahl für Datenerfassung und Datenabruf und wegen der Funktionalisierung der Terminals durch Einsatz lokaler "Intelligenz" wird die Zahl der Terminals mit eingebauter Übertragungssicherungsprozedur, hoher Übertragungsrate und Datenblock-Pufferung stark zunehmen (siehe z. B. der im KtK-Bericht als besonders wichtig erwähnte "Bürofernschreiber").
- Wegen der Zunahme der Individual-Daten und dem zu erwartenden Angebot an einzelpersonbezogenen Diensten wird der Bedarf für große Anzahlen billiger (und im Mittel nur schwach ausgelasteter) privater oder öffentlicher Datenterminals sprunghaft zunehmen.

Angesichts dieser Entwicklung muß bezweifelt werden, ob der z. Zt. auf der Basis von EDS geplante Ausbau der Datendienste den Bedürfnissen gerecht werden wird. EDS ist bevorzugt auf stark zentralisierte Vermittlung von Datenströmen zwischen langsamen und "unintelligenten" Endgeräten ausgelegt, während der Bedarfstrend zu "intelligenten" Endgeräten mit wesentlich höherer Übertragungsgeschwindigkeit und starker Zunahme der lokalen Anschlußdichte zu führen scheint.

Eine Überprüfung dieser im wesentlichen auf der EURODATA-Studie beruhenden Planung unter Einbeziehung der Prognosen der KtK ist hier dringend erforderlich.

4.5 Benutzungsrecht

Die Benutzungsrechtlichen Bestimmungen der DBP schränken zur Zeit die Benutzung von Datenendeinrichtungen durch mehrere juristische Personen, die Vermittlung von Nachrichten durch Dritte und, hiermit im Zusammenhang, die Mehrfachnutzung von Leitungen durch mehrere juristische

Personen stark ein.

Das hat zunächst die bereits unter 4.4 im Zusammenhang mit Gebühren erwähnte Konsequenz, daß ein "kleiner" Benutzer, der durch seine Anwendung ein Terminal nicht ausnutzt oder während der Benutzung die Kapazität des ihm zur Verfügung stehenden Kanals nicht voll ausnutzen kann (, was für interaktiven Terminalbetrieb typisch ist,), relativ viel höhere Kosten pro Nutzung zu tragen hat, als der "große" Benutzer. Darüber hinaus wird aber auch eine künstliche Schranke zwischen Datenverarbeitung und Datenvermittlung errichtet, die der DV-Anwendung nicht angemessen ist bzw. gewisse "natürliche" DV-Anwendungen verhindert.

Das verständliche Motiv der DBP besteht darin, private Vermittlungs- oder Vermietungsdienstleistungen in wirtschaftlich interessanten Ballungsräumen zu verhindern im Interesse der Gleichbehandlung der Postkunden in den wirtschaftlichen Randgebieten.

Der (wohlbekannte) Ausweg aus dieser Situation besteht in der mengenorientierten Tarifierung von Datendiensten, und es wäre dringend zu wünschen, daß die DBP ihre Tarifpolitik möglichst rasch in dieser Richtung modifiziert.

5. Zusammenfassung resultierender Arbeitsschwerpunkte

Konsequenzen für die zukünftigen Arbeitsschwerpunkte im Problemkreis der Rechnervernetzung ergeben sich für die Gebiete

(1) Forschung und Entwicklung
(2) Normung und Standardisierung
(3) Fernmelde-Dienste.

5.1 Forschung und Entwicklung

Hier sollten mit hoher Priorität Fragen der Modellierung dezentraler Systeme bearbeitet werden, da die Existenz tragfähiger Modelle die Voraussetzung für die Untersuchung der Kommunikations- und Kontrollstruktur in verteilten Systemen ist und damit die in 4.1 und 4.2 angesprochenen Probleme überhaupt erst in einem allgemeinen Zusammenhang bearbeitbar macht. Hand in Hand mit strukturellen Untersuchungen sollten Simulation und experimentelle Implementation von Systemlösungen gehen, um auch die ökonomische und betriebliche Seite von Lösungsalternativen beherrschen zu lernen.

5.2 Normung und Standardisierung

Wie in 4.3 ausgeführt ist die Standardisierung von Kommunikationsprotokollen eines der Hauptprobleme beim Verbund dezentraler Systeme. Das Problem stellt sich dabei in zwei Ebenen: a) Die Durchsetzung von Normen, soweit solche nach dem Stand der Entwicklung überhaupt schon definierbar sind
und b) die Separation der System-Ebenen in unabhängig von einander normierbare aber funktionell aufeinander aufbauende Teile.

Während für die allgemeine Lösung des zweiten Problems noch bessere Einsichten in die Struktur dezentraler Systeme erforderlich sind (siehe Schwerpunkt 1), zeichnet sich im Bereich der Leitungsprozeduren (mit DIN 66019 und den HDLC-Prozeduren) und der darüberliegenden Datenpaket-Ebene (mit X 25) eine positive Entwicklung ab. Durch die Einbeziehung der Konversion vom Datenpaket zum Format der (aus historischen Gründen noch) weit verbreiteten asynchronen Start-Stop-Terminals in die Postverantwortung bei EURONET könnte sogar eine baldige Normierung der zeichenorientierten Terminal-Kommunikation erreicht werden.

Eine intensive Bearbeitung dieser Fragen, insbesondere im Hinblick auf "Bürofernschreiber" und Einbeziehung der MDT in den Rechnerverbund, erscheint mir jedenfalls überaus dringend zu sein. Mit Sicherheit wird hier der standardisierte Datenaustausch zwischen Datenbanken als Problem zu lösen sein.

5.2 Fernmeldedienste

Hier harren die Fragen der Gebührenpolitik und der dem Bedarfswachstum angepaßten Datenübertragungsdienste der Lösung. Mit Sicherheit werden benötigt:

- ein ("multi call"-) Paket-Interface für den ökonomischen Anschluß von Rechnern an das Datennetz,
- die Unterstützung von Hochgeschwindigkeitsterminals mit lokaler Intelligenz und Sicherungsprozedur,
- große Anschlußzahlen durch Anwachsen des individuellen Datenterminal-Bedarfs.

Darüber hinaus kommen auf die Postgesellschaften auch noch neue Verantwortungen für weitergehend Kommunikations-Standardisierung zu.

DEVELOPMENTS IN EUROPEAN PUBLIC DATA NETWORKS

P.T. Kirstein

University College London

1. INTRODUCTION

There have now been many superficial surveys of planned public data networks (e.g. Refs 1 and 2). It is not worth repeating that material in this paper, and yet the field is advancing sufficiently slowly that there is little new to report on such plans. Instead, in this paper we will first give, as background in §2, an overview of the expected demand for data transmission facilities in Europe, and survey in §3, the data facilities commonly available on the present day analogue telephone network. In §§4-7 we follow the earlier references in describing European data network activities, both circuit-switched and packet-switched, but not providing much technical detail. Rapid progress in international data communications is discussed in §8. This leads naturally to a discussion of activities in the interconnection of data networks of §9. The interconnection of national networks leads to a brief consideration of the potential impact of communications satellites (§10) on the field of data communications. In §11 we broach the serious problem of "data services", and how many of these impact, and may run foul of, the PTT monopolies. Finally, our conclusions are presented in §12.

2. DATA TRAFFIC REQUIREMENTS

Any discussion of data networks should begin with a consideration of the data traffic requirements. These can be presented in many different ways. One measure, shown in Fig 1, is the density of telephone sets versus Gross National Product. Ref 3 discusses how the traffic may be estimated, and how it may be expected to change over the next decade. The paper then presents the European data requirements by 1985 as in Fig 2. For more careful planning, it is necessary to consider the requirements in the different sectors. Again the EURODATA study (Ref 11) has tried to break down the requirements in different sectors. As an example, the potential number of users for bibliographic information retrieval is shown in Fig 3.

All the estimates depend critically on general economic factors. The type and tariffs of data transmission facilities will modify the demands by large factors. However, these estimates give a measure of the potential demand.

Different countries will develop in different ways. Policy, regulatory and tariff

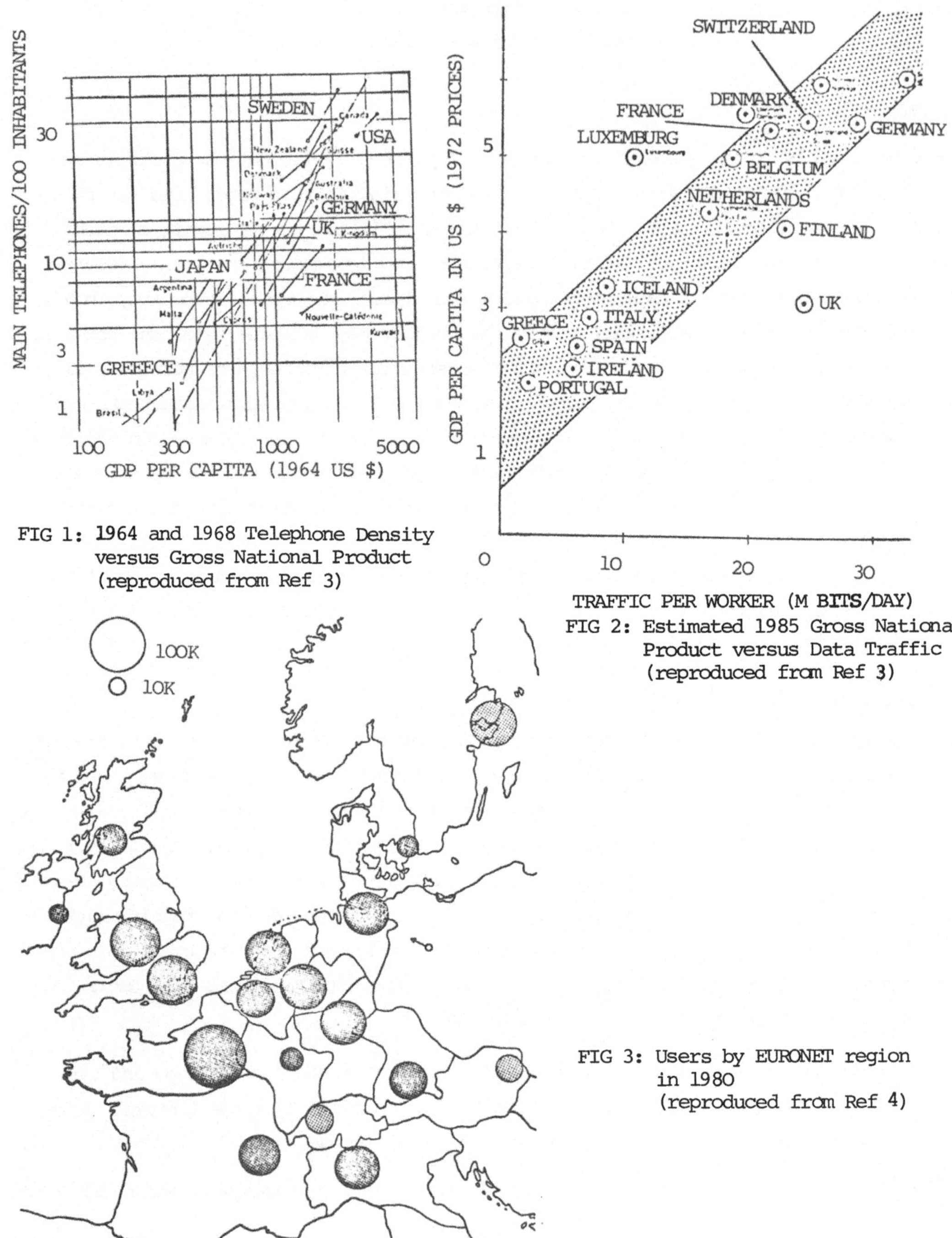

FIG 1: 1964 and 1968 Telephone Density versus Gross National Product (reproduced from Ref 3)

FIG 2: Estimated 1985 Gross National Product versus Data Traffic (reproduced from Ref 3)

FIG 3: Users by EURONET region in 1980 (reproduced from Ref 4)

factors will cause the different developments. For example, the tariffs in different countries are shown in Fig 4.

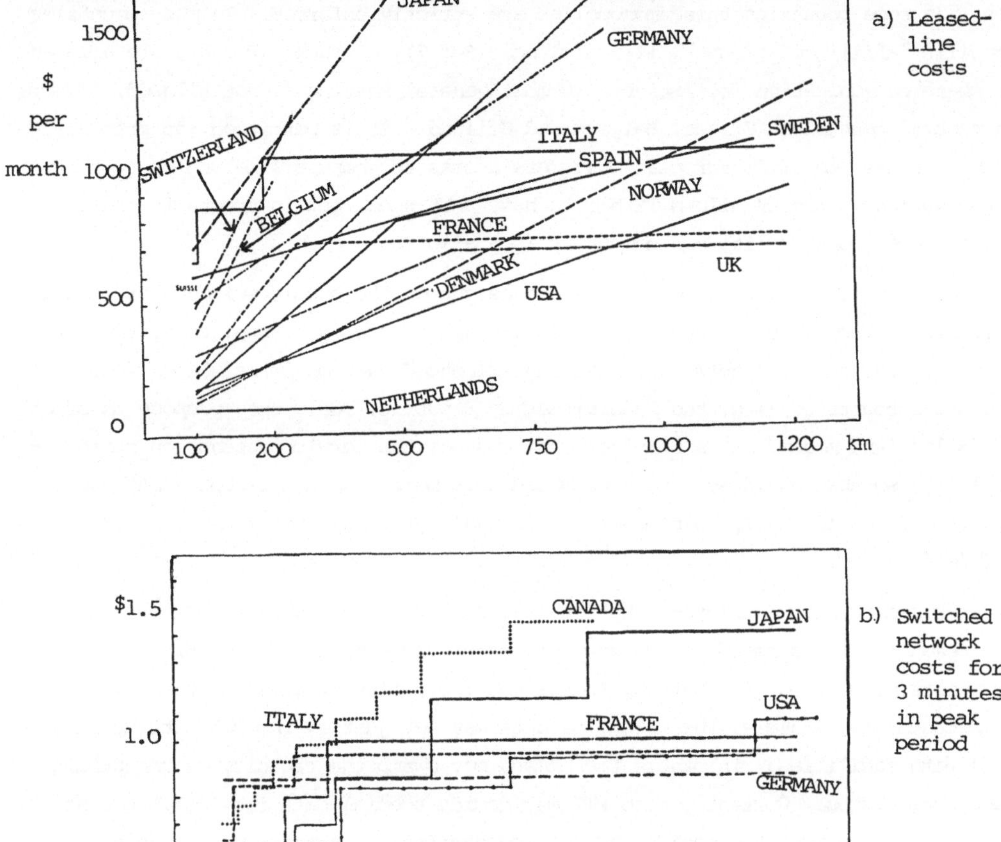

FIG.4: Cost of Leased and Switched Telephone lines as a function of distance in km at the end of 1972 at the then current exchange rate (reproduced from Ref 6)

These figures clearly show that a development, economic in one country may not be so in another. There are other differences. In all European countries there are monopoly powers for data and message traffic vested in government or other licenced bodies. In some countries these monopolies are strictly enforced. In most countries specific "affiliated groups", like airlines (Ref 7), or banks (Ref 8), are allowed to share communication facilities; in most general sharing is not allowed. However, in several countries (France, Belgium and Holland), it is permitted, at present, that TYMNET be used to offer European customers access to computers belonging to other organisations; the UK allows TYMNET to have a UK node, but instructs Tymshare to permit access only to its own computers (see also $8).

In some countries any licenced modems can be put on the public switched or leased telephone networks (e.g. France). In others specific modems supplied by the PTT can be put on the switched networks; but any licenced ones on leased lines (UK). In yet other countries (e.g. the Federal German Republic, FGR), they propose to offer not a line and modem, but a service; the cost of the service depends on speed capability, so that a 9.6 Kbps service would cost more than a 4.8 Kbps - but eventually, the FGR would supply both modems and lines. Other countries may well follow the FGR lead.

It is based on such estimates, that the national PTTs must decide how best to meet the demands. It is based on the service, regulatory and tariff features, that the customers must decide in what way to use the facilities supplied by the PTTs. In some cases, for example, the volume of data may not justify the PTT putting in special data facilities; in others the demand may swamp the capacity of the public telephone system. Currently, the PTT may decide special data facilities are not justified; however, the tariff and service available (in noise performance or availability of switched lines, for example), may force organisations to set up leased private networks. On the whole, the PTTs in most European countries would like to provide as much of the value of such networks as possible, and feel this development is most economical in the long run. The purpose of this paper is to point out some of the European developments in this direction.

3. PRESENT DATA FACILITIES ON THE ANALOGUE TELEPHONE NETWORK

Many countries now offer data facilities on the public switched telephone network (PSTN), both with dialled and leased lines. A brief summary of the speeds and modes of signalling currently recommended by the international body CCITT (Comité Consultatif International Telegraphique et Telephonique) is shown in Table 1.

Class	1	2	3	4	5	6	7
Rate (bps)	200	600	2400	2400	4800	48000	up to 10 chars in parellel
Switched/ Leased	S,L	S,L	L	S	L	L	S
Async/Sync	A	A	S	S	S	S or A	A
Duplex/Half-duplex 2 wire lines	D	H	H	H	H	H	H

TABLE 1: Commonly available facilities on the Analogue Telephone Network according to CCITT recommendations

The PTTs are somewhat conservative in their recommendations. They wish any service they offer to be available over most lines in the country. In fact, on most circuits of the PSTN of many countries, speeds of 4.8 Kbps are obtainable with certain sophisticated modems, and on leased lines 9.6 Kbps or even 19.2 Kbps. All transmission between exchanges on the PSTN are four-wire, and only on local lines are the PSTN circuits two-wire. Even over these, full-duplex speeds of 0.3 Kbps are usually obtainable. At the higher speeds (Services 2 and 3 in Table 1), return speeds of 75 or 150 bps can be obtained. Over leased lines, four-wire lines can be rented to the local exchanges, making duplex facilities at the relevant speed available. For 48 Kbps, special local lines are often required, and a full primary group of 12 telephone channels is usually used for the long distance transmission.

In fact, when digital transmission is used for the inter-exchange transmission, 64 Kbps is used for ordinary voice traffic. This mode of transmission is in the province of $5.

Most of the PSTN connections of Table 1 imply electrical connections of the data terminal equipment to modems, which are themselves attached electrically to the telephone lines, bypassing the telephone handset (except in the call set-up phase). At the lower speeds, acoustic-coupled modems can be used; here the modem is connected electrically to the terminal equipment, and acoustically, through the telephone handset, to the line. In most countries, acoustic-coupled modems can reach 300 bps; in the US such modems are offered up to 600 bps. Often the higher speeds, up to 600 or 1200 bps in one direction, can be attained by exchanging the microphone in the telephone to one of better quality. Unfortunately, this substitution is illegal in most countries.

On the PSTN, the time to set up a call is most typically 20 secs, due to the switching times in the exchanges, most of which are electro-mechanical (Strowger). For data traffic, particularly with short transactions, a much shorter call set-up time would be a great advantage. Many of the newer electronic exchanges are achieving shorter call set-up times.

4. PRESENT LINE-SWITCHED DATA NETWORKS

Two countries, France and W. Germany, have started introducing special line-switched data networks, without digital transmission. The second will become digital shortly, but is still mentioned in this section.

The French introduced in 1972, the Caducee system, based on an Ericsson CP 410 crossbar switch. It is a circuit-switched system for the speed range 2.4-72 Kbps, using analogue transmission. It is aimed at an interim solution to their data problems, and will be superseded by an all-digital system in the early 80's. It is being put in now mainly because of the poor quality of the normal telephone circuits. The system is based on 2000-line exchanges. Users can have access at up to 4.8 Kbps, directly to the exchange, or through a concentrator; within 30 km of an exchange, 19.2 Kbps access is possible with base-band modems. The same quality of four-wire lines is used as for leased telephone service. Call set-up time is six seconds, and there is out-of-band signalling via a touch-tone telephone.

A far more ambitious system, the EDS system (Ref 9), is being installed by Siemens for the Federal German Post Office. The system was developed initially for handling German Telex and Datex traffic at speeds up to 200 bps, but was designed to take also higher speed traffic. The system has been discussed in the reference, and is the subject of another paper; it will not be described in detail here. In its present form, the system is essentially asynchronous, but it is envisaged that synchronous operation will be added in 1978. The EDS system is the first serious data system in Europe, in that it has potentially a reasonably high capacity. According to early design figures, it should be able to handle several thousand asynchronous terminals at 200 bps, or 6K synchronous terminals at 2.4 Kbps. However, the time to set up calls is comparatively long - 20 ms. Thus at most 50 calls/sec could be set up. This implies that the EDS system is not ideal for short transactions. For comparison, in the packet-switching ARPANET IMP (Ref 10), it would be possible to generate an order of magnitude more short messages to different sites.

EDS will have facilities for abbreviated dialling, multi-address messages, calling station identification and closed user groups. Facilities for packet-switching, hot-line and delayed-delivery, have been announced on the EDS exchange by Siemens, but the German PTT has not said that they will provide these facilities. A prototype exchange has operated in Munich since 1972; the first real exchange at Mannheim started operation early in 1975. Another is scheduled to open in late 1976; thereafter, new exchanges will be introduced at the rate of 4-5 pa, so that there should be 21 in operation in 1980.

5. SYNCHRONOUS DATA NETWORKS

Many of the wide-spread computer networks have implemented a communication subsystem, which operates over the analogue telephone network. Some of these subsystems are described briefly in this paper. CCITT has studied the requirements for specialised data networks in their working party on New Data Networks (NRD). The CCITT is a consultative committee to the International Telecommunications Union, and its recommendations are usually followed by the national telecommunications administrations (PTTs).

The NRD has concluded that it is the declared intention by a number of PTTs to provide data services over synchronous networks. At the moment, the only facilities which will be provided by most such countries are for circuit-switched connections, in which a single channel is provided between two terminals. On the present analogue public switched telephone network, full-duplex facilities are usually provided only up to 200 or 300 bps, with half-duplex facilities up to 1200 or 2400 bps. The new networks will use pcm digital transmission, and plan to provide a number of user classes with full-duplex capability, as indicated in Table 2. The new networks are planned for introduction between 1975 and 1985, with many starting about 1980. For this reason, it is felt that a little information about these networks is of some importance. Further details are given elsewhere (Refs 1 & 2).

Class	User data class	Address Selection and Service Signals (Alphabet No. 5)
1	200 bps 11 units/char start/stop	200 bps
2	50-200 bps 7.5-12 units/char start/stop	200 bps
3	600 bps synchronous	600 bps
4	2400 bps synchronous	2400 bps
5	9600 bps synchronous	9600 bps
6	48000 bps synchronous	48000 bps

TABLE 2: Classes of User Service Recommended

Certain specific recommendations have been made on class 2, so that the combinations of speed and units/character match present terminals.

It is proposed that these new data networks have a public switched capability of making a call "reasonably fast"; however, the present set of recommendations do not seem to guarantee such a call being set up in less than 10 sec, or shut down in less than 1 sec. It is supposed to be symmetrically duplex, bit-sequence independent, with automatic calling and answering. It is recommended that direct call, abbreviated address and closed user groups be provided. Remote terminal identification, multi-address, and delayed-delivery for class 1 service may be provided.

The actual transmission between exchanges will be at a multiple of 64 Kbps (usually 2.048 Mbps in Europe, which uses 32 channels). It will usually share the same long distance transmission as the telephone system, but use different exchanges. It will use different terminating units to subscribers' premises from the present modems. In many countries, the new network is intended to carry the telex traffic, and possibly also facsimile.

There are a number of consequences of the need for inter-working between countries, together with facilities for complete bit-transparency. Several countries (particularly ATT and Canada) have opted for wishing to have a frame consisting of some synchronising or control bytes followed by data bytes:

SYN data data data ... SYN data data data SYN ...

Others have preferred to have each byte carry information on whether it is control or data, e.g.:

Bit	1	2-7	8
Content	Frame	Information	Status

TABLE 3: Frame format for synchronous data

Here for one value of status, the information is data, for another control. Denmark, Finland, W.Germany, Norway, Sweden and the UK, have opted for this system; France and Italy have said they would use both methods. The two systems will be kept capable of inter-working, because it has been agreed to use a 32-bit frame consisting of four 8-bit bytes. In the first scheme, there will be one control byte followed by three data bytes/frame; in the second each frame will have four bytes of which again up to 24 bits are data.

Since the control and framing information is put in by the switching exchanges, the relative transmission rates in the classes are shown below:

Class	1	2	3	4	5	6
Rate bps	266	266	800	3200	12800	64000
Repetition in 64 Kbps stream	240	240	80	20	5	1

TABLE 4: Signalling speeds and number of bytes in 64 Kbps channel for data for a signal user class

The typical schematic of a system of this sort is indicated below:

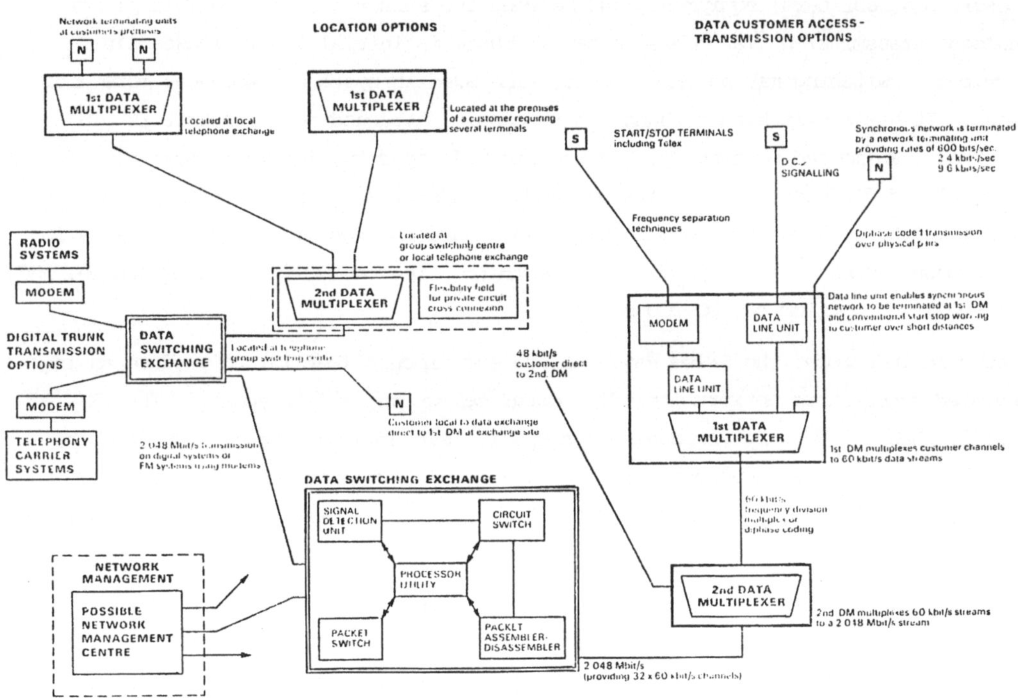

FIG 5: A schematic of the possible structure of transmission and multiplexing facilities in a new synchronous data network

In the above, it is shown how packet-switching (see $6) could be added to synchronous line-switched networks. No European PTT has committed itself to provide such a service, however. A 1971 UK estimate was that a Data Switching Exchange built to handle packets would cost only 15% more than one without, and the exchange costs only 25% of the whole network.

The PTTs of a number of countries have announced definite plans to introduce trial or production networks of this kind (without packet working). The Nordic countries, Denmark, Finland, Norway and Sweden are planning their systems together (Refs 12) although they are trying out different technical solutions. An explicit intention even in their trial networks, is a high-level network connecting Oslo, Stockholm, Copenhagen and Helsinki. Finland, Norway and Sweden will each have 3 nodes of their original trial systems. The Norwegian one has initially 72 Kbps transmission between nodes in 3 cities. At each city there is a 512 port multiplexor to subscribers' equipment, and between the subscriber and the multiplexor analogue transmission via modems is used. There is initially only leased-line service; switching may be added later. The Swedish system is somewhat more ambitious. It has a switching exchange in Stockholm, attached to concentrators in Stockholm, Malmo and Gothenburg. It has limited capacity, initially for only 100 terminals of different types. Transmission speeds of 2.4 Kbps are offered initially, with 9.6 Kbps and 600 bps following later; the customer interface is as for synchronous modems. This system uses something like the CCITT envelope scheme, and has a call set-up time of 100-200 ms.

Elsewhere in Europe, the Swiss have started experiments (Ref 13) to produce an integrated synchronous network including data, telegraphy and telephony. The UK (Ref 1) has put forward proposals on a special synchronous data network, and the French have a similar development. The W. Germans have announced how they will run the EDS network in a synchronous manner (Ref 9). Many other countries have indicated that they will follow suit.

This paper is concerned only with the European scene. The N. American is both more advanced and more complex, because that region has different provisions for a PTT monopoly. A good introduction to N. American activities is given in Refs 14-18. Japan has made tentative steps also towards data networks to start in 1976 (Ref 19).

6. PACKET-SWITCHING SERVICES

So far we have talked of new data networks where circuits are provided between the two ends. An added, or alternate, facility is to store the data in an exchange near the subscriber, and send it at higher speeds in packets to the recipient. This form of service called "Packet-Switched Service" permits a number of features to be added more easily. These include speed changing between sender and receiver, and many sending stations multiplexing their data to one receiver (and vice-versa). Moreover, for bursty traffic, this system makes better use of the long-distance transmission medium - at extra cost in the switches. In the past, these systems have been used for message switching, in which whole long messages are stored and then forwarded. More recently, the same principle has been applied to short packets, typically 1-8K bits. Although data is transported inside the data networks in packets, there are still several ways data can be introduced into the network. In one method "virtual circuits" are set up. A process in the calling terminal (or computer) sets up a call to another terminal or computer. After the appropriate "dialling information" has set up tables in the switches nearest the source and destination, all subsequent data is routed automatically between source and destination. In some such systems, the data always follows the same path ("fixed routing"), in others, it can be switched along different paths depending on the instantaneous availability (or occupancy) of specific routes - this is so-called "adaptive working". When the data can follow different paths, it can happen, in some systems, that one packet can arrive after a subsequent packet. This type of "out of order" transmission cannot occur in other systems.

The "virtual circuit" approach is appropriate when substantial numbers of packets are to flow between two terminals or processes - in that case, the overhead of "setting up a call" may be justified. For short, single transactions, a pure isolated packet format is more appropriate. In this form of service, called "datagram", each packet contains the full routing information - so that no virtual circuit need be established in the data network.

Both the virtual circuit and the datagram have been the subject of considerable discussion in national and international standardisation bodies. Most public and private networks have so far used "virtual circuits" when they have been designed by PTTs, or have longer duration interactions in mind - these are more like the telephone calls familiar to the designers; when they are for single transactions, they have used datagrams. With both services, one can have speed-changing, and several conversations can be interleaved over one physical path.

In this paper I will treat only those data networks which are permitted to carry data traffic for the "public" in Europe. For this reason, I will exclude several US organisations like the General Electric-Honeywell Mark III (Ref 20), and the Tymshare TYMNET (Ref 21). These do operate in Europe, but are not carrying data "for the public", except to their own computers (though TYMNET does actually carry traffic also for other computers, as mentioned in $2). Nor will I treat the very important US

Networks - ARPANET (Ref 22) and its commercial offshot Telenet (Ref 23). The former does operate in Europe (Ref 24), but is only available for a specific research project. The latter is still restricted to the US. Other such networks are being set up in Canada (Refs 14 & 16), Australia and Japan (Ref 19).

7. EUROPEAN NATIONAL PACKET-SWITCHED SERVICES

For a time the PTTs were unconvinced of the need for public packet-switched services, but many seem to have been persuaded recently. The requirements for Packet-Switched Services is now the official concern of Study Group VII of CCITT, and several PTTs have announced that experimental types of service of $6 will be offered.

On the whole, the PTTs are more used to the "virtual circuit" concept, and two PTT-initiated experimental services in France (Ref 25) and the UK (Ref 26), use mainly this technique (though the UK system can be used to send datagrams also). The French experimental service, RCP, is operational; it has three nodes with three remote concentrators. In all, it has scope for carrying 120 connections. The internode line speed is 9.6 Kbps, and the speed to the concentrators 4.8 Kbps. Customers access the nodes over the telex or switched telephone networks (at speeds up to 300 bps), though some leased lines at 1.2 Kbps and 4.8 Kbps are also available. Subscribers can come into the network with arbitrary data streams of 8-bit bytes.

RCP is only a French PTT, and will never be available to the public. It will be replaced by a more sizeable system, TRANSPAC (Ref 27); this is scheduled to have its nodes operational in 1977, and to be open for service in the same year. TRANSPAC is designed to have its procedures downward-compatible with RCP. In its first version, it is designed to support 1500 terminals over six exchanges. However, the tender document envisages expansion of the initial exchanges by a factor of four. The original tender was for switches capable of handling each 125 synchronous and 125 asynchronous terminals, with a throughput of 500 Kbps. The basic design was to be extendable with the same technology by a factor of four to 1K terminals per switch. The tender also mentions that different mixes of asynchronous and synchronous terminals should be supported. The access to the switches will be by the conventional modem interface - the new interfaces for digital transmission may be added at a later date. They propose to allow access over the public switched telephone and telex networks at up to 300 bps, and leased telephone line access via modems, at speeds of 1.2 Kbps to 64 Kbps. There will be remote multiplexors to reduce access costs. Transit time between initial and final node is designed to be 0.25 sec, and undetected errors less than 10^{-10}. Initially, the design was to support only virtual circuits, but a datagram service is also under study.

The UK Experimental Packet Switched Service (EPSS, Ref 26) is intermediate between RCP and TRANSPAC in scale. It is again based on three nodes, and is scheduled to be operational in early 1976. It has been designed to have very reliable packet switches, with at least duplexed operation (unlike RCP which has only single computers). In the first version, there will be 166 terminations with character interfaces, and 84 with packet interfaces. The character interfaces will be similar to those of RCP, and will all come over the PSTN at up to 300 bps or a related telegraph service. The packet interfaces will be accessed via leased telephone lines at 2.4, 4.8, and 48 Kbps. Unlike RCP, both datagrams and virtual circuits are offered. The EPSS nodes will be connected by 48 Kbps lines, and the switch design is expandable. It is possible to expand the number of nodes and their capacities. The procedures used are compatible with later replacement of the analogue transmission facilities by digital ones. One of the first places where leased digital service facilities will be installed is between the EPSS nodes. There is considerable discussion about taking the "E" off the service, and the system is designed for a factor of six increase of capacity.

One packet-switched service is already in service in Europe, being operated by the Spanish PTT (Refs 28 & 29). At present, it has nodes in Madrid and Barcelona with 700 terminals. Because it uses only leased lines, software in the nodes can deal with the present twelve specific terminal types without too much difficulty. The system is somewhat intermediate between a packet-switched and message-switched service, with both sets of facilities provided. The initial growth envisaged is rapid, to 7K terminals by 1978. At that time, there will be 9 remote concentrators and three switching centres. Eventually, the aim is to have switching centres in each Spanish province.

At present, there are leased lines at only 4.8 Kbps between the switching centres, and to the remote concentrators; the concentrators can support only 200 bps. The lines between the switching centres will be raised to 48 Kbps by 1977. By 1980 another three switching centres and 64 Kbps digital transmission between the centres, is envisaged, and the terminals will be supported at 2400 bps. At present, the terminals can each access only one computer on their "Real Time Service", with a 2 sec response; with their "Message Service", there is no such restriction. Shortly, the Real Time Service will incorporate switching. There is one difference between the Spanish service and the others of this section; the Spanish have established real tariffs, and know their costs. They expect to break even in 1976. The way in which their system is set up with large scale computers, leads to a cost of a factor 10 higher than a telex crossbar switch (Ref 29). They are therefore looking carefully at adding a computer-controlled circuit switch to their data network.

Another packet-switched network now operational is CIGALE (Refs 30 & 31) in France. This currently has switching nodes in Paris and Grenoble, with concentrators in several other sites. This network offers only datagrams. It is not discussed in detail because it is not publicly available - it is in the same situation, from this point of view, as ARPANET. So far, it has almost no access to the public switched telephone network.

8. INTERNATIONAL DATA NETWORKS

The present national data networks already have their political difficulties, the international scene is yet more hazardous. For example, Western Union International has used the potential saving from packet transmission to offer a private line service - International Digital Data Service (IDDS, Ref 32), in which data is sent in parallel across a cable and satellite circuit. Computers at either end compare the two sets of data which each have check sums, and pass the correct one to the customer. This technique would allow the carrier to give a high degree of assurance that the data passed is correct. In its early version, IDDS would provide for 50 bps Telex and 2.4 Kbps synchronous data traffic. Eventually, a mix of 9.6, 4.8 and 2.4 Kbps lines, and several speeds of asynchronous lines would be supported. The tariffs would be dependent on the volume of data; the charges made to many users would be substantially below those made for dedicated leased lines. The other US international data carriers have challenged the IDDS offering, so that it has not yet (end 1975) been approved by the FCC. Moreover, only certain European countries, Austria, France, Italy and Spain have agreed to the service so far - although other countries are studying it. Similar services between Canada and various European countries are also under discussion. Tymshare is trying to offer another Value Added service internationally. In France and Belgium it has had little trouble. In the UK the PO had proposed to allow their service only if they surcharged Tymshare for each hour of connect time at a terminal, and use leased lines; moreover, the PO would be licencing Tymshare to act as an agent of the PO. The whole question of Value Added services is under discussion by the European PTT consultative committee (CEPT). Two shared-use networks have been permitted, SITA (Ref 7) and SWIFT (Ref 8). The first is a message switching system for the airlines, which has many of the characteristics of national packet-switched networks. It has some nine packet-swtiched nodes in a high-level network; terminals and computers of the airlines are attached into the system which has been here for some years. There are other shared-use networks of this type in other industries. SWIFT is a system for banking, using two switches in Brussels and Amsterdam, due to go live in 1976. This has needed approval from all the various PTTs in Europe and N. America. Even in the case of SWIFT, the approval is only until the PTTs offer a similar service - but there may be substantial discussion as to when a PTT service is equivalent! These systems are again essentially beyond the scope of this paper because of their closed nature.

In addition to the data services between Europe and N. America, the European countries in CEPT are discussing the set-up of an inter-European data network. A beginning in this direction is the European Informatics Network (EIN Ref 33). At present, while international, this network is to be a closed one, with nodes in London, Paris, Zurich, Milan and ISPRA. The nodes are designed to have interfaces with the national data and PST networks, and the EIN may in the future play a role as an international high-level network. So far, only the specifications for the communications subnet have been drawn up, and the contracts for the communication computers have been placed. However, who will be able to access this network, how it will be accessed, and what will be its role in relation to the national PTTs and their plans, are still moot points. The nodes are scheduled to be operational by May 1976. It is an indication of how the PTTs may treat such networks, that the UK PO is moving to restrict access to EIN to be only through EPSS. The national data networks in the other EIN countries are not yet sufficiently far ahead to make similar restrictions.

An interesting international use of data networks is developing which is causing some policy issues to be discussed. There are predictions that there is a large demand, as yet suppressed, for bibliographic information retrieval services (Fig 3 and Ref 4). One problem with these services is that the databases are so large, that they will usually need to be made available on an international basis. This is one of the applications for which TYMNET is used in the US, and for which UK PO permission was not forthcoming. The European Economic Commission (EEC) has proposed to set up a European Information Network (Ref 34), in which Hosts will be attached to some common data networks. The PTTs have proposed that they operate the network which may in the short-term be based on the EIN technology. One policy problem is that although the application is a dedicated one - so that the SITA and SWIFT precedents might be considered valid - the potential users will be widely distributed, and may indeed be any private citizen. It is for this reason that the PTTs are proposing to run the network themselves - thus ensuring that the shared access would not endanger their monopolies.

9. INTERCONNECTION OF DATA NETWORKS AND THEIR USAGE

In $$2-8 we have surveyed the status of the various public data network activities. At first sight, these seem a motley collection of incompatible projects. However, there is excellent collaboration between the PTTs, and great emphasis is being placed on the ability to interconnect these networks. For the interim networks typified by $$3 & 7, interworking will be hard, and special gateways must be employed. However, such gateway experiments are already being planned, and will be constructed within a year or two of the national networks being operational.

Considerable effort is being put in by the PTTs and other interested parties in assuring that common standards emerge; these efforts are being made through the international bodies like CCITT, the International Federation of Information Processing (IFIP), CEPT, and the International Standards Organisation (ISO). Several research and development organisations are setting up experiments, often in partnership with the PTTs, to try to identify the parameters required to allow the inter-connection of the different national and private networks (Refs 35-37).

The synchronous networks of $5 are being designed with international compatibility in mind. It seems clear that with these networks, internetworking at much higher speeds should be possible and even economic. In Europe, one may expect the 48-64 Kbps rate to be standard about 1980, as the digital services come into being in the various countries, but the dependence of rates on distance will remain longer - though it should not be as steep as now. The impact of these changes will be striking. Already a US carrier (MCI) is offering a magnetic tape transfer service; at 50 Kbps a full length tape can be transferred in half-an-hour, at 1.5 Mbps it takes only one minute! At 50 Kbps, with data compression, an A4 page of facsimile typescript of text takes 4 secs, at 1.5 Mbps one can send 8 pages/sec. With machine-readable text, the rates are at least a factor of ten faster! Thus the advent of these data services will make fast facsimile and file transfer technically achievable, and probably even economic. Having such communications facilities, the possible uses of computer networks increase dramatically.

We must add a major caveat on these new data networks. Outside N. America, few tariff structures - and even fewer tariff rates have been published. The estimates of the growth of data traffic pre-suppose certain levels of tariffs. The existing tariffs are based usually on leased lines - with a strong distant-dependent charge, and a prohibition on shared usage. The tendency in the future will be to reduce the distance dependency of charges, and have a larger component dependent on actual volume of traffic; EDS (Ref 9), Telenet (Ref 23) and IDDS (Ref 32) already set the example.

Two problems may then arise. The cost of local access may be much higher to the user, increasing the cost of short distance communication. Secondly, certain applications may never develop because the tariff levels are fixed by comparison with existing services, such as Telex. Some of these problems would be eased if there was convenient interconnection between the new data networks and services on the existing telephone lines. Present indications are that there may be regulatory and tariff bars to such interconnection.

10. SATELLITE COMMUNICATION

A new element has affected long distance communication with the advent of the communication satellite (Refs 38 & 39). The use of satellites for data communication did not make any qualitative difference until 1975. Their existence made more intercontinental channels available, and helped to reduce the cost. However, with the onset of the SPADE system (Ref 40), a single voice channel could be used for 56 Kbps data. So far the resultant savings have hardly been passed on to the European users (though they have to N. America). It is the availability of comparatively cheap bulk intercontinental digital capacity which allows the lower IDDS rates of Ref 32 to be offered.

So far on normal offerings, the PTTs have not wished to distinguish between cable and satellite; they are, however, different media. Several applications are starting to use the multi-destination nature of the satellite. There are proposals to use it for multi-destination facsimile proposals for using Demand Access algorithms for sharing a single channel amongst many users (Ref 41). Through the use of small groundstations, there is the intention to provide a far better marine communication service (Ref 39) - this will allow new data network applications, but is only a vehicle to make them possible.

Several small scale experiments to investigate novel techniques using the intrinsic properties of satellites are just starting. Some of these use the INTELSAT satellites; others plan to use future European communications satellites like the Orbiting Test Satellite (Ref 42). These activities are unlikely to have noticeable general impact, unless either the PTTs relax their present attitude to users operating their own small groundstations, or provide special facilities themselves which use the feature which could be made available.

11. DATA SERVICES

Now that the data networks can be made to work, and even can be interconnected, great thought is being put into new utilisations. Here we immediately notice a problem. Many computer networks can provide at small extra cost, certain high value services; examples are message services (Ref 43), information retrieval services (Ref 34), and store and forward facsimile services. In some cases, the PTTs will be eager and able to provide the services; an example is the UK PO experiments with their Viewdata service for general information retrieval (Ref 44). In others, they may not be convinced of their economic viability - particularly for the general wide deployment expected of PTTs.

In a few cases, the PTTs may be institutionally ill-fitted, both from their marketing and internal organisation, to adjust adequately to users' requirements. Three examples of this immediately come to mind. In the 1960s, several European PTTs took a direct or indirect stake in data processing services; none succeeded in building up a viable business. The banks are setting up a banking network SWIFT already mentioned (Ref 8); as part of the Network Management structure, the SWIFT organisation takes responsibility for the messages it passes; it is fully insured to recompense the users for any losses due to transactions lost or misdirected in the network; such a policy is almost totally foreign to PTTs. Finally, message processing (Ref 43) may need highly reactive and specialised facilities put in for individual organisations. Such a fast reaction to users' requirements is often foreign to the way PTTs operate - though their reaction to the EEC EURONET proposal may be an interesting test case!

In general, the above considerations are leading to serious struggles on the role of PTTs versus private enterprise. The present conflict between Tymshare and some CEPT countries, the request to a PTT by another time-sharing company to be allowed to advertise "mailbox" facilities, the suit against the German Post Office on "restrictive practices", are all signs of this struggle. We must hope, and press, that the PTTs think over seriously, not only what services they may wish to develop, but also which they are best fitted to provide. Provided other services are not truly against the public interest, private enterprise should be permitted to meet needs the PTTs cannot accomodate - even if this requires a reappraisal of PTT monopoly functions.

12. CONCLUSIONS

Today special data networks have been put together and made to work; in a very few years many more will exist, technically could be interconnected, and should give far better facilities than now. The PTTs will also be providing such networks themselves - hopefully obviating the need for most of the private networks. With the technical facilities becoming available, customers are increasing the range of services they desire. Some of these are encroaching into areas traditionally a PTT monopoly.

It is to be hoped that the technical advances will continue without too much policy dispute. Customers should encourage the PTTs to produce their national and international networks - and press for tariffs and facilities consistent with technological advances. The PTTs should welcome the new applications and the growth in data traffic they will provide - and seek to retain control only on those segments they are fitted to serve.

Finally, we are all aware that the fundamental differences between data and voice traffic will be more difficult to define in the 1980s, as all voice traffic becomes digital. Neither the PTTs should be stampeded, nor the customers should force the PTTs to provide separate large data networks which may become white elephants within a decade. Such a development can only lead to high tariffs, strong customer dissatisfaction and waste of resources.

REFERENCES

1. Allery, GD: 'Data communications and public networks', Proc. IFIP 1974, Part I, 117, 1974
2. Kirstein, PT: 'Planned new public data networks', 1st Latin American seminar on data communications, IFIP TC-6, E025, 1975
3. Simpson, KM: 'Planning for data communications', World Telecommunications Forum, ITU, 2.1.2, 1975
4. PA Management Consultants: 'Forecast of users of on-line retrieval services for scientific and technical information retrieval', 1976-1985, EEC Commission, DG13, 1974
5. Larsson, T: 'The allocation of resources for computers and telecommunications', Conf. on Comp. Comm. Policies, OECD, 1975
6. ---: 'Communications and telecommunications studies in informatics', V 3, OECD, 1973
7. Hirsch, P: 'SITA: Rating a packet-switched network', Datamation, 60, Mar. 1974
8. Hall, W: 'SWIFT - the revolution round the corner', The Banker, 633, 1973
9. Gallenkamp: 'Transmission systems for the new integrated telegraph and data network of the Deutsche Bundespost', World Telecommunications Forum, ITU, 2.3.6, 1975
10. Heart, F et al: 'The Interface Message Processor for the ARPA computer network', Proc. SJCC, 36, 551, 1970
11. PA International Management Consultants: 'European Computer and Communication Market, 1973-1985', Teteverket, Sweden, 1973
12. Larsson, T: 'The Nordic public data network (NDPN)', World Telecommunications Forum, ITU, 2.1.6, 1975
13. Wuhrman, \: 'System IFS-1: An integrated PCM telecommunications system', Proc. seminar on Int. Syst. for speech, video and data, Zurich, paper B3, 1972
14. Horton, DJ et al: 'A data communications network for Canada', World Telecommunications Forum, ITU, 2.3.2. 1975
15. Horton, DJ et al: 'An overview of Dataroute: system and performance', Int. Conf. on Comm., 2A-1, 1974
16. Carelton, GF et al: 'Infoswitch and Infordat', World Telecommunications Forum, ITU, 2.3.8, 1975
17. Stuehrk, GF: 'The Bell system's dataphone digital service', Proc. 2nd Int. Conf. on Comm., 279, 1974
18. Fischer, CR et al: 'The Datran network', Proc. 2nd Symp. on problems in the optimisation of data comm. syst., 65, 1971
19. Hirota, K: 'A design of packet-switching systems', Proc. 2nd Int. Conf. on Comm., 151, 1974
20. Wedeberg, GH et al: 'The General Electric network monitor system', Proc. IFIPS, Part I,24, 1974
21. Coombes, W: 'TYMNET - an integrated distributed network', Proc. ACM Conf. Distrib. Comp. GMD , Darmstadt, 1974
22. Roberts, LG et al: 'The ARPA network', Comp. Comm. Netw., 485, Prentice Hall, 1973
23. Roberts, LG: 'Telenet: principles and practice', Proc. Eur. Comp. Conf. Comm. Netw., 315, ON-LINE, 1975
24. Kirstein, PT: 'Distributed computer networks', Nature, 257, 549, 1975
25. Deprés, R: 'RCP: the experimental packet-switched data transmission service of the French PTT, Proc. 2nd Int. Conf. on Comp. Comm., 171, 1974
26. Broomfield, CF: 'Packet-switching - the experimental packet-switched service', Comp. Comm. Review, 2, July 1975
27. Danet, A et al: 'Packet-switching in a public data transmission service, the TRANSPAC network', Proc. Eur. Comp. Conf. Comm. Netw., 331, ON-LINE, 1975
28. Alarcia,G et al: 'C.T.N.E.'s packet-switching network, its applications', Proc. 2nd int. Conf. on Comp. Comm., 163, 1974
29. Del Pino, MM: 'Packet-switching and message switching versus line switching', Proc. Univac Users' Association, Europe, 1975

30. Pouzin, L: 'Presentation and major design aspects of the CYCLADES computer network', Data Networks Analysis and Design, Proc. 3rd Data Comm. Symp. 80, 1973
31. Pouzin, L: 'The CYCLADES network - present state and development trends', Symp. Comp. Netw., trends and applications 1975, IEEE, 8, 1975
32. Brod, E: 'International digital data service', Proc. 2nd Int. Conf. on Comp. Comm., 589, 1974
33. Barber, DLA: 'COST Project 11 - A European informatics network', Comp. Comm., Review, 12, July 1975
34. Davies, GWP: 'EURONET project', Proc. Eur. Conf. Comp. Comm. Netw., 229, ON-LINE, 1975
35. Kirstein, PT et al: 'Alternate approaches to the interconnection of computer networks', Proc. Eur. Conf. Comp. Comm. Netw., 499, 1975
36. Cerf, VG et al: 'A protocol for packet network intercommunication', IEEE Trans. Comm., 5, 637, 1974
37. Cotton, IW et al: 'Prospects for the standardisation of packet-switched networks', network structures in an evolving operational environment, Proc. 4th Data Comm. Symp., 2-1, 1975
38. Husted, JM: 'Current and near future data transmission via satellites of the INTELSAT network', Proc. 1st Int. Conf. Comp. Comm., 358, 1972
39. Howell, TF: 'A possible evolution of the European Communication Satellite system', World Telecommunications Forum, ITU, 2.4.7, 1975
40. Cacciamini, ER: 'The SPADE system as applied to data communications and small earth station operation', COMSAT, Tech. Rev., 1,1,1971
41. Roberts, LG: 'Dynamic access of satellite capacity through packet reservation', Proc. NCC, 42, 711, 1973
42. Wearmouth, C: 'The current state of the Orbital Test Satellite', World Telecommunications Forum, ITU, 2.4.6, 1975
43. Kirstein, PT et al: 'The impact of integrated message facilities on administrative procedures and interpersonal interactions', Proc. Eur. Conf. Comp. Comm. Netw., ON-LINE, 395, 1975
44. Fedida, S: 'Viewdata: an interactive information service for the general public', Proc. Eur. Conf. Comp. Comm. Netw., ON-LINE, 261, 1975

WIRTSCHAFTLICHE ASPEKTE / ECONOMICAL ASPECTS

THE INFLUENCE OF COMPUTER HARDWARE AND COMMUNICATION LINES ON THE COST OF DISTRIBUTED COMPUTER SYSTEMS

L. AMBROSINI GUACCIMANNI and G. BUCCI
Istituto di Elettronica and Centro di Studio per l'Interazione Operatore-Calcolatore, University of Bologna

ABSTRACT

A simple model of a Geographically Distributed Computer System is developed, which takes into account both the computer hardware and the communication line costs, in order to investigate underwhat conditions a distributed system is less expensive than a centralized one.
Some quantitative relations show the weight of the parameters affecting the total system cost.

INTRODUCTION

A Geographically Distributed Computer System (GDCS) is a collection of two or more interconnected computers in different locations which cooperate in order to solve problems. Computer networks lie in this field [R1, K1, K2, I1, S1] .

In recent years the growth of these systems has encouraged the development of methods for their design. The proposed methods are of different sorts, but they normally emphasize only one aspect (although very important), that is optimization of the communication network under certain constraints. For instance, given the average traffic emanating from each user location and assuming a high line utilization factor, one chooses the network topology and line capacities which maintain the cost of the system at a minimum [E1, F2, F3, F4] .

Chu [C3] and Casey [C1, C2] consider the problem of file copy allocation in an information network, taking into account both the cost of the communication network and that of storing the files at network nodes. Although similar to the warehouse and plant location problems previously approached in [F1, F5] , Casey's model is conceptually different since it includes updating traffic, which makes the total traffic in the network dependent on file allocation.

To be more general, the design of a GDCS must involve the invention of some criteria to allocate different kinds of resources [A1] . In this context the term resource allocation includes not only how and where to locate files in a computer network and how to dimension the communication lines, but also how to distribute computing power. In fact the search for the optimal design solution can be improved by considering also the way in which the computing power can be distributed among the nodes of the system when design constraints allow it. This is expected to be useful in dimensioning the system components when the constraints are the geographical locations of the users and the amount of traffic required from each. Obviously, the design must aim at minimizing the overall cost of the system which satisfies the total number of requests (on this subject see, for instance, [D1]).

A terminal located at a great distance from the computer determines a high data communication cost. Therefore it is interesting to implement systems in which, in addition to the central (host) computer, some "sa= tellite" computers are inserted.

Although computer facility decentralization brings about an increase in costs due to the "economies of scale" for computer hardware [K3, S3, O1, L1] , satellites can nervertheless satisfy a part of the requests from terminals located close to them; data communication costs will thus be lowered. The hypothesis of obtaining a total system cost reduction through computing power distribution is also justified by data presented in [M1] .

Other valid reasons for investigating the dispersion of computing facilities, such as tailoring and reliability, are described in detail in [S4] .

In this paper analytical relations are given to evaluate the convenience of a distributed computer system through a rather simplified model in which only computer hardware and data communication costs are considered.

THE MODEL

In this section a very simple distributed computing system model is dealt with.

A user terminal is identified through its position and the number, R, of requests per second it generates. R is assumed constant in time disregarding queueing problems in order to conserve model simplicity. Requests are divided into two categories:

1) Requests which can be satisfied on both a large computer (host) and a small one (satellite).
2) Requests which by their nature can be satisfied only on a large computer.

R_1 and R_2 express the number of requests per unit of time belonging to the first and the second class, respectively. Thus $R = R_1+R_2$.

Following Knight's approach, P denotes the computing power of a system, i.e. the number of standard operations performed per second. It is further assumed that K_1 and K_2 indicate the number of standard operations involved in satisfying type 1 and type 2 requests,respectively. In the following the speed at which the operations in their totality are performed by a whole computing system is considered to be exactly sufficient to satisfy the rate R of requests per second. This is equivalent to assuming that satisfaction of all the request traffic achieves complete saturation of the system.

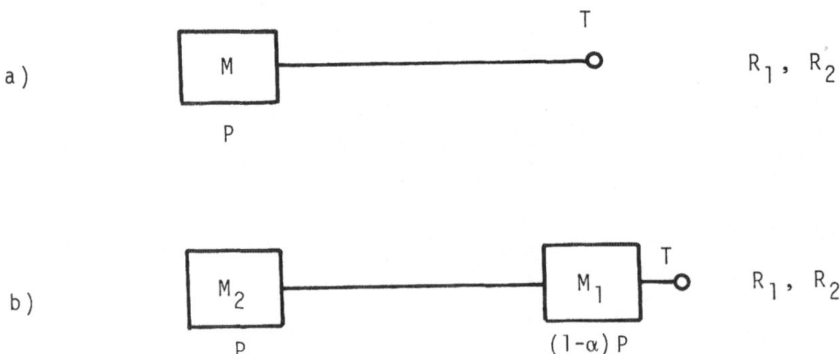

fig. 1

Consider two configurations of a system, as presented in fig.1. We are interested in the problem of finding under what conditions the distributed solution becomes economically convenient.

On the previous assumption, for the configuration in fig.1 a) it follows that the computer power required to exactly satisfy R requests per second is:

$$R_1K_1 + R_2K_2 = P$$

For the system configuration of fig.1 b), αP and $(1-\alpha) P$ represent the computer power of M_2 (host) and M_1 (satellite), with an arbitrary but fixed value of α. βR_1 gives the portion of the type 1 requests sent to M_2. Thus M_1 has to satisfy only $(1-\beta)R_1$ requests of type 1 per second.

In order to make the behaviour of the two systems the same (i.e., without idle times on any computer) with the same traffic, R, the following relation must hold for the distributed system:

$$\frac{\text{Number of operations to be performed on } M_1}{\text{Number of operations to be performed on } M_2} = \frac{\text{Power of } M_1}{\text{Power of } M_2}$$

which can be put in the form:

$$\frac{(1-\beta)\gamma\ K_1}{\beta\gamma K_1+(1-\gamma)K_2} = \frac{1-\alpha}{\alpha} \tag{1}$$

where γ is defined as R_1/R. When $\beta=0$ (minimum communication cost), equation (1) reduces to:

$$\alpha = \frac{1}{1+\frac{\gamma}{1-\gamma}K} \tag{2}$$

where $K = \dfrac{K_1}{K_2}$.

By means of (2) it is possible to determine, for a given traffic, what distribution of computing power between the two computers minimizes the communication cost.

In fig. 2 some curves representing α as a function of γ are drawn for different fixed values of K. With these curves, for given values of R_1, R_2, K_1 and K_2, the value of α that minimizes the communication cost is immediately determined. Obviously, if the hardware cost of computers can be thought of as proportional to their power, this value will also minimize the total cost of the system.

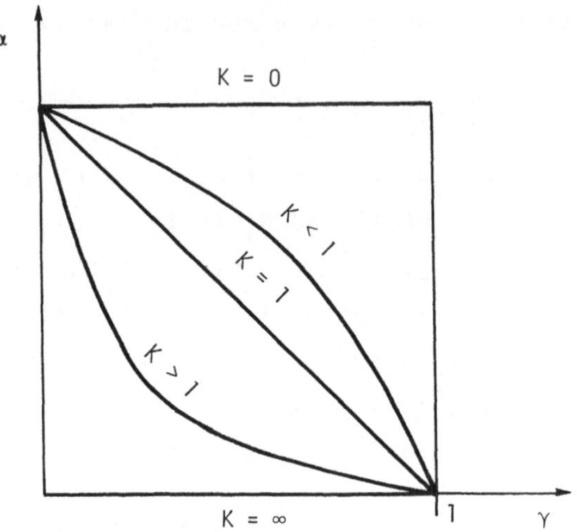

fig. 2

COMPARISON OF COSTS BETWEEN CENTRALIZED AND DECENTRALIZED CONFIGURATION

Many authors (Knight, Solomon, Littrel and others) proved that the rental cost for computer hardware equipment is of the form:

$$C_1 = q_1 P^{\alpha_1}$$

where α_1 is less than 1, showing the economies of scale.

Communication line rental cost can be expressed as a function of bandwidth B in the form:

$$C_2 = q_2 B^{\alpha_2}$$

where α_2 is still less than 1 [G1] .

In the configuration of fig. 1 a) the cost of the entire system is:

$$\text{Cost}' = q_1 \; P^{\alpha_1} + q_2 \; B_o^{\alpha_2} \qquad (3)$$

where $B_o = L_1 R_1 + L_2 R_2$, and L_1 and L_2 are the message lengths of type 1 and type 2 requests, respectively.

In a distributed configuration the total cost can be expressed by:

$$\text{Cost} = q_1((\alpha P)^{\alpha_1} + ((1-\alpha)P)^{\alpha_1}) + q_2 B^{\alpha_2} \qquad (4)$$

where $B = L_2 R_2 + \beta L_1 R_1$.

For a certain value of total traffic P, when β is ranging between 0 and 1, α shall consequently range between the maximum value $\alpha=1$ and the minimum value $\alpha = \alpha_{min}$. Since

$$\alpha = \frac{\beta K_1 R_1 + K_2 R_2}{K_1 R_1 + K_2 R_2}$$

for $\beta=0$ it follows :

$$\alpha_{min} = \frac{K_2 R_2}{P}$$

hence:

$$\beta = \frac{\alpha - \alpha_{min}}{1 - \alpha_{min}}$$

then

$$B = L_2R_2 + \frac{\alpha-\alpha_{min}}{1-\alpha_{min}} L_1R_1$$

Now equation (4) can be written in the following form:

$$Cost = q_1 P^{\alpha_1} (\alpha^{\alpha_1}+(1-\alpha)^{\alpha_1}+ q \frac{B^{\alpha_2}}{P^{\alpha_1}})$$

where $q = \frac{q_1}{q_2}$.

For fixed values of α_1 and α_2 and of all traffic parameters we may write:

$$Cost = q_1 P^{\alpha_1} (g(\alpha) + H\ h(\alpha)) \tag{5}$$

where

$$g(\alpha) = \alpha^{\alpha_1} + (1-\alpha)^{\alpha_1}$$

$$h(\alpha) = (1 + \frac{\alpha-\alpha_{min}}{1-\alpha_{min}} \frac{L_1R_1}{L_2R_2})^{\alpha_2}$$

$$H = \frac{q(L_2R_2)^{\alpha_2}}{P^{\alpha_1}}$$

Finally, it is possible to evaluate the economic advantage of a decentralized solution compared to the fully centralized one, by considering the ratio:

$$F(\alpha) = \frac{Cost(\alpha)}{Cost(1)} = \frac{g(\alpha) + H\ h(\alpha)}{g(1) + H\ h(1)} \tag{6}$$

For a given traffic and given cost functions, $F(\alpha)$ has the following properties: (a) it is defined in the range $(\alpha_{min},1)$, (b) in this interval it has a downward concavity and (c) $F(1) = 1$.

By computing the behaviour of $F(\alpha)$ as a function of α , it is possible to deduce whether and from what starting value of α the decentralized configuration becomes convenient ($F < 1$). Such a condition is satisfied if

$$g(\alpha) - g(1) < H(h(1) - h(\alpha))$$

This relation shows how the line cost influence is in opposition to that of the hardware costs (in accordance with intuition), but with weight depending on the H factor wich is, by definition, a function of the traffic parameters L_2 and R_2 and of the market situation that determines the values of α_1, α_2, q_1 and q_2. When the values of K_1, K_2, L_1, L_2, q_1, q_2, α_1 and α_2 are given and the needed computing power P has been determined, it is of particular interest to represent α_{min} and $\bar{\alpha}$, characteristic values of α defined as follows, in a graphic form as functions of γ.

α_{min}: minimum value that can be assigned to α for a given γ.

α_{min} can also be expressed in the form:

$$\alpha_{min} = \frac{1}{1 + \frac{K_1}{K_2} \frac{\gamma}{1-\gamma}}$$

$\bar{\alpha}$: value of $\alpha \neq 1$ for which $F(\alpha) = 1$ for the given γ.

The value $\bar{\gamma}$ is defined as the minimum value of γ under which there exists no value of α that verifies the condition $F(\alpha) < 1$. Hence for $\gamma = \bar{\gamma}$ it is $\bar{\alpha} = \alpha_{min}$.

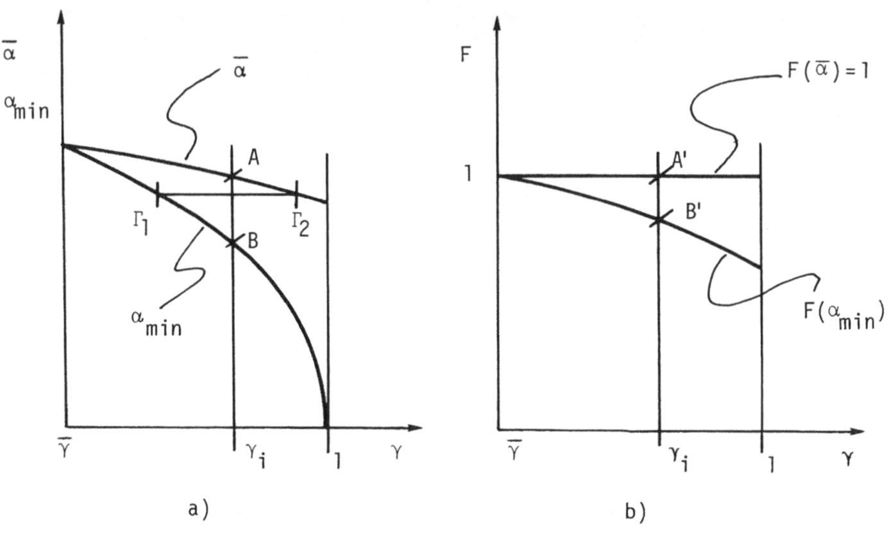

fig . 3

In fig.3 b), $F(\alpha_{min})$ and $F(\bar{\alpha})$ are represented as functions of γ .
The curves of fig. 3 can be used as follows:

a) for each value of γ belonging to $(\bar{\gamma}, 1)$, i.e. for different couples of R_1 and R_2 saturating the power P, the segment AB gives the range of values of α which make the distributed solution more advantageous than the centralized one;
b) for a given γ the segment A' B' gives the maximum saving achievable through decentralization;
c) once the value of α, i.e. the power distribution, is chosen, the segment $\Gamma_1\Gamma_2$ gives the excursion allowed for the real traffic to keep the system always in a condition of economic convenience.

CONCLUSIONS

Economies of scale in computer hardware cost favour system power centralization. To determine whether communication line cost can overturn this situation, some economical relations have been expressed for a simple computer network model.

In order to attempt the study of real systems, the authors are now deriving the corresponding relations for more complex models, such as a host computer with several satellites.

However, the present study, on a very simple and theoretical model, brought out some general conditions to be respected to obtain economy through decentralization.

REFERENCES

[A1] L.Ambrosini Guaccimanni, M.W.Blasgen and G.Bucci, "On the Design of Geographically Distributed Computer Systems", Rapporto CIOC n.25, Bologna, Sept. 1974.

[C1] R.G.Casey, "Allocation of Copies of a File in an Information Network", Proc. of SJCC, Washington D.C.,May 1972, pp.617-625.

[C2] "Design techniques for Data Base-Oriented Computer Network", IBM Research, RJ 1222, May 1973.

[C3] W.W.Chu, "Optimal File Allocation in a Multiple Computer System", IEEE Trans. on Computer, vol.C-18, n.10, Oct.1969.

[D1] D.A.Dunn and A.J.Lipinski, "Economic Considerations in Computer--Communication Systems", in Computer-Communication Network,Prentice--Hall, Englewood Cliffs, 1973, pp.371-422.

[E1] L.Esau and K.Williams, "A Method for Approximating the Optimal Network", IBM System Journal, vol.5, n.3, 1966, pp. 142-148.

[F1] E.Feldman, F.A.Lehrer and T.L.Ray, "Warehouse Location under Continuous Economies of Scale", Management Science, vol.12, n.9, May 1966, pp. 670-684.

[F2] H.Frank and W.Chou, "Topological Optimization of Computer Networks", Proc. of IEEE, vol. 60, n.1, Nov. 1972, pp. 1385-1396.

[F3] H.Frank, R.E.Khan and L.Kleinrock, "Computer Communication Network Design - Experiences with Theory and Practice", Proc. of SJCC, Washington D.C., 1972, pp.255-270.

[F4] H.Frank and I.T.Frisch, "Planning Computer-Communication Network", in Computer Communication Network, 1973, Prentice-Hall, Englewood Cliffs.

[F5] W.D.Frazer, "An Approximate Algorithm for Plant Location under Piecewise Linear Concave Costs", IBM Research Report RC-1875,July 1967.

[G1] R.G.Gould, "Comments on Generalized Cost Expression for Private-Li= ne Communications Channels", IEEE Trans. on Comm. Technology, Com-13, n.3, Sept. 1965, pp. 374-377.

[I1] IBM System Development Division, "IBM 3650 Retail Store System Introduction", Dept. E01, 1973.

[K1] R.Khan, "Resource-Sharing Computer Communication Networks", Proc. of IEEE, vol.60, n.11, Nov. 1972, pp.1397-1407 .

[K2] L.Kleinrock, "Analytic and Simulation Methods in Computer Network Design", Proc. of SJCC, Washington D.C., 1970, pp.559-579.

[K3] K.E.Knight, "Changes in Computer Performance", Datamation, Sept. 1966, pp.40-54.

[L1] R.F.Littrell, "Economies of Scale in the IBM 360 and 370", Datamation, vol. 20, n.3, Mar. 1974, pp. 83-88.

[M1] P.McGregor, "Effective Use of Data Communication Hardware", Proc. of NCC, Chicago, May 1974, pp.565-575.

[O1] A.E.Oldehoeft and M.H.Halstead, "Maximum Computing Power and Cost Factor in the Centralization Poblem", Comm. of the ACM, vol.15, n.2, Feb. 1972, pp.94-96.

[R1] L.G.Roberts and B.D.Wessler, "Computer Network Developement to Achieve Resource Sharing", Proc of SJCC, May 1970, pp.543-549.

[S1] M.Schwartz et al., "Terminal-Oriented Computer-Communication Networks", Proc. of IEEE, vol.60, n.11, Nov.1972, pp.1408-1423.

[S2] W.F.Sharpe, "The Economics of Computer", Columbia University Press, New York, 1964, pp.314-322.

[S3] M.Solomon Jr., "Economies of Scale and the IBM System/360", Comm. of the ACM, vol.9, Jume 1966, pp.435-440.

[S4] D.N.Streeter, "Centralization or Dispersion of Computing Facilities", IBM System Journal, n.3, 1973, pp.283-301.

Modell zur Ermittlung eines dezentralisierten Rechnersystems mit minimalen Kosten

P. Schmitz, A. Schönlein

Zusammenfassung

Für das Problem der Zuordnung von Arbeitsrechnern zu Standorten mit jeweils vorgegebenem Bedarf wird zur Minimierung der Gesamtkosten als Summe aus Kosten für die Arbeitsrechner und die Vernetzung ein heuristisches Verfahren beschrieben.

1. Problemstellung und Modellbeschreibung

In den letzten Jahren ist das Interesse an Rechnerverbundsystemen stark angestiegen, obwohl noch eine Vielzahl technischer Probleme - speziell wenn Rechner verschiedener Hersteller dem Verbund angehören sollen - bestehen. Die Auslegung eines solchen Verbundsystems stellt eine Aufgabe des Operations Research dar: Es kommt jeweils darauf an, unter Berücksichtigung bestimmter Restriktionen eine konkrekte Zielforderung, vielfach die Minimierung der anfallenden Kosten, zu erfüllen.

Spezielle Probleme, die hiermit in Zusammenhang stehen, sind etwa die der Kapazitätsabschätzung und der Kostenminimierung von Übertragungsnetzen.

GAVER (2) sowie HANSSMANN u.a. (4) untersuchen das Problem der Kapazitätsabschätzung an Hand wahrscheinlichkeitstheoretischer Modelle. Mittels empirischer Daten stellen diese für einen idealisierten Rechner Zusammenhänge zwischen CPU-Auslastung, Rechenintensität und Anzahl von Partitions her, woraus dann untere Kapazitätsschranken hergeleitet werden.

Ein heuristisches Verfahren zur Kostenminimierung von Übertragungsnetzen für eine nicht fallende stückweise lineare Kostenfunktion bei vorgegebenen Standorten und Übertragungsanforderungen beschreibt HÄNSLER (3). Ausgehend von einer Vernetzung, die sämtliche Übertragungsanforderungen erfüllt, bestimmt HÄNSLER durch Optimierung der einzelnen Verbindungswege kostengünstigere zulässige Vernetzungen. CSAJKA (1) schrieb zu diesem Verfahren ein interaktives Programm.

Ebenfalls mittels eines heuristischen Verfahrens untersucht PADE (5) das Problem der Kostenminimierung für die Vernetzung von Terminals sowie für die im Bedarfsfall eingesetzten Konzentratoren in einem Rechnerverbundsystem, bestehend aus Zentralrechnern, Vermittlungsrechnern und Terminals, bei vorgegebenen Standorten. Ausgehend von einem minimal aufspannenden Baum konstruiert PADE durch Zerlegung, Neukonfiguration und Änderung innerhalb der Äste Vernetzungen mit geringeren Gesamtkosten.

Dem in dieser Arbeit vorgestellten Modell liegt das folgende Problem zugrunde:

Standorten mit jeweils vorgegebenem Bedarf sind Arbeitsrechner zuzuordnen, wobei die Gesamtkosten als Summe aus den Kosten der Arbeitsrechner und denen des Übertragungssystems zu minimieren sind. Dieses Problem kann allgemein wie folgt beschrieben werden:

Eine Betriebseinheit j eines Verbundes aus n Betriebseinheiten benötigt eine Gesamtkapazität $g_j = f_j + t_j$ einer Ressource, wobei der Anteil f_j von der Betriebseinheit j selbst, der Anteil t_j aber eventuell von einer anderen Betriebseinheit i der Betriebseinheit j zur Verfügung gestellt werden kann (f_j fixer, t_j transportabler Anteil). Es soll ferner vorausgesetzt werden, daß - falls der transportable Anteil t_j von der Betriebseinheit i übernommen wird - die Betriebseinheit j keine transportablen Anteile für andere Betriebseinheiten bereitstellt. Die Kosten für die in der Betriebseinheit i bereitgestellte Ressourcen-Kapazität betragen

$$K'_i = K(f_i + \sum_j t_j x_{ij})$$

Hierin bezeichnen wieder f_i den fixen Kapazitätsanteil der Betriebseinheit i, t_j den transportablen Kapazitätsanteil der Betriebseinheit j, ferner x_{ij} eine Variable mit dem Wert 1 bzw. 0 in Abhängigkeit davon, ob die Betriebseinheit i den transportablen Anteil der Betriebseinheit j übernimmt oder nicht. Sind weiter e_{ij} die Kosten für die Übertragung des transportablen Anteils t_j von der Betriebseinheit j zur Betriebseinheit i, dann ergeben sich die gesamten Übertragungskosten bezüglich der Betriebseinheit i zu

$$K''_i = \sum_j e_{ij} x_{ij}$$

Wird ferner für die gesamte in einer Betriebseinheit zu installierende Kapazität eine obere Schranke k vorgeschrieben, so läßt sich das hier betrachtete Problem mathematisch wie folgt darstellen:

$$K = \sum_i (K_i' + K_i'')$$

$$= \sum_i K(f_i + \sum_j t_j x_{ij}) + \sum_{i,j} e_{ij} x_{ij} = \text{Min.}$$

unter den Restriktionen

i) $f_i + \sum_j t_j x_{ij} \leq k$

ii) $x_{ij} = \begin{cases} 0 \\ 1 \end{cases}$

iii) $x_{ij} = 1 \quad i \neq j$ impliziert $g_j = f_j$

Dieses Modell repräsentiert das Problem der Kapazitätszuordnung in einem Rechnerverbundsystem, wenn man die Betriebseinheit mit dem Rechenzentrum, die Kapazität mit einer geeigneten Verrechnungseinheit und die Übertragungskosten mit den Kosten für die Datenfernübertragung identifiziert.

Ein betriebswirtschaftliches Problem, das ebenfalls durch das obige Modell beschrieben werden kann, ist etwa das folgende:

Zur Deckung des Bedarfs an einem homogenen Gut stehen n Teilmärkten n Läger zur Verfügung. Die Läger können untereinander mit regelmäßigem Transportverkehr verbunden werden. Der Spitzenbedarf eines jeden Teilmarktes ist durch Einlagerung eines fixen Anteils im jeweiligen Lager gedeckt, der darüberhinaus benötigte Bedarf erfolgt durch Zulieferung aus einem der anderen Läger. Das Problem besteht nun in der Minimierung der Gesamtlager- und Transportkosten unter Beachtung der Bedarfsdeckung eines jeden Teilmarktes.

Ein analytisches Verfahren zur Lösung dieser ganzzahligen Optimierungsaufgabe ist nicht bekannt. Vollständige Enumeration, d.h. Untersuchung aller möglichen Zuordnungen, würde mit Sicherheit zu einer Optimallösung führen, sie scheidet jedoch im allgemeinen wegen der Dimension, die sich bei praktischen Problemen ergibt, aus.

Im EDV-Gesamtplan von Baden-Württemberg ((6), A9) wird versucht, die Aufgabe dadurch zu lösen, daß man rein formal die transportablen Anteile kombiniert. Hierdurch können sich jedoch optimale Zuordnungen ergeben, bei denen kleine Betriebseinheiten die transportablen Anteile großer Betriebseinheiten übernehmen, und die somit der Realität völlig widersprechen.

2. Beschreibung des Verfahrens

Zur Bestimmung einer Näherungslösung des im vorausgegangenen Abschnitt beschriebenen Problems für den Fall einer unterproportionalen Kostenfunktion K ließen sich die Verfasser von heuristischen Überlegungen leiten, die zu Zuordnungen führen, die im allgemeinen mit der Realität in Einklang zu bringen sind.

Als Basislösung dient diejenige Zuordnung, bei der in jeder Betriebseinheit neben dem fixen auch der transportable Kapazitätsanteil installiert wird, also keine Übertragungskosten anfallen. Hiervon ausgehend werden bessere Lösungen heuristisch wie folgt ermittelt:

Bezeichnet d(i,j) eine Kostendifferenz, die sich durch Verlagerung des transportablen Anteils t_j von der Betriebseinheit j zur Betriebseinheit i ergibt, z.B.

$$d(i,j) = K(g_i + t_j) - K(g_i)$$

oder

$$d(i,j) = K(g_i + t_j) - K(f_j)$$

dann wurden mittels der Kriterien

$$\max_i \left\{ \max_{j \neq i} d(i,j) - e_{ij} \;/\; g_i + t_j \leq k \right\}$$

bzw.

$$\max_i \left\{ \max_{j \neq i} \frac{d(i,j)}{e_{ij}} \;/\; g_i + t_j \leq k \right\}$$

Betriebseinheiten i und j ausgewählt, von denen die Betriebseinheit i die transportable Kapazität t_j der Betriebseinheit j übernehmen kann. Es wird dann überprüft, ob es nicht vorteilhafter ist, eventuell bereits von der Betriebseinheit j übernommene transportable Kapazität direkt an die Betriebseinheit i anstelle des Umweges über j nach i weiterzuleiten. Nach Markieren und Sperren der entsprechenden Verbindungen werden dann die t_k, g_k und die zu dieser Zuordnung gehörenden Gesamtkosten berechnet. So fortfahrend, erhält man eine Zuordnung, die keine weitere Verbindung nach einem der obigen Kriterien mehr zuläßt. Das Ergebnis besteht im allgemeinen aus isolierten Sternnetzen. Hiervon ausgehend wird dann versucht, mittels der obigen Kriterien kostenminimalere Zuordnungen zu konstruieren, die bereits ausgewählte Verbindungen enthalten. Dieses Verfahren wird so lange fortgesetzt, bis sich eine Zuordnung ergeben hat, deren Verbindungen als Ausgangspunkte neuer Zuordnungen mittels der obigen Kriterien zu keiner weiteren Kostenreduzierung führen.

3. Programmbeschreibung

Das beschriebene Verfahren wurde in FORTRAN programmiert. Als Eingabe-Daten werden verlangt:

- Kapazitätsbedarf der einzelnen Orte, aufgeteilt in fixen und transportablen Anteil
- Zulässige Maximalkapazität an einem Ort

. Entfernung zwischen den Orten zur Berechnung der Leitungskosten

. Wertepaare der Leistungskostenkurve; zwischen benachbarten Wertepaaren wird linear interpoliert.

Das Programm erzeugt folgende Ausgabe:

. Protokoll der Eingabe-Daten

. Leitungskostenmatrix

. Gefundene kostenminimale Zuordnung der transportablen Anteile sowie die hieraus resultierenden Gesamtkapazitäten und -kosten.

4. Numerische Erfahrungen

Bei der Anwendung des Verfahrens auf Testbeispiele wurde zur Berechnung der Leitungs- und Modemkosten die Gebührenordnung der Deutschen Bundespost zugrunde gelegt. Die Leistungskostenkurve wurde aus dem EDV-Gesamtplan des Landes Baden-Württemberg ((6), A9-5) übernommen. Die Beispiele wurden mit verschiedenen Kostendifferenzen d(i,j) nach den obigen Kriterien durchgerechnet, wobei sich bezüglich der Gesamtkosten im allgemeinen keine wesentlichen Unterschiede ergaben.

Für ein 10 Orte-Problem, für das Angaben bezüglich des Kapazitätsbedarfs auf Grund statistischer Untersuchungen vorlagen, wurde angenommen, daß sich die Gesamtkapazität zu 50 % aus fixem und transportablem Anteil zusammensetzt. Unter der Annahme, daß die Ausgangskosten, d.h. die Kosten, die sich ergeben, wenn jeder Ort seinen gesamten Kapazitätsbedarf selbst deckt, mit 100 % angesetzt werden, so konnte in Abhängigkeit zur zulässigen Maximalkapazität eine Kostenreduzierung bis zu 19 % erzielt werden.

Die Tests wurden durchgeführt auf der Anlage CYBER 72/76 des Rechenzentrums der Universität zu Köln. Die durchschnittliche Rechenzeit für ein 10 Städte-Problem betrug 0,6 Sekunden, für ein 50 Städte-Problem wurden durchschnittlich 900 Sekunden benötigt.

Literatur

(1) CSAJKA, I. P. 'An Interactive Network-Handling Program' Angewandte Informatik, 7, 269-274 (1975)

(2) GAVER, D.P. 'Probability models for multiprogramming computer systems' JACM, 14, H. 3, 423-438 (1967)

(3) HÄNSLER, E. 'An experimental heuristic procedure to optimize a telecommunication network under nonlinear cost functions' Seventh Annual Princeton Conference in Information Sciences and Systems, 130-134. Princeton, New Jersey 1973

(4) HANSSMANN, F. KISTLER, W. SCHULZ, H. 'Modeling for computer center planning' IBM-Systems Journal, 3, 305-324 (1971)

(5) PADE, E. 'Ein heuristisches Verfahren für die Kostenoptimierung von Konzentratornetzen' Elektronische Rechenanlagen 5, 212-219 (1975)

(6) 'Gesamtplan zur Ausstattung der Hochschulen des Landes Baden-Württemberg mit elektronischen Datenverarbeitungsanlagen (EDV-Gesamtplan)'

ENTWICKLUNG UND WIRTSCHAFTLICHKEIT VON RECHNERVERBUNDNETZEN

Jürgen C.W. Schroeder
DATEL GmbH - DANET/Darmstadt

1. Einführung

Verschiedene Anwendungen der Datenverarbeitung erfordern Rechnerverbundnetze, die durch Verknüpfung von selbständigen Datenverarbeitungsanlagen über Datenübertragungssysteme entstehen. Der wesentliche Grund für diese Entwicklungen besteht in einem wirtschaftlicheren Einsatz der bisherigen EDV-Betriebsmittel und der Lösung neuer EDV-Anwendungsprobleme.
Beim Einsatz eines Rechnerverbundnetzes handelt es sich allgemein um die gemeinsame Nutzung verschiedener Betriebsmittel on-line über Datenfernzugriff. Der Rechnerverbundnetz-Anwender steht vor der Lösung folgender Problemkreise:

. Art der gemeinsam zu nutzenden Betriebsmittel
. Vorteile und Schwierigkeiten, die mit Rechnerverbundnetz-Anwendungen verknüpft sind
. Auswahl geeigneter Hardware, Software und öffentlicher Datenkommunikations-Dienste
. Wirtschaftlichkeit der Netzlösung
. zukünftige Anforderungen und weitere Entwicklung des Netzes.

Im folgenden Beitrag sollen diese Problemkreise näher untersucht werden und mögliche Lösungswege aufgezeigt werden. Insbesondere soll auf den Entwicklungstrend und Fragen der Wirtschaftlichkeit von Rechnerverbundnetzen eingegangen werden.

2. Die Anwendungen von Rechnerverbundnetzen

2.1 Allgemeines

Unter Rechnerverbundnetz soll hier verstanden werden [1] :
Eine Verknüpfung von selbständigen Rechnern (HOSTS) über ein Datenübertragungssystem; auf die Rechner wird über Datenendeinrichtungen zugegriffen, wobei diese entweder direkt an die Rechner oder indirekt über das Datenübertragungssystem angeschlossen sind.

Ein Rechner in einem Rechnerverbundnetz stellt die Summe verschiedener Betriebsmittel dar, wie z.B.

. Programme,
. Dateien,
. Speicher,
. Ein-/Ausgabeperipherie.

Über die Nutzung dieser verschiedenen Rechnerbetriebsmittel durch die Anwender stehen darüber hinaus weitere für den Betrieb eines Rechnerverbundnetzes erforderliche Mittel zur gemeinsamen Nutzung zur Verfügung, nämlich

. Datenübertragungsnetz
. Personal.

Die ersten Rechnerverbundnetze wurden für die gemeinsame Nutzung des Datenübertragungsnetzes (Kommunikations-Verbund) und von Dateien (Datei-Verbund) entwickelt.
In Zukunft werden sich zunehmend Rechnerverbundnetze entwickeln, um gemeinsam die Personalresourcen zu nutzen.

2.2 Kommunikations-Verbund

Diese älteste Form des Rechnerverbundes wurde erstmals weltweit angewendet durch die Luftverkehrsgesellschaften. Sie gründeten hierzu 1949 die Gesellschaft SITA, die heute das größte Kommunikations-Verbundnetz betreibt [2]. Es besteht aus acht Hauptschaltzentren (High Level Centers) und 21 Satellitenrechnern (siehe Bild 1). Neben der gemeinsamen Nutzung der Übertragungskanäle mit hoher Zuverlässigkeit und Sicherheit bietet dieses Netz dem Anwender spezielle Kommunikationsdienste wie z.B. Nachrichtenspeicherung, Nachrichtenverteilung, Schnittstellenanpassung, Code-Umwandlung.

2.3 Datei-Verbund

Die einzige heute im praktischen Einsatz befindliche Form des Betriebsmittelverbundes ist der Datei-Verbund. In der BRD finden wir das INPOL-Netz für das Fahndungswesen der Polizei (siehe Bild 2). Dieses Rechnerverbundnetz besteht heute aus einem zentralen Duplexrechner (Siemens 4004/150) und regionalen Rechnern (Siemens, IBM) mit etwa 350 angeschlossenen Datenendeinrichtungen [3]. Es gibt zwei Arten von Dateien im Netz, Personaldateien und Fahndungsdateien, die über die Zentrale auf zentraler und regionaler Ebene gepflegt werden. Ein zentraler Datei-Index beschreibt die dezentralen Dateien. Die Abfrage von Dateien und das Updating erfolgt über zwei getrennte Klassen von Datenendeinrichtungen.

2.4 Zukünftige Verbundformen

Neben der in Zukunft sich weiterentwickelnden Anwendung von Kommunikations- und Datenverbund wird zunehmend die gemeinsame Nutzung von Personal oder spezialisierter Organisationen zusammen mit Rechnern von Bedeutung sein, wie z.B. Diagnose-Zentren in der Medizin, Spezialistenteams in der Wissenschaft, hochspezialisierte Betriebsorganisationen für übernationale Rechnerverbundnetze (Service-Netze).

Die heute in Experimenten diskutierten Formen des allgemeinen Betriebsmittelverbundes (z.B. Lastverbund) wird wegen der Komplexität der technischen Lösung und weitergehender Kostensenkung der Hardware keine praktische Bedeutung erlangen.

Die weitere Verbreitung kostengünstiger Kleinrechner und Mikroprozessoren wird eine Verschiebung der Rechnerleistung an den Arbeitsort begünstigen. Dieses bedeutet eine Dezentralisierung der anwendungsspezifischen Programme und zugehörigen Dateien. Nur sehr umfangreiche Anwendungssysteme (Dateien und Programme) für die Verwaltung, Planung und Koordinierung bleiben zentralisiert. Durch diesen Trend wird sich der Datei-Verbund weiterentwickeln, nicht jedoch andere neue Betriebsmittelverbundformen erforderlich werden.

2.5 Das Anwenderziel: Die gemeinsame Nutzung von Resourcen

Das weltweite SITA-Netz ist ein gutes Beispiel für den weltweiten Kommunikations-Verbund. Die Vorteile der gemeinsamen Nutzung des Kommunikationsnetzes hängt ab vom Anwenderprofil, der Übertragungsgebühr und Tauglichkeit des Netzes in Bezug auf die Benutzeranforderungen.
Nachteile und Schwierigkeiten können entstehen durch Nichtverfügbarkeit, Durchsatzeinschränkungen oder Leistungsschwankungen Übertragungsverzögerungen, ungünstige Tarifstruktur und Beschränkungen bei erforderlichen Ausbauänderungen hinsichtlich Ausdehnung und Leistungsumfang für sämtliche oder eine Klasse von Benutzern.

Betrachtet man das INPOL-Beispiel, so liegen die Vorteile des gemeinsamen Dateiverbundes mit zugehörigen Programmsystemen (Datenbanken, Sicherheitseinrichtungen und Datenschutzverfahren) auf der Hand, wie z.B. eine nur einmal vorhandene Datei, damit Eindeutigkeit und Benutzerfreundlichkeit. Es gibt jedoch Probleme mit der Überwachung des Updating, Fehlererkennung und Zugriffskontrolle.

Es gibt andere Resourcen, die in einem Rechnerverbundnetz gemeinsam genutzt werden können, wie z.B. Personen oder Organisationen mit speziellem Know-How. Mit zunehmender Spezialisierung und steigenden Personalkosten sind die Vorteile einer gemeinsamen Nutzung dieser Resourcen offenkundig. Mit diesem Trend werden große Service-Rechnerverbundnetze ihren Markt finden. Für den Benutzer können diese Dienste sehr gewinnbringend sein; jedoch werden bei den Anwendern hierzu Umdenken und Reorganisationen erforderlich werden. Bei der Aufgabe bisher eigener Resourcen und gemeinsamer Nutzung fremder oder umgekehrt Nutzung der eigenen durch fremde sollte jeder Verantwortliche sich klar werden, ob die erforderlichen Resourcen zum gewünschten Zeitpunkt auch verfügbar sind. Die gemeinsame Nutzung von Resourcen in einem Verbund bedeutet Anpassung und Integration in eine komplexe Organisation.
Die von einem Verbundnetz zu erhaltenden Vorteile ergeben sich niemals automatisch. Eine leistungsfähige Nutzung bedeutet die Teilnahme der gesamten Benutzerorganisation und ggf. ihre Reorganisation, womit letztlich der Anwender für die erreichbare Leistung bei gemeinsamer Nutzung der Resourcen verantwortlich ist.
Diese Gesichtspunkte beleuchten die Erfahrung, daß die Realisierung komplexer Verbundnetze mehr Probleme im organisatorischen als im technischen Bereich aufwirft.

3. Zwei alternative Rechnerverbundnetz-Architekturen [4]

3.1 Historische Entwicklung der Datenfernverarbeitung (DFV)

In der ersten Entwicklungsphase der Datenfernverarbeitung (bis ca. 1970) boten die Hersteller verschiedene Hardware (Rechner, Datenendeinrichtungen, Datenübertragungssteuerungen, Konzentratoren) und begrenzt DFV-Systemsoftware (Basic Telecommunication Access Methods) an.
Die Programmierung der DFV-Anwendungen erforderte viele Detailkenntnisse über das Betriebssystem, um die Lücke zwischen dem problem-orientierten Anwenderprogramm und der verfügbaren Basiszugriffstechnik zu überbrücken.
Diese Entwicklungsphase war gekennzeichnet durch die Realisierung vieler anwendungsspezifischer DFV-Lösungen.

In der zweiten Entwicklungsphase der Datenfernverarbeitung(1970 - 1975) boten die Hersteller zusätzlich leistungsstarke DFV-Softwarepakete an, die benutzerfreundliche Anwenderschnittstellen unterstützten (z.B. TCAM, DUS-ASMUS). Die Anwenderprogrammierung wurde vereinfacht. Die DFV-Lösungen konnten universeller realisiert werden, Datenübertragungsprozeduren und -Schnittstellen wurden durch den Marktführer zu 'de-facto'-Standards.
Die öffentlichen Postverwaltungen begannen, ihre bisher auf dem Fernsprechnetz basierenden Datenübertragungsdienste durch neue digitale Datenkommunikations-Dienste (EDS, DATAROUTE, DATADIAL, DDS, etc.) zu ergänzen. Der Benutzer konnte sich mehr auf die Planung von leistungsfähigen DFV-Anwendungen konzentrieren und war weniger mit schwieriger DFV-Systemprogrammierung beschäftigt.

Die dritte Phase der Entwicklung (ab 1975) ist durch zwei parallel laufende Ereignisse gekennzeichnet:

1. Die Systemhersteller bieten eine neue Generation von DFV-Hardware und DFV-Software an: Programmierbare Datenübertragungs-Steuereinheiten (FRONT-END-Rechner) und Datenendeinrichtungen. Die Leistungsfähigkeit der DFV-Zugriffstechniken und -Schnittstellen wird weiter verbessert; neu ist die Verlagerung von Kommunikations-Steuerfunktionen aus der Zentraleinheit heraus in die Konzentratoren und Datenendgeräte des DFV-Netzes. Die Datenübertragungsprozeduren sind bit-orientiert aufgebaut.

2. Verschiedene Postverwaltungen beginnen, neben den reinen Datenübertragungsdiensten zusätzlich Vermittlungs- und Kommunikations-Steuerfunktionen anzubieten. Speichervermittelnde Vermittlungsnetze bieten DATAGRAM- und VIRTUELLE VERBINDUNGS-Dienste an. In speziellen Fällen gibt es darüber hinaus besondere Hilfsdienste (z.B. Code- und Geschwindigkeits-Umwandlung, Nachrichten-Zwischenspeicherung und -verteilung, Datensicherung, Auskunftsdienste, Schnittstellenanpassung). Die Gesamtheit dieser neuen Dienste wird VAN-Dienste (Value Added Network) genannt.

Beim Vergleich der seitens der Hersteller in ihren Systemkomponenten integrierten Funktionen und den von den Postverwaltungen angebotenen neuen VAN-Diensten ergibt sich eine Konkurrenz-Situation: Der Anwender kann sich entscheiden, ob er bestimmte Kommunikationsfunktionen mit den Herstellerprodukten einkaufen soll oder diese von einem öffentlichen VAN-Dienst übernehmen soll. Im Zusammenspiel der Herstellersysteme mit den VAN-Diensten innerhalb eines DFV-Netzes ergeben sich Kompatibilitätsprobleme. Die VAN's sind nicht transparent wie eine durchgeschaltete Datenübertragungsleitung; sie verlangen gewisse Schnittstellenkonventionen wie z.B. in Paketen (packets) formatierte Daten, versehen mit Ziel- und Ursprungsadressen, etc.

Die DFV-Systemlösung mit transparenten, durchgeschalteten Leitungen (circuit switched) und hersteller-spezifischer Datenübertragungsnetzarchitektur (z.B. System Network Architecture - SNA) soll bezeichnet werden als:

GESCHLOSSENE LÖSUNG

Die DFV-Systemlösung, die sich mittels entsprechender Schnittstellenanpassung der neuen Dienste eines öffentlichen speichervermittelnden VAN's bedient, soll bezeichnet werden als:

OFFENE LÖSUNG

Die OFFENE LÖSUNG ist dadurch ausgezeichnet, daß zwischen dem öffentlichen Datennetz und den DFV-Systemkomponenten standardisierte Schnittstellen - auf physikalischer und logischer Ebene - erforderlich sind. Diese Schnittstellen halten die Rechnerverbundnetz-Architektur flexibel und ausbaufähig. Demgegenüber gibt es bei der GESCHLOSSENEN LÖSUNG keine Standardschnittstellen, im günstigsten Falle hersteller-spezifische 'de-facto'-Standards.

3.2 Die GESCHLOSSENE LÖSUNG

Der Marktführer IBM bietet eine Gesamtnetzlösung unter der Bezeichnung "System Network Architecture" (SNA) an [5]. Diese Systemarchitektur beinhaltet im wesentlichen: (siehe Bild 3)

- Datenfernverarbeitungs-Zugriffsverfahren (VTAM)
- Datenübertragungs-Steuerprogramm (NCP/VS)
- Datenübertragungsprozedur (SDLC).

Das Zugriffsverfahren VTAM läuft im Zentralrechner, das DÜ-Steuerprogramm NCP/VS im Kommunikations-Steuerrechner. Beide Komponenten zusammen steuern und bedienen die DÜ-Leitungen und Datenendeinrichtung mit Hilfe der bit-orientierten DÜ-Prozedur SDLC.
Diese Systemarchitektur gestattet den Aufbau von Rechnerverbundnetzen mit folgenden Einschränkungen:

- Die Übertragungskanäle müssen sich transparent wie physikalisch durchgeschaltete Leitungen verhalten.
- Rechnerverbundnetze können nur nach zentralisiertem Konzept realisiert werden. Ein ausgezeichneter HOST steuert sämtliche Komponenten, d.h. andere HOSTs im Netz müssen sich wie ein Datenendgerät (Workstation) verhalten.

Mögliche Rechnerverbundnetzkonfigurationen mit dieser Architektur zeigt Bild 4.

3.3 Die OFFENE LÖSUNG

Diese Lösung ist dadurch gekennzeichnet, daß Datenübertragungs- und Vermittlungsfunktionen von einer öffentlichen Postverwaltung mit Hilfe eines Datennetzes angeboten werden. Der Anwender eines Rechnerverbundnetzes ist an einer möglichste kostengünstigen Lösung seines Datentransportproblemes interessiert. Neben der Privatnetzlösung stehen ihm heute in verschiedenen Ländern folgende Lösungen zur Auswahl:

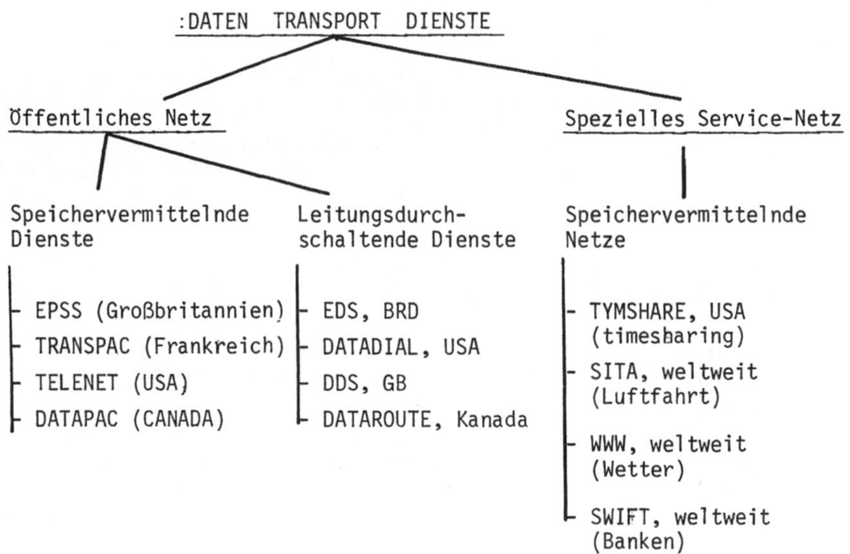

Bei den öffentlichen Netzen kann der Anwender zwischen grundsätzlich zwei Arten wählen:

1. Leitungsdurchschaltend, transparent

   Der Benutzer mietet einen Stromweg oder Übertragungskanal; er ist verantwortlich für die Formatierung der Daten in Bits, Zeichen, Datagramme, Pakete oder Nachrichten, für die Steuerung durch das Übertragungsnetz, entsprechende Datensicherung, Geschwindigkeits- und Code-Umsetzung.

2. Speichervermittelnd

   Der Benutzer muß sich an die Schnittstellenkonventionen der Übertragungsnetzanschlüsse anpassen. Die Daten werden in Form von Paketen oder Datagrammen zwischen den Anschlußpunkten transportiert.

Neben diesen öffentlichen Netzen gibt es spezielle Kommunikationsverbundnetze für eingeschränkte Benutzergruppen, die sich auf bestimmte Anwendungsbereiche beschränken, wie z.B. Timesharing-Service (TYMSHARE), Luftfahrtreservierungssysteme (SITA), weltweite Wetterdienstmeldungen (WWW), Zahlungsverkehr zwischen Banken (SWIFT).

Die Auswahl eines bestimmten Kommunikationsnetzdienstes wird bestimmt durch die Anforderungen an die Datenübertragungs-Verkehrscharakteristik und die Topologie des zu realisierenden Netzes.
Um den Anpassungsaufwand des Benutzersystems an die Schnittstellen eines öffentlichen speichervermittelnden Paket-Netzes gering zu halten, wurde für das kanadische DATAPAC-Netz das Benutzerprotokoll 'SNAP' kompatibel mit der IBM DÜ-Prozedur SDLC gewählt. Die kanadische Postverwaltung hat von der Möglichkeit Gebrauch gemacht, mittels einer Standardisierung eines 'de-facto'-Standards für den Anwender die damit verbundenen Vorteile auf nationaler Ebene festzuschreiben.

3.4 Diskussion der zwei möglichen Rechnerverbundnetz-Architekturen

Für große Rechnerverbundnetz-Anwendungen gibt es heute noch keine fertigen Komplettlösungen. Der Anwender ist verantwortlich für die Vorteile und Nachteile nach der Realisierung, da diese aufgrund seiner Anforderungen und Zielvorgaben durchgeführt wird. Jedes große Rechnerverbundnetz beeinflußt alle Bereiche der Benutzerorganisation. Aus diesem Grund sollte vor Beginn der Realisierung eine Untersuchung hinsichtlich folgender Punkte erfolgen:

. Organisationsrichtlinien und Oragnisationsstruktur,
. Einfluß auf verschiedene Ebenen der Organisation,
. benutzer-gerechter Entwurf
. langfristige Investitionen
. Abhängigkeit von späteren Betriebskosten
. fortschrittliche Technologie
. leistungsfähiges Rechnerverbundnetz.

Die Entscheidung für die Einführung eines Rechnerverbundnetzes bedeutet eine große Verpflichtung des Unternehmens für die Zukunft, so daß die Wahl zwischen den alternativen Lösungswegen sorgfältig erfolgen muß. Es gibt in der Zukunft keinen Weg zurück!

Es sollen kurz die wesentlichsten Vorteile und Nachteile der beiden alternativen Lösungswege zusammengestellt werden.

GESCHLOSSENE LÖSUNG

Nachteile: Wegen der Verteilung der Kommunikationsfunktionen (Steuern, Überwachen, Wiederanlaufen, Zwischenspeichern, etc.) auf verschiedene Komponenten sind spätere Änderungen schwierig: Das Netz tendiert zum 'Einfrieren'. Die Datenübertragungsdienste öffentlicher Netze müssen transparent sein, d.h. möglicherweise können neue öffentliche Vermittlungsdienste nicht genutzt werden.

Vorteile: Die Wartung des Gesamtnetzes liegt überwiegend in den Händen des Herstellers.

OFFENE LÖSUNG

Nachteile: Die Verteilung von Kommunikationsnetzfunktionen auf zwei verschiedene Oragnisationen - den Hersteller und die Postverwaltung - kann Wartungs- und Installationsprobleme bdeuten. Möglicherweise ist Anpassungsaufwand an den Schnittstellen des öffentlichen Netzes erforderlich bzw. es gibt Probleme der Inkompatibilität.

Vorteile: Die Standardisierung der Schnittstellen zwischen Herstellerkomponenten und öffentlichem Kommunikationsnetz bedeutet eine Entkopplung der Systemkomponenten; damit bleibt das Gesamtnetz flexibel für zukünftige Erweiterungen oder Änderungen. Der Anwender ist frei von möglichen marktstrategischen Systemänderungen des Herstellers.

3.5 Historische Entwicklung der Rechnerverbundnetze

Betrachtet man sämtliche wichtigen experimentellen Rechnerverbundnetze und für deren Aufbau entwickelte Komponenten, so kann man folgende Entwicklungslinien erkennen (Siehe Bild 5):

Sämtliche Rechnerverbundprojekte oder Netzkomponenten lassen sich in drei Klassen einordnen

1. Kommunikationsverbundnetze
   oder dazugehörige Systemkomponenten (Value Added Networks)
2. Aus Timesharing-Netzen sich entwickelnde Datenfernverarbeitungs-Service-Verbundnetze (Remote-Computing Service-Networks)
3. Von Herstellern (IBM, CDC) oder wissenschaftlichen Organisationen (ARPA, IRIA, GMD) entwickelte Experimentalnetze oder zu ihrem Aufbau nötige Systemkomponenten um anwenderorientierte individuelle Rechnerverbundnetze zu realisieren.

. Es gibt drei Hauptentwicklungslinien, die eine Weiterentwicklung der Systemarchitektur darstellen:

1. Aufbauend auf den theoretischen Untersuchungen des Nachrichten-Paket-Prinzips - ausgehend von P. BARAN (Rand Corporation) über D. Davies (NPL)- entstehen die europäischen Entwicklungen von EPSS (Großbritannien), SWIFT (BANKEN), RCP, (Frankreich) EIN (COST 11) mit einem Seitenzweig zu CYCLADES (IRIA, Frankreich).

2. Aufbauend auf die Erfahrungen mit dem Forschungsprojekt MIT-MAC entstand das ARPA-Projekt, dessen Erkenntnisse die Experimental-Netze CYCLADES, GMD-Netz (BRD) und NOS (CDC) stark beeinflußte. Sicher haben die ARPA-Erkenntnisse grundsätzlich sämtliche späteren Rechnerverbundnetzprojekte mehr oder minder stark beeinflußt. Das heutige kommzerielle Ergebnis der ARPA-Entwicklungslinien ist zweifelsohne das VAN TELENET (USA).

3. Aufbauend auf die Erkenntnisse des MIT-MAC Projektes und der BASIC-Entwicklung am Dartmouth-College führte eine Entwicklungslinie zu den verschiedensten Timesharing-Netzen (GE-Informationssystem, CSC-INFONET, TYMNET). Diese Netze entwickeln sich heute zunehmend in Richtung allgemeiner Datenverarbeitungs-Service-Netze mit integrierten VAN's.

4. Wirtschaftlichkeit von Rechnerverbundnetzen

Für die Beurteilung der Wirtschaftlichkeit eines Rechnerverbundnetzes ist die Gegenüberstellung von Kosten und Erlös erforderlich.

Die Kosten für ein Rechnerverbundnetz setzen sich zusammen aus den Anteilen für

- kalkulierten Gewinn
- Verwaltung
- Personal
- Kommunikationsnetz (Leitungsgebühren, Modems, Konzentratoren, Multiplexeinrichtungen, etc.)
- Hardware (zentrale Rechner, Front-End-Rechner und Datenendeinrichtungen) mit zugehöriger Software.

Die Kostenanteile sind für jeden Typ von Rechnerverbundnetz einfach zu ermitteln.
Der Gesamt-Erlös des Netzes errechnet sich aus dem erzielbaren Durchsatz an verschiedenen Dienstleistungseinheiten (z.B. Rechnersekunden, Druckzeilen, Speicherbelegungen, Lochkarteneingaben, Anschaltzeiten von Datenendgeräten, Kanalbelegungszeiten, speziellen Hilfsdiensten, etc.) multipliziert mit den für jede Dienstleistungsart und -einheit auf dem Markt erzielbaren Preis. Wir beschränken uns hier auf ein vereinfachtes Beispiel im Timesharing-Service, für den eine Verrechnung der Größen

- Speicherbelegung
- Rechnernutzung
- Anschlußzeit einer Datenendeinrichtung

erfolgt.

Ein gesundes Service-Unternehmen, das ein Datenfernverarbeitungsnetz mit überwiegend Timesharing-Kunden betreibt, sollte eine Kosten- und Umsatzstruktur wie in Bild 6 zeigen.

Zum Zwecke einer Wirtschaftlichkeitsanalyse wollen wir von folgendem Modell ausgehen [6] :

Das Service-Unternehmen betreibt ein Rechenzentrum mit einem oder mehreren Rechnern im Zentrum der BRD (Rhein/Main-Gebiet) und vier Konzentratoren in den Industrieschwerpunkten Hamburg, Rhein/Ruhr, Stuttgart und München. Als Zentralrechner in diesem Servicenetz betrachten wir Maschinen der Diebold-Klasse IV (z.B. Siemens 4004/151 - 750 kB, UNIVAC 1108 - 750 kB). Eine solche Maschineneinheit kann etwa 60 Anschlußpunkte bedienen, so daß damit gleichzeitig 60 Datenendgeräte angeschlossen sein können.
Die Kosten für das Gesamtnetz errechnen sich in Abhängigkeit der Zahl der Anschlußpunkte bzw. zentralen Rechner mit den erforderlichen Leitungen, Modems und Konzentratoren. Mit wachsender Netzgröße macht sich der Einfluß der gemeinsamen Nutzung des Kommunikationsnetzes bemerkbar (Kommunikationsverbund). Wie Bild 7 zeigt, sinken die Kommunikationsnetz-Kosten von ca. 40 % bei einem Rechner auf ca. 20 % bei vier Rechnern, bezogen auf die Gesamtbetriebsmittelkosten. Mit wachsender Größe und vergleichbarer Auslastung der Zentralrechner wird das Verbundnetz also wirtschaftlicher.

Berechnet man weiter den erzielbaren Umsatz auf Basis der Auslastung und den üblichen Marktpreisen, so ergibt sich, daß im günstigsten Fall mit Hilfe der Timesharing-Kunden nur 75 % der Kosten gedeckt werden können. Der Grund liegt darin, daß diese Benutzer sich nur im Zeitraum von 6 Stunden pro Tag an das Service-Netz anschalten. Eine Vollauslastung des Netzes wird überhaupt nur in der Zeit von 10.00 bis 11.00 Uhr erreicht. (Hauptverkehrsstunde). Während der Abend- und Nachtstunden wird das Service-Netz nicht benutzt. Zur Verbesserung der Wirtschaftlichkeit bieten sich dem Service-Unternehmen folgende Möglichkeiten an:

1. Ausdehnung des Kommunikationsnetzes in Ost-West-Richtung, um die Zeitverschiebung auszunutzen und damit die Auslastung zu verbessern.

2. Nutzung der Rechner für die Stapelverarbeitung oder Stapelfernverarbeitung während der Zeiten mit geringer oder keiner Timesharing-Auslastung.

3. Höhere Erlöse durch vermehrte Speicherbelegung, d.h. Änderung des Benutzerprofiles in Richtung Datenbankanwendungen und Datenverbundanwendungen.

Die Kosten- und Erlösanalyse zeigt zusammenfassend folgende Ergebnisse:

. Sollen die Kosten für das Kommunikationsnetz unterhalb 25 % der Gesamtbetriebsmittel-Kosten liegen, so muß das Service-Netz mindestens den Umfang von drei zentralen Rechnern haben.

. Mit einem timesharing-ähnlichen Benutzerkreis können günstigstenfalls 75 % der Kosten erwirtschaftet werden.

. Mehr als 25 % vom Umsatz müssen aus Stapel- oder Stapelfernverarbeitungsservice erwirtschaftet werden.

. Das zum Einsatz kommende Rechnersystem muß gleichermaßen für Dialog- wie für Stapelverarbeitung geeignet sein. Es soll eine beliebige Mischung dieser beiden Betriebsarten unterstützen.

. Aus wirtschaftlichen Gründen erfordert ein Datenfernverarbeitungs-Verbundnetz die Nutzung des Kommunikationsverbundes und Datenverbundes.

Literatur:

[1] F.E. Heart, et al.:
The Interface Message Processor for the ARPA-Computer Network". Spring Joint Computer Conference, 1970, p. 551 - 567

[2] G.J. Chretien et al: The SITA Network Computer Communication Networks Conference, 1973, Brighton - Sussex

[3] Karl, Lodde: Informationssystem INPOL - das Datenverbundsystem der Polizei in der Bundesrepublik Deutschland, ÖVD 1/75, 2/75

[4] Schröder: Trends and economics in large scale computer network application, Proceedings European Symposium 'LARGE SCALE COMPUTER NETWORKS' October 1975 DATEL - Darmstadt.

[5] System Network Architecture, IBM-Form GA 27-3102 -9

[6] DATEL GmbH: Struktur und Steuerung eines arbeitsteilig hierarchisch geliederten Datenfernverarbeitungsverbundnetzes BMFT-Forschungsbericht DV 2009, April 1974

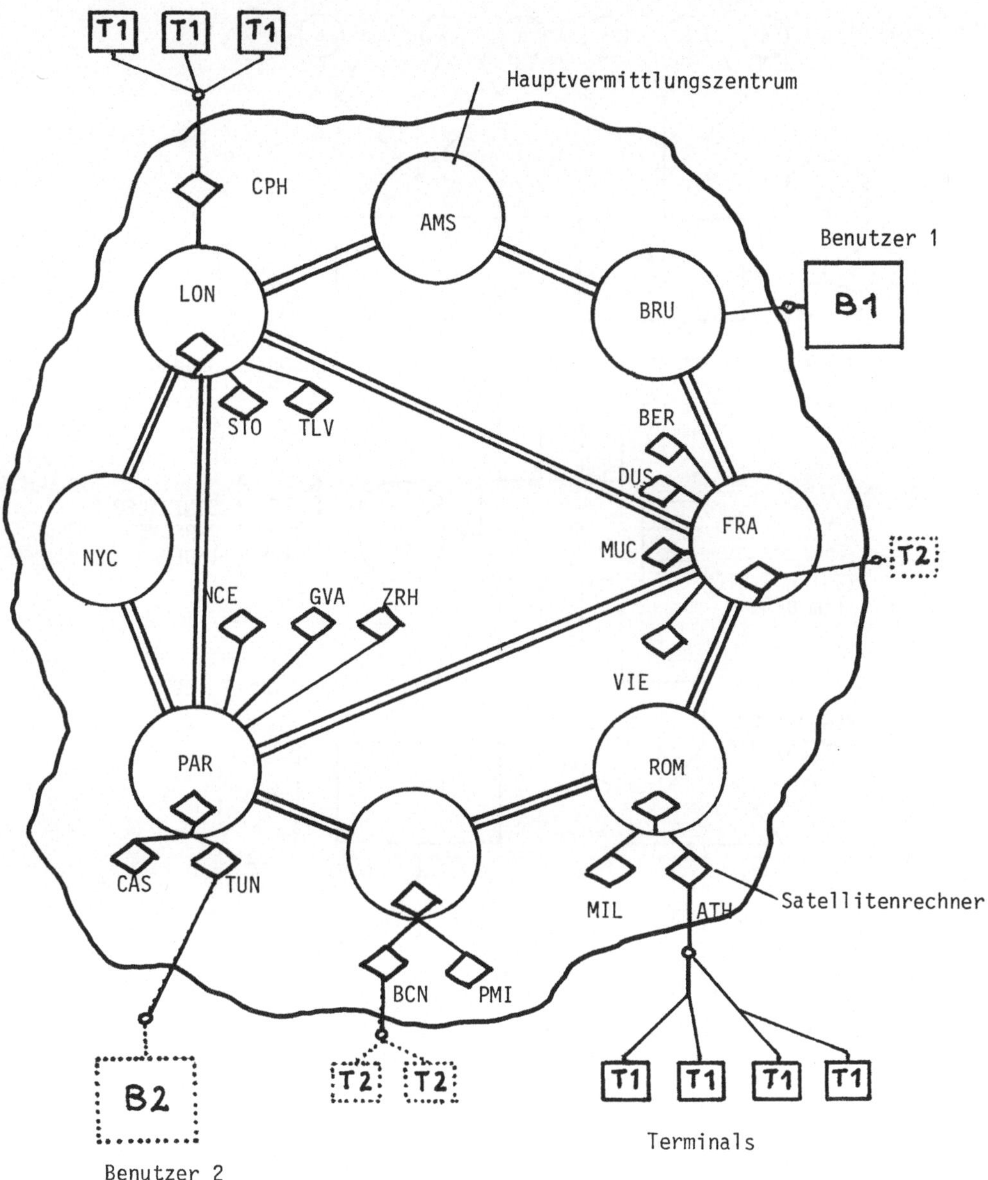

Bild 1: Kommunikations-Verbundnetz SITA

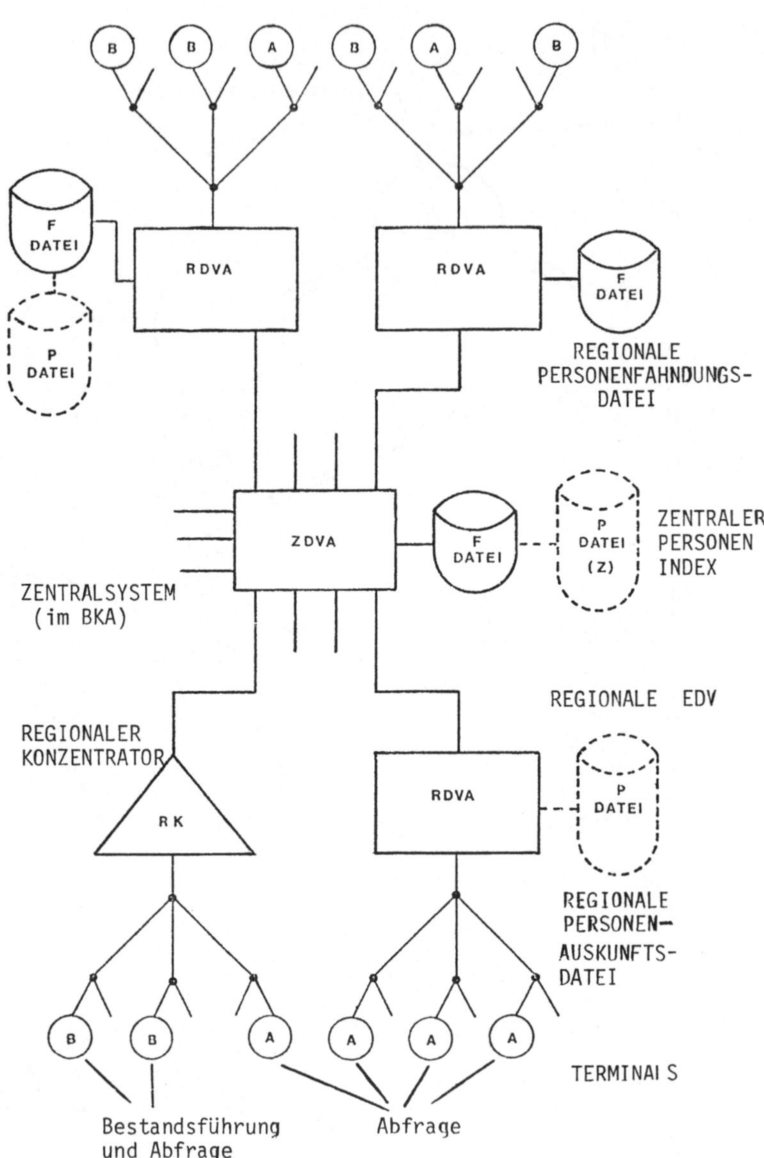

Bild 2· INPOL-Dateiverbundnetz

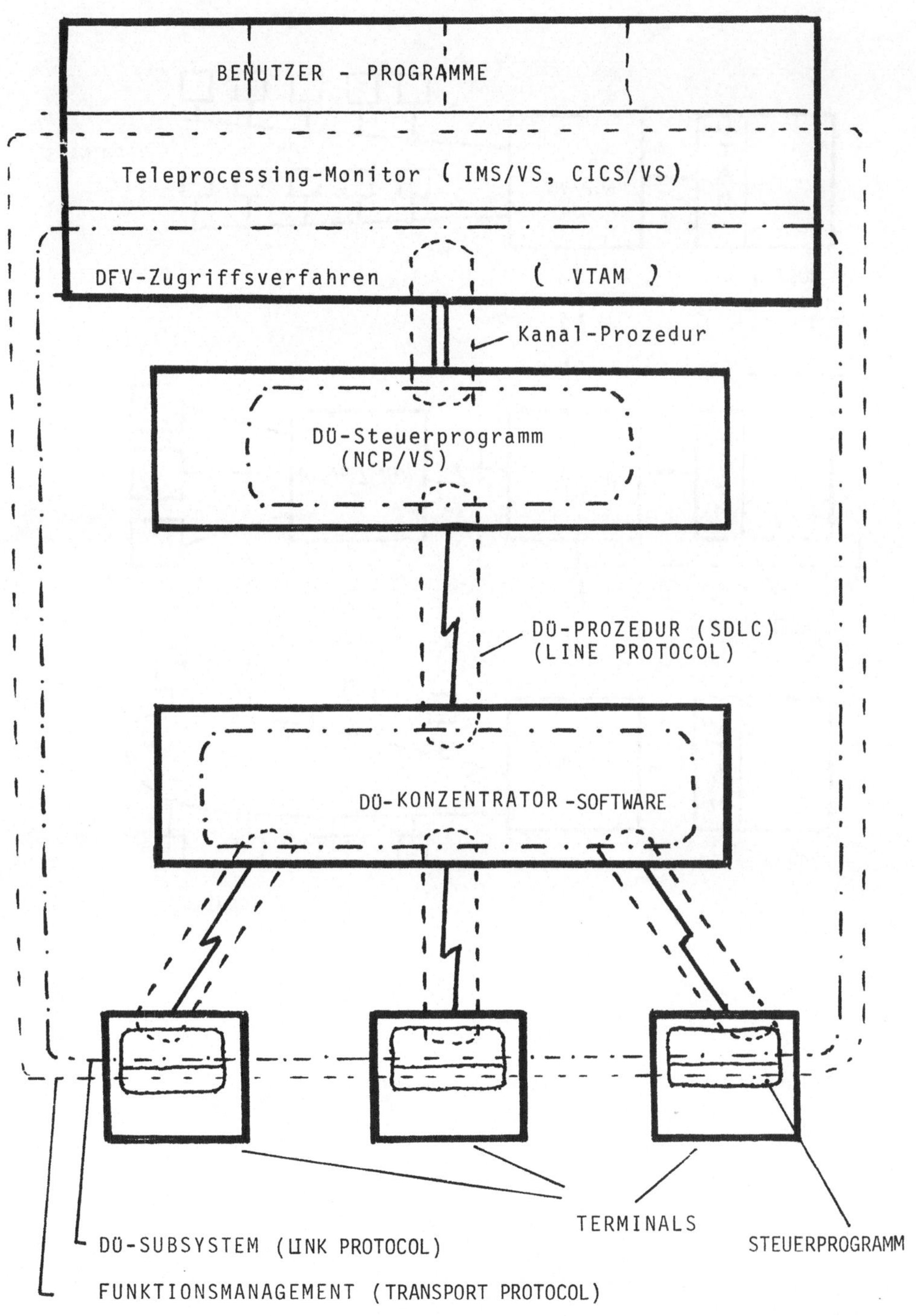

Bild 3: SYSTEM NETWORK ARCHITECTURE

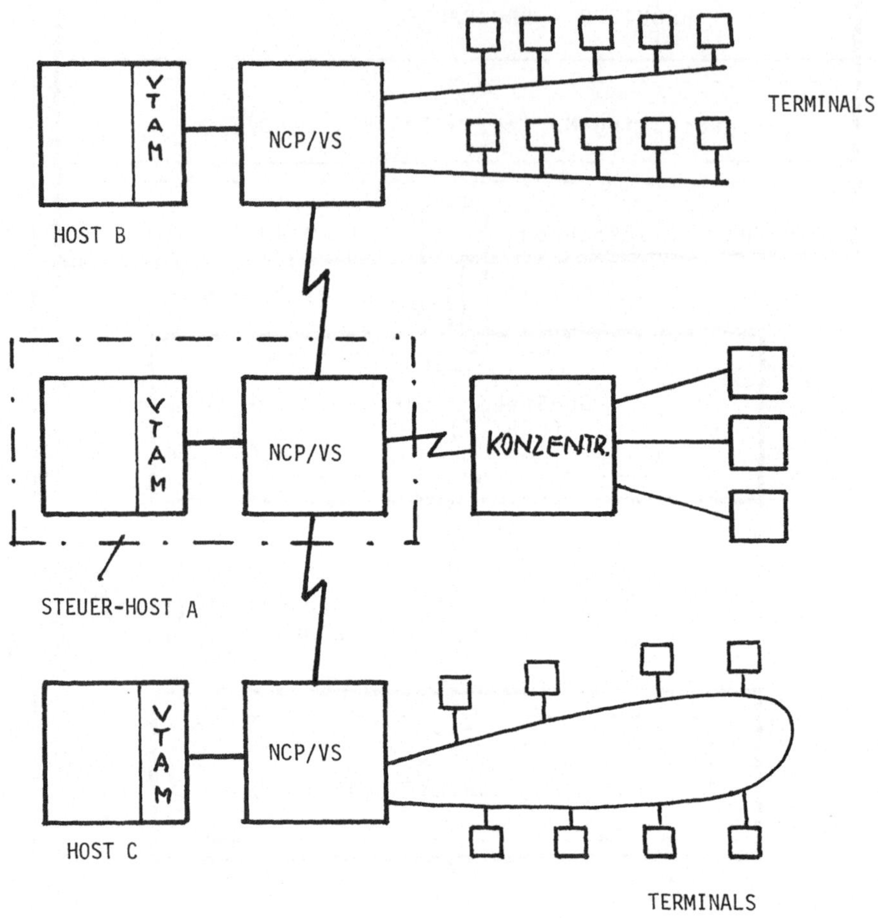

Bild 4: Zentralisiertes Rechnerverbundnetz

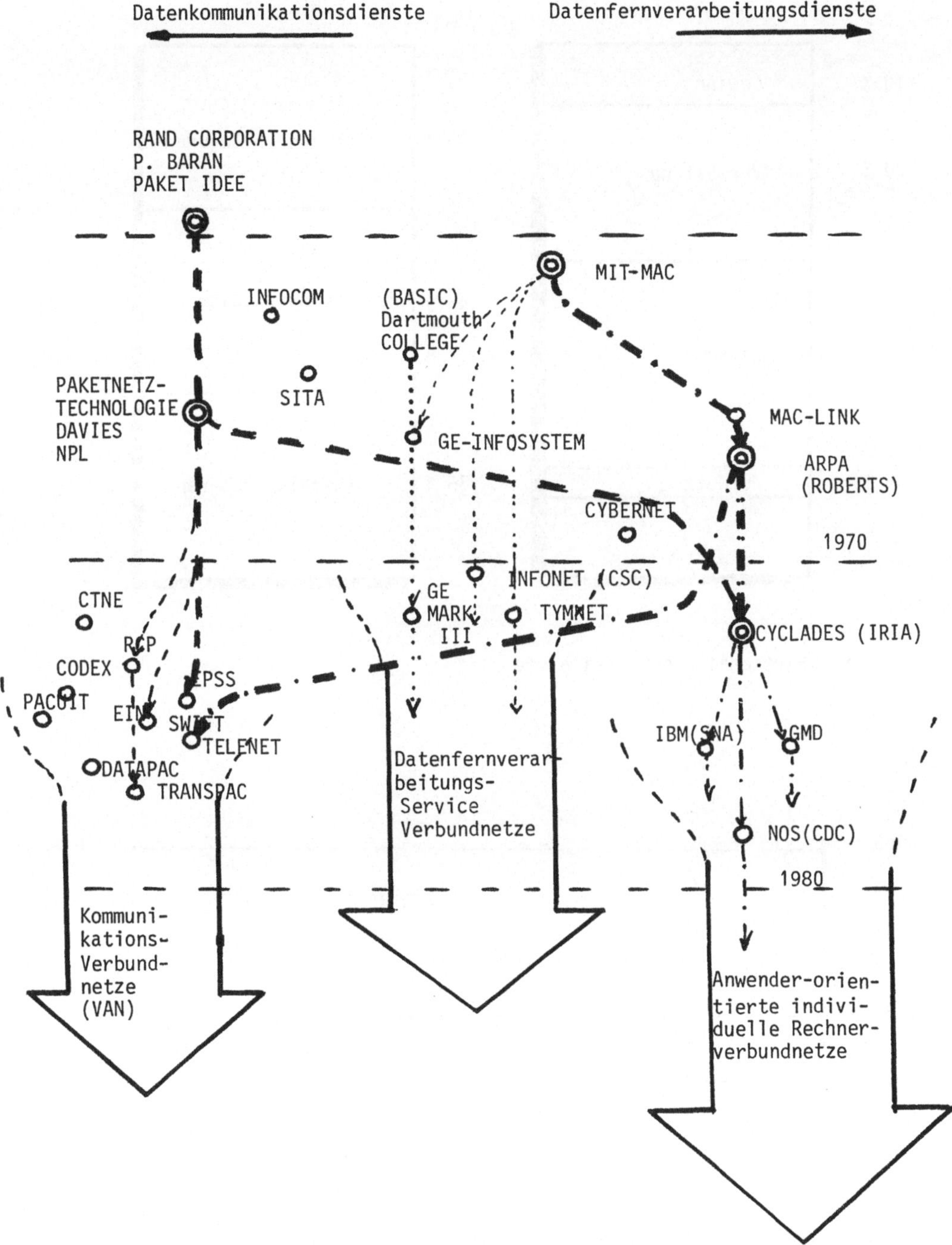

Bild 5: Historische Entwicklung

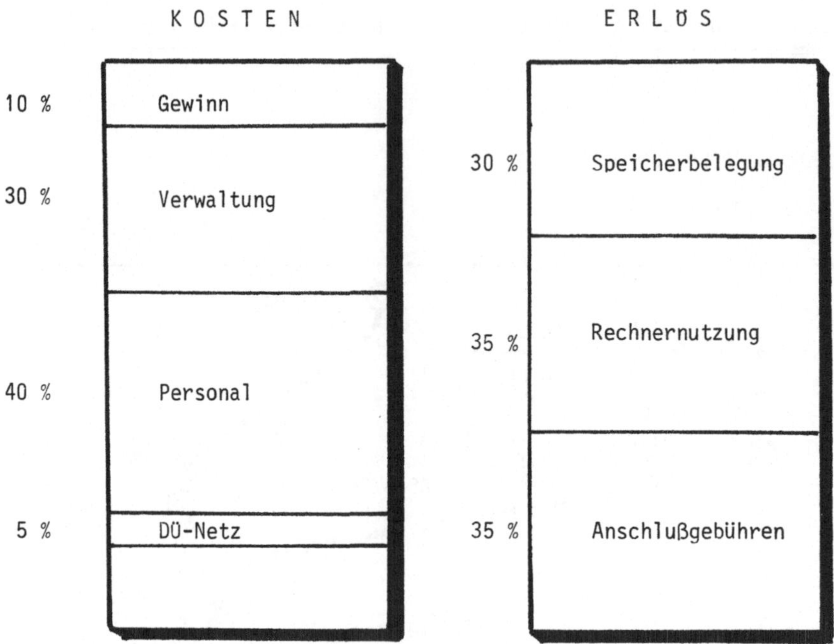

Bild 6: Wirtschaftlichkeitsanalyse

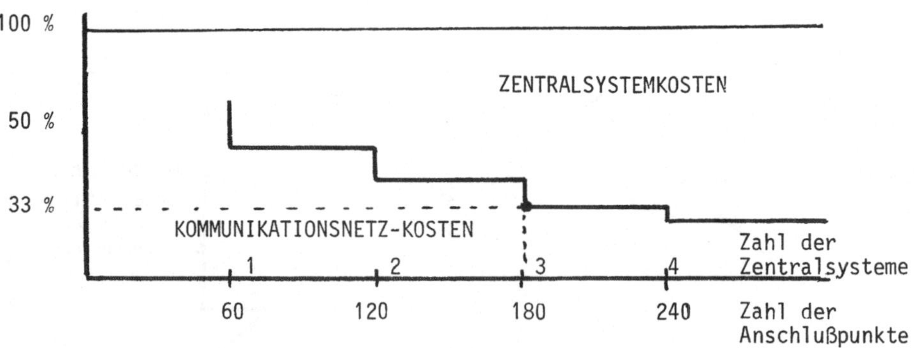

Bild 7: Verteilung der Hardwarekosten auf Zentralsystem und Kommunikationsnetz

GEPLANTE UND REALISIERTE SYSTEME / PLANNED AND REALIZED SYSTEMS

AUFGABEN UND FUNKTIONEN DES GMD-NETZ-STEUERSYSTEMS

B. Struif
Gesellschaft für Mathematik und
Datenverarbeitung mbH, Bonn

Zusammenfassung:

Dieser Beitrag gibt einen kurzen Überblick über das GMD-Netz, zeigt einige Design-Aspekte auf und beschreibt die Aufgaben und Funktionen des GMD-Netz-Steuersystems sowie der Netz-Selbstverwaltung.

1. Überblick über das GMD-Netz

Mit der Entwicklung des GMD-Netzes *) /RAU75/ werden folgende Hauptziele angestrebt:

- Bereitstellung einer experimentellen Basis für Forschungen auf dem Gebiet 'computer networking' sowie für netzgetragene Anwendungen
- Eröffnung eines einfachen Zugangs zu allen GMD-DV-Anlagen für die GMD-Mitarbeiter und für mit der GMD kooperierende Institutionen
- Verwirklichung einer exemplarischen Lösung eines 'general resource sharing'-Computernetzes als praktischer Forschungsbeitrag der GMD (Die GMD-Netz-Software soll auch interessierten Institutionen außerhalb der GMD zugänglich gemacht werden).

Funktionell gehört das GMD-Netz zu den Rechnernetzen /RIC75/, die

- Datenverbund,
- Geräteverbund und
- Programm- bzw. Funktionsverbund

als allgemeine Dienstleistungen zur Verfügung stellen.

Von seiner Topologie her (siehe Abb. 1) ist das GMD-Netz zu den dezentralisierten Netzwerken mit einer vermaschten Struktur zu zählen.

Der Vernetzungsgrad wurde so gewählt, daß einerseits durch Redundanz ein hohes Maß an Verfügbarkeit erreicht wird, andererseits eine nicht-triviale Struktur ge-

---

*) Das GMD-Netz-Projekt wird vom Bundesministerium für Forschung und Technologie (BMFT) gefördert.

geben war, die von der übertragungstechnischen Seite her bereits die Lösung aller Probleme, die bei großen Netzen auftreten, erzwingt. Probleme dieser Art sind z. B.

- die Entwicklung geeigneter Routing-Strategien
  (Im GMD-Netz findet eine 'store and forward packet switching'-Methode Anwendung, die sich erheblich von der ARPA/CYCLADES-Netz-Methode unterscheidet, mehr Sicherheit bietet und ein besseres Verhalten im Hochlastfall zeigt ('virtual line'-Konzept /BAR76/, /HÄN76/)
- die Vermeidung von deadlocks
  (Die beim GMD-Netz implementierte Pufferklassentechnik garantiert deadlock-Freiheit /GÜN74/)
- die Bereitstellung netzweiter Fehlererkennungs- und Fehlerbeseitigungs-Mechanismen ('error recovery'-Techniken)
- die Festlegung eines Adressierungsschemas unter Berücksichtigung von Datenschutzaspekten, der Problematik von Subnetzen sowie der Bildung von Usergroups

Wie aus Abb. 1 ebenfalls hervorgeht, sind unterschiedliche DV-Systeme am GMD-Netz beteiligt (heterogenes Netzwerk). Das Prinzip der Heterogenität ist ein wesentlicher Gesichtspunkt beim Design eines Computernetzes und wurde beim GMD-Netz von Anfang an mit in die Konzeption einbezogen.

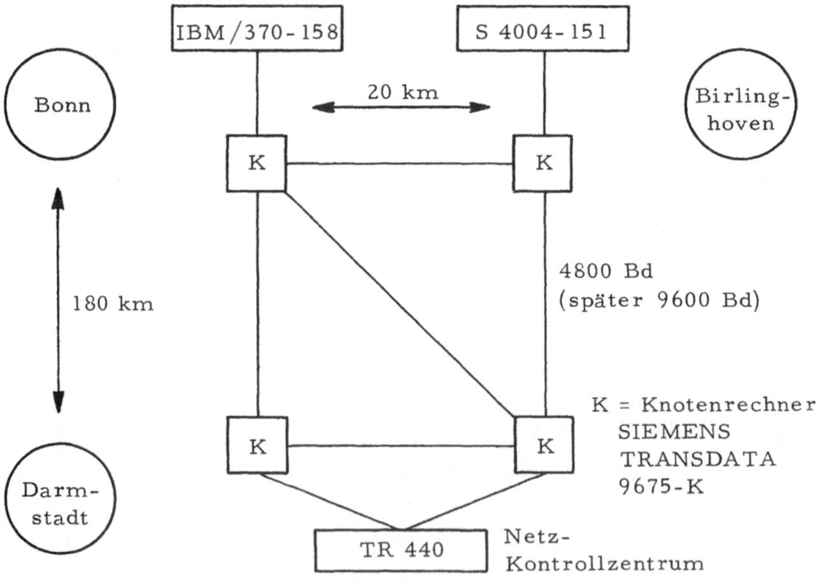

Abb. 1 : Struktur des GMD-Netzes

2. Betriebliche Aspekte zum Netz-Design

Neben den Aspekten der dynamischen Erweiterbarkeit des Netzes, der Bereitstellung standardisierter Hard- und Software-Schnittstellen für den Anschluß heterogener Hardware sind bei der konzeptionellen Planung eines Computernetzes u. a. folgende betriebliche Aspekte mit in die Überlegungen einzubeziehen:

- Ist ein Netzbetrieb noch möglich, wenn einzelne Leitungen zusammenbrechen?
- Kann der Netzbetrieb aufrechterhalten werden, wenn einzelne Knotenrechner ausfallen?
- Bleibt der Netzbetrieb stabil bei Ausfall von Host-Rechnern?
- Ist der Netzbetrieb weiterhin gewährleistet, wenn das Netz-Kontrollzentrum ausfällt?

Hat man das Funktionieren des Netzbetriebs von einer übergeordneten Intelligenz und damit von einem zentralen Steuersystem abhängig gemacht, so ist bei Ausfall dieser Zentrale auch kein Netzbetrieb mehr möglich. Eines der wesentlichsten Ziele der GMD-Netz-Konzeption war es daher, diese Abhängigkeit durch die Realisierung eines <u>autarken</u> Transportsystems zu vermeiden, das autonomen Netzbetrieb gestattet und sich ohne Bezug auf eine nur einmal im Netz vorhandene übergeordnete Instanz selbst verwalten kann.

Nachstehend sollen nun die Folgen des Ausfalls einzelner Netzkomponenten unter dem Aspekt der Netz-Selbstverwaltung betrachtet sowie die beim GMD-Netz realisierten Maßnahmen zur Behebung oder Milderung dieser Folgen aufgezeigt werden.

a) Ausfall einer Leitung

Der Ausfall einer Leitung hat immer zur Konsequenz, daß alle Teilnehmer, die <u>nur über diese Leitung</u> erreichbar sind, nach deren Zusammenbruch nicht mehr erreicht werden können. Aus diesem Grunde ist der Vernetzungsgrad (u. a. in Abhängigkeit von den Kosten und der Wichtigkeit des Anschlusses) so zu wählen, daß alternative Wege zu den gleichen Teilnehmern führen. Verbindungen zwischen 2 Kommunikationspartnern im Netz, die zwar über die betreffende Leitung geschaltet waren, für die es aber alternative Übertragungswege gibt, müssen automatisch, ohne daß die Endteilnehmer Kenntnis davon erhalten, über einen dieser alternativen Übertragungswege abgewickelt werden. Dies setzt einerseits das Wissen im Netz über das Vorhandensein der alternativen Wege, andererseits die Existenz von Verbindungskontroll-Mechanismen voraus, die den Ausfall der Leitung erkennen, einen anderen

Weg schalten und eine ordnungsgemäße Fortsetzung der unterbrochenen Verbindung über die andere Leitung garantieren. Das Wissen über das Vorhandensein der verschiedenen Übertragungswege zwischen 2 beliebigen Kommunikationspartnern steckt in den Routing-Tabellen, die jeder Knotenrechner selbst verwaltet und mit Hilfe des 'routing table update'-Mechanismus im Änderungsfalle aktualisiert. Die Erstellung, Verwaltung und Änderung der Routing-Tabellen wird im GMD-Netz ohne Hilfe eines zentralen Steuersystems von den einzelnen Knotenrechnern selbst vorgenommen.

Wichtig ist noch, daß die Übertragungsleitungen ständig überwacht werden, auch wenn keine echte Last vorhanden ist, um die Verfügbarkeit permanent zu überprüfen. Dies geschieht durch Übertragung von Dummy-Nachrichten. Diese Technik erlaubt es auch, die Wiederverfügbarkeit von Leitungen zu erkennen, die dann wieder in den Routing-Tabellen als existent gekennzeichnet werden.

b) Ausfall von Knotenrechnern

Der Ausfall eines Knotenrechners wirkt wie der Ausfall sämtlicher Übertragungswege, die über diese Knoten führen. Die Auswirkungen wurden bereits unter a) beschrieben. Betrachtenswert sind jedoch die möglichen Ursachen des Ausfalls:

- hardwarebedingte Ursachen
  (z. B. Stromausfall mit nachfolgender Zerstörung der Speicher- und Registerinhalte, Hardwarefehler)
- softwarebedingte Ursachen
  (z. B. Systemfehler, Programmschleifen)

Echte Hardwarefehler erfordern den Einsatz von Technikern, ehe der Knotenrechner seine Funktionen wieder wahrnehmen kann. Die anderen Ursachen erlauben jedoch eine sofortige Wiederaufnahme der Knotenfunktionen nach Regenerierung des Knotenrechnerbetriebssystems. Unter dem Aspekt der Netz-Selbstverwaltung ist daher die dynamische Rekonfiguration des Netzkern ohne Einschaltung des Netz-Kontrollzentrums zu realisieren.

Ähnlich, wie die Leitungen ständig durch das Knotenrechnerbetriebssystem überwacht werden, so ist die Funktionstüchtigkeit desselben ebenfalls permanent zu überwachen. Dies geschieht mit Hilfe des sogenannten watch dog timer's, einer Uhr, die ständig vom Betriebssystem zurückgesetzt werden muß, da sie sonst nach Ablauf eines vorgebbaren Zeitintervalls bei Nicht-Zurücksetzung einen Sprung in den ROM (= read only memory) veranlaßt und das dort unzerstörbar 'eingebrannte' Ladeprogramm startet. Dieses Ladeprogramm signalisiert dem Nachbarknoten den Ladewunsch des ausgefallenen Knotens und erhält von dem ersten Nachbarn, der sich meldet, eine Kopie des Basis-Systems. Spezielle Module, die die Individualität eines Knotens ausmachen, z. B. ein Interface zu einem bestimmten Host, können vom Nachbarknoten nicht bezogen werden, da dieser diese Module nicht besitzt. Hieraus ist ersichtlich, daß nur die Transportfunktionen automatisch regenerierbar sind, daß aber spezielle Module vom Netz-Kontrollzentrum her nachgeladen werden müssen.

c) Ausfall von Host-Rechnern

Der Ausfall eines Host-Rechners beeinträchtigt den übrigen Netzbetrieb in keiner Weise. Hosts können mittels Operateuranweisung über Host-Monitor-Systeme, über die der Netzbetrieb eines Hosts steuerbar ist, in das GMD-Netz integriert oder herausgenommen werden. Ob nach dem 'Wiederhochfahren' eines Hosts unterbrochene Verbindungen wieder aufgenommen werden können, hängt wesentlich von den Betriebssystemeigenschaften des betreffenden Hosts und von der Zeitdauer der Unterbrechung ab, da durch housekeeping oder andere Verwaltungsmaßnahmen eine Verbindung ganz aufgehoben worden sein kann.

d) Ausfall des Netz-Kontrollzentrums

Bei Ausfall des Netz-Kontrollzentrums bleibt der übrige Netzbetrieb stabil, da aufgrund der Netz-Selbstverwaltung keine übergeordnete Instanz erforderlich ist. Die Funktionen und Aufgaben, die von dem Netz-Monitor-System NMS (zentrales GMD-Netz-Steuersystem) ausgeführt werden, sind jedoch bei Ausfall des Netz-Kontrollzentrums auch nicht verfügbar. Steuernde Eingriffe über das NMS-System sind daher für die Dauer der Unterbrechung nicht möglich.

3. Das Netz-Monitor-System

Das Netz-Monitor-System ist das Instrument des Netz-Operateurs zur Steuerung des Netzbetriebs, soweit dies vom Netz-Kontrollzentrum her erforderlich ist. Bevor die Aufgaben und Funktionen des NMS-Systems erläutert werden, sollen einige Anforderungen an dieses System aus der Sicht des Operateurs aufgezeigt werden:

- es muß als Dialogsystem ständig verfügbar sein, um spontane Eingriffe des Operateurs zu ermöglichen (diese Forderung ist nicht trivial, da das System einerseits permanent für Eingaben des Operateurs bereitstehen soll, andererseits aber unmittelbar auf Nachrichten aus dem Netz zu reagieren hat)
- es muß mit einer Monitor-Sprache ausgestattet sein, die leicht zu handhaben ist und Bedienungsfehler durch syntaktische und logische Prüfungen weitgehend ausschaltet
- es muß systemseitig mit den erforderlichen Privilegien versehen werden (hohe Priorität, Zugang zu speziellen Systemdiensten)
- es muß gegen benutzerseitige Übergriffe geschützt werden (der Start des NMS-Systems ist nur von ausgezeichneten Terminals möglich; ein absichtliches oder unabsichtliches Unterschieben von Nachrichten für das NMS-System durch Benutzer muß ausgeschlossen sein)
- es muß sämtliche erforderlichen Hilfen bereitstellen, um einen gesicherten Netzbetrieb zu ermöglichen
- es muß eine netzweite Operateur-Operateur-Kommunikation gestatten.

Von dem Netz-Monitor-System werden hauptsächlich folgende Funktionen und Aufgaben wahrgenommen:

- Laden und Dumpen der Knotenrechner
- Konfigurations-Kontrolle und -Änderung
- Erstellung eines Logbuchs, Abruf statistischer Daten

a) Laden und Dumpen der Knotenrechner

Das 'Urladen' des Transportsystems sowie das Zuladen spezieller Module (z. B. Terminal- oder Host-Interfaces) ist eine jener Aufgaben, die nicht vom Netzkern selbst übernommen werden können. Hierzu ist die Hilfe des Netz-Kontrollzentrums erforderlich, weil hier das Transportsystem und die knotenspezifischen Module in ladbarer Form in einer speziellen Netz-Bibliothek gespeichert sind. Die Zusammensetzung der Knotenrechnerbetriebssysteme wird mit Hilfe von Speicherauslegungstabellen überwacht, die von einem Layout-Programm erstellt werden. Diese Tabellen sind auch dem NMS zugänglich, das sie noch durch bestimmte knotenspezifische Einträge (Knotenzustandsinformationen) erweitert. Bestandteil dieser Knotenzustandsinformationen sind auch Angaben, wie oft mißglückte Ladeversuche wiederholt werden dürfen, um Endlos-Schleifen zu vermeiden, und ob bei Knotenausfall anschließend ein vollständiger oder partieller Dump (eine obere und untere Dumpadresse ist spezifizierbar) gemacht werden soll. Die Dumpinformation wird im gegebenen Fall übers Netz zum Netz-Kontrollzentrum geschickt und dort in einer Datei abgelegt wo sie dem Systementwickler über ein Dump-Edit-System zugänglich ist.

Der Ladevorgang selbst wird im Falle des Urladens über das ROM-Ladeprogramm, das in allen Knotenrechnern gleich ist, abgewickelt. Dies setzt voraus, daß das Netz-Kontrollzentrum aus der Sicht des Knotenrechners wie ein anderer Knotenrechner aussieht, was bei jedem DV-System, das als intelligente Transportstation ins GMD-Netz eingebracht werden kann, realisierbar ist. Auf diese Weise wurde eine spezielle Ausprägung der Schnittstelle zum Netz-Kontrollzentrum vermieden, was den Einsatz anderer DV-Systeme als der TR440 als Netz-Kontrollzentrum ermöglicht. Außerdem ist dadurch eine Umschaltung von einem die Netzkontrolle ausübenden System zu einem anderen bei Ausfall des ersteren ohne besondere Schwierigkeiten durchführbar.

b) Konfigurations-Kontrolle und -Änderung

Das Netz-Monitor-System hat die gesamte Netz-Konfiguration zu überwachen und zu kontrollieren. Diese Kontrolle wird durch

kontinuierliche,
periodische und
ereignisgetriebene

Prüfmaßnahmen durchgeführt, so daß sich der Operateur im Bedarfsfall ein genaues Bild über den Netz-Status insgesamt oder über den Status einzelner Netz-Komponenten verschaffen kann. Die Netz-Topologie muß zu jedem Zeitpunkt änderbar sein, um z. B. störanfällige Komponenten zu isolieren oder Netz-Knoten für Test- oder Wartungszwecke temporär aus dem Netz-Betrieb herausnehmen und anschließend wieder integrieren zu können.

Da 'rund um die Uhr'-Betrieb möglich sein soll, müssen Maintenance-Arbeiten bei laufendem Betrieb durchführbar sein. Dies bedeutet einerseits, daß die Systementwickler - gleich, an welchem Ort sie sich befinden - die Möglichkeit haben müssen, dem Netzoperateur die Fertigstellung eines neuen Moduls anzeigen zu können, andererseits aber, daß der Netzoperateur mit Hilfe von NMS-Diensten in der Lage sein muß, Teile des Betriebssystems in einem Knotenrechner auszutauschen oder zu ergänzen. Dieser Vorgang muß extremen Sicherheitsbedingungen unterliegen, und zwar muß sichergestellt sein,

- daß kein Unbefugter irgendein Modul generieren und den Netzoperateur zum Laden desselben veranlassen kann,
- daß die Funktionstüchtigkeit des betreffenden Moduls gegeben ist, um fehlerbedingte Störungen des Netzbetriebs nach Möglichkeit zu vermeiden, und
- daß im Falle der Verursachung von Fehlern durch den betreffenden Modul dieser wieder durch eine ausgetestete Version ersetzbar ist.

c) Erstellung eines Logbuchs, Abruf statistischer Daten

Zur Absicherung des Netzbetriebs und zur Rückverfolgung bestimmter Ereignisse sowie zur Kontrolle der Netz-Operateur-Maßnahmen wird von dem Netz-Monitor-System ein Logbuch erstellt, das zu jedem Zeitpunkt über einen Drucker abgerufen werden kann.

Die von den Knotenrechnern gesammelten statistischen Daten wie z. B.

- Anzahl der aufgebauten Verbindungen
- Anzahl der Fehler
- Angaben über packet-Längen
- Angaben über Transportzeiten, Pufferbelegungen usw.

werden vom Netz-Monitor-System automatisch oder auf Anweisung hin abgerufen. Die Aufbereitung und Auswertung dieser Daten ist ein Netz-Kontrollzentrums-Dienst, wird aber nicht vom NMS her vorgenommen.

Abb. 2 zeigt die Einbettung des Netz-Monitor-Systems in die TR440-Netz-Software.

Der mit HC gekennzeichnete Baustein ist der sogenannte Host-Controller, der das Host/Netz-Interface im TR440 bildet und mit dem NMS sowie den Prozessen, die Netz-Dienste bereitstellen, über 'inter task'-Kommunikationsmechanismen in Verbindung steht.

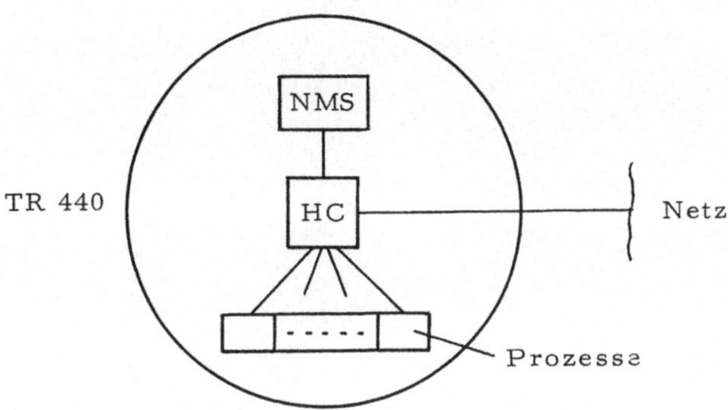

Abb. 2 : Struktur der Netz-Software in der TR 440 (Netz-Kontrollzentrum)

Literatur

/BAR76/ Barth, I.: Struktur der Kommunikationsprotokolle im GMD-Netz (Beitrag in diesen Proceedings)

/GÜN74/ Günther, K.: Vermeidung von Deadlocks im allgemeinen und von Puffer-Deadlocks bei 'store and forward'-Kommunikation im besonderen
GMD-Mitteilung Nr. 28, St. Augustin, Sept. 74

/HÄN76/ Hänle, J.: Simulation of the protocols of the GMD-net (Beitrag in diesen Proceedings)

/RAU75/ Raubold, E.: The GMD-Network; goals and structure
European Symposium: Large Scale Computer Networks, Seeheim, Okt. 75

/RIC75/ Richter, L.: Rechnernetzwerke - Möglichkeiten und Grenzen
5. GI-Jahrestagung, Dortmund, Okt. 75

STRUKTUR DER KOMMUNIKATIONSPROTOKOLLE IM GMD-NETZ

I. Barth
Gesellschaft für Mathematik und
Datenverarbeitung mbH, Bonn

Zusammenfassung:

Im GMD-Netz ist ein rekursives System von Kommunikationsprotokollen auf einer rekursiven Kanalstruktur implementiert. Multiplexen und Demultiplexen von Datenströmen, Blocken und Entblocken, Pufferverwaltung, Flußkontrolle und Error-Recovery sind Bestandteil dieser Protokolle.

1. Kanalstruktur

Ein Kommunikationsnetz mit seinen Subnetzen und seinen Randsystemen kann als mehrstufiges hierarchisch gegliedertes Kommunikationssystem betrachtet werden, das in jeder Hierarchiestufe Datenkanäle (die ggfs. virtuell sind), Kontrollinstanzen und die Kanal-benutzenden Instanzen besitzt. Dabei ist i. A. eine Instanz, die Kontrollinstanz einer bestimmten Stufe ist, kanalbenutzende Instanz in der nächst niederen Stufe.

Naturgemäß sind alle Datenkanäle virtuell mit Ausnahme des Datenkanals der untersten Stufe der Hierarchie.

Virtuelle Kanäle einer Hierarchiestufe bestehen aus Ketten von Unterkanälen der (virtuellen oder realen) Kanäle der nächst niederen Hierarchiestufe. Auf diese Weise entsteht ein Modell, in dem alle Daten eines virtuellen Kanals auf einer zu Anfang festgelegten Route fließen.
Eine Kontrollinstanz verwaltet jeweils einen Kanal und alle seine Unterkanäle. Sie reserviert sich einen Unterkanal als Kontrollkanal und kann die übrigen Unterkanäle für den Datentransport ihren "Benutzern" nach Bedarf zuteilen.
Ausgehend von den realen Kanälen mit den darin enthaltenen Kontrollkanälen läßt sich das Kanalsystem von den Kontrollinstanzen errichten. Figur 1 veranschaulicht das Kanalmodell.

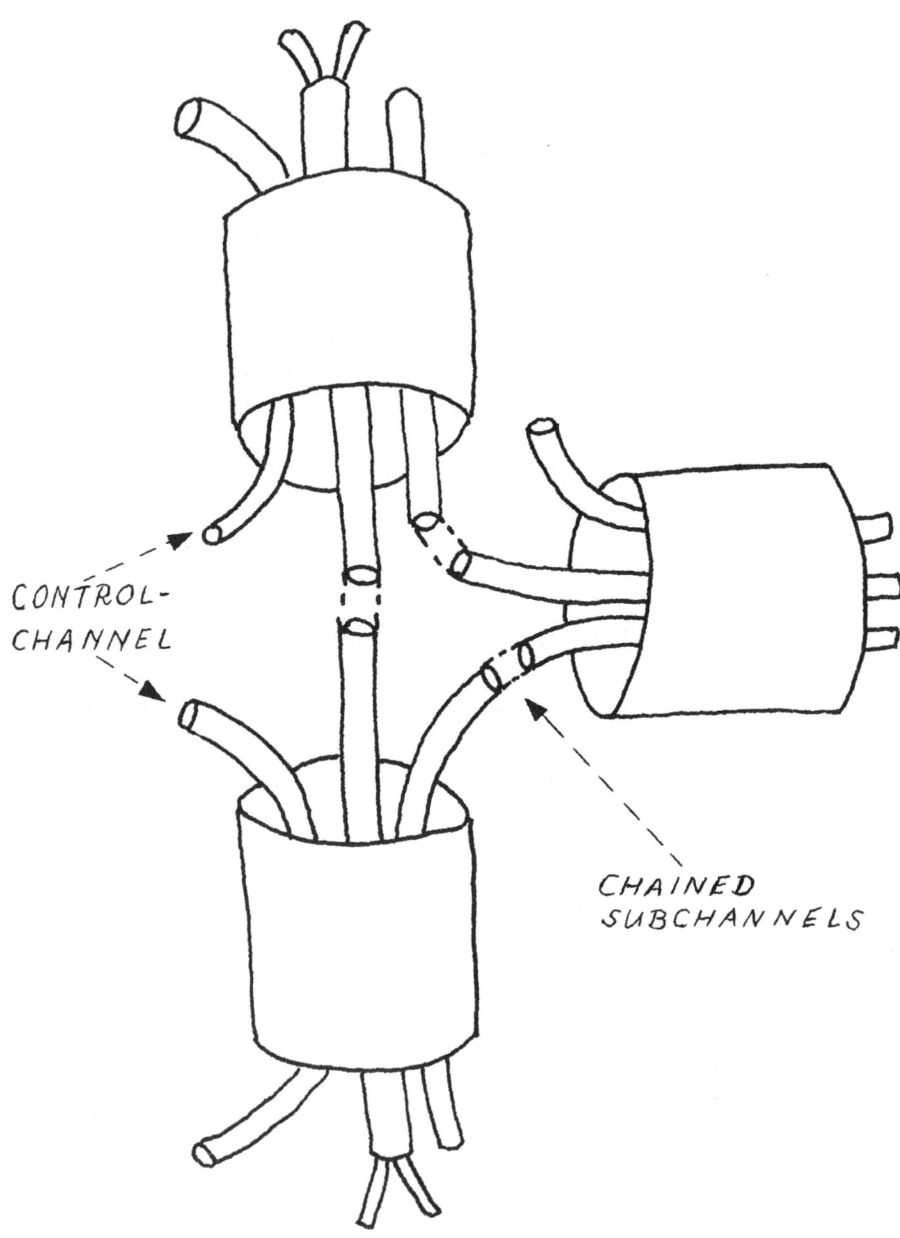

Figure 1
Channels and subchannels

2. Protokolle

2.1 Basismechanismus

Es werden Datentransportprotokolle und Kontrollkanalprotokolle unterschieden: Das errichtete Kanalsystem wird von den Datentransportprotokollen betrieben. Diese sollen im Folgenden betrachtet werden.

Es gibt zwei Arten von Datentransportprotokollen:

- das Kanalprotokoll (C-Protokoll) und
- das Unterkanalprotokoll (V-Protokoll).

Die Funktionen des Kanalprotokolls sind

- Headergenerierung und Blocknumerierung
- Fehlerbeseitigung
- Multiplexen und Demultiplexen (der Unterkanäle)
- Blocken und Entblocken

Die Funktionen der Unterkanalprotokolle sind

- Flußkontrolle
- Pufferzuteilung und
- Fehlererkennung

Alle Kanäle und Unterkanäle sind vollduplex. Der Basismechanismus mit dem die Protokollfunktionen realisiert sind, entspricht dem "single-numbering" und "Primary to primary operation" aus den HDLC-Normvorschlägen. Für einen Duplexkanal oder -unterkanal gibt es für jede Datenflußrichtung je ein Paar Primary und Secondary, bei dem Kommandos von Primary zu Secondary und Antworten von Secondary zu Primary fließen (siehe Figur 2).

Über die verschiedenen Protokollstufen sind die Basisbausteine Primary und Secondary einer Stufe so verschachtelt, daß Primary über Primary, Secondary über Secondary und Primary neben Secondary zu sehen sind. Dies bedeutet, daß für Kommandos und Antworten zwei getrennte Pfade durch alle Protokollstufen entstehen (siehe Figur 3 und 4).

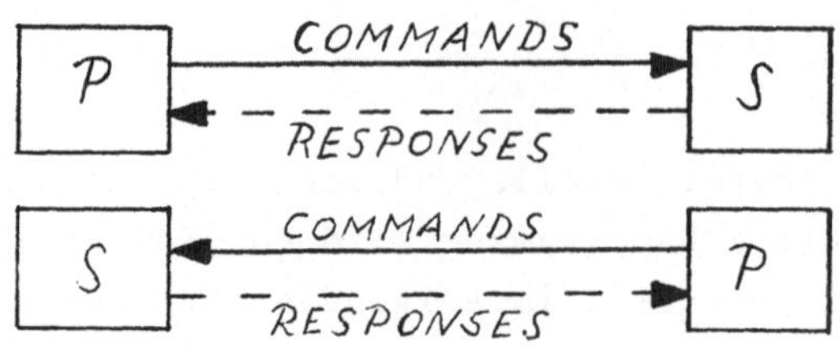

Figure 2
Basic configuration of protocol

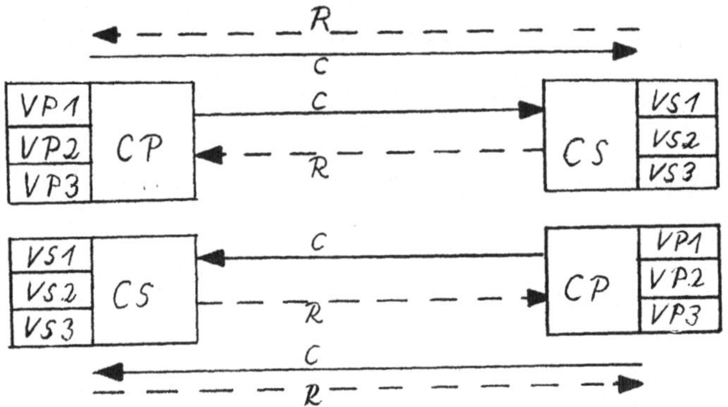

Figure 3
Channel- and subchannelprotocol

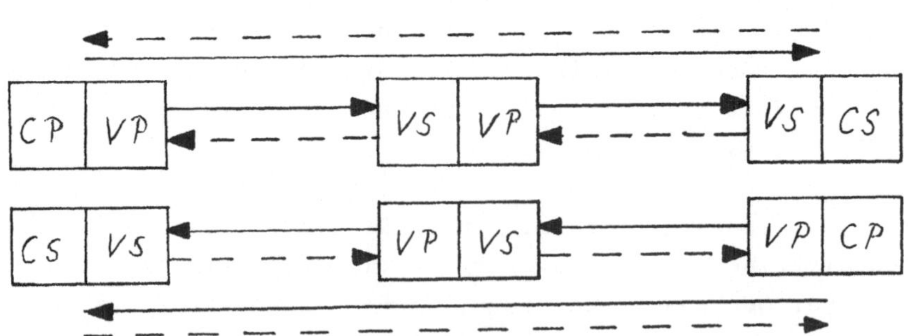

Figure 4
Virtual channel- and chained subchannelprotocols

Beispiel:

In einem Subnetz seien zwei Rechner miteinander verbunden und mehrere (Unter-)-Benutzer teilen sich diese Verbindung. Die beiden Rechner seien nicht in der Lage, ein Host-Host-Protokoll abzuwickeln, vielmehr werde an den beiden Endknoten jedem Rechner ein oder mehrere "normale" Endgeräte vorgetäuscht. In diesem Fall würde ein Kanal der Stufe 2 (C^1) von Endknoten zu Endknoten eingerichtet. Den verschiedenen Benutzern würden Unterkanäle der Stufe 2 (V^2) in dem Kanal C^1 zugeordnet, die mit Unterkanälen der Stufe 1 (V^1) zwischen Host und Endknoten verkettet sind. Siehe Figur 5.

2.2 Unterkanalnummern

Die Unterkanäle eines Kanals werden im Protokollsystem durch eine Unterkanalnummer identifiziert, die im GMD-Netz eine 8-Bit-Nummer ist. Die Unterkanalnummer ist Bestandteil des Headers von Kommandos und Antworten. Da die Unterkanäle eines Kanals mit Unterkanälen eines anderen Kanals verkettet sind, und diese verketteten Unterkanäle verschiedene Nummern haben können, wird beim Eintritt eines Kommandos oder einer Antwort in den nächsten Unterkanal die Unterkanalnummer im Header ausgetauscht.

2.3 Pufferverwaltung

Es werden zwei Arten von Puffern unterschieden: "Requestblöcke" (RQB) mit einer Länge von einigen Bytes und die eigentlichen Informationspuffer.
RQB's sind für die Aufnahme der Antworten und der Kommandoheader aller Protokollstufen bestimmt. Die Nutzinformation in engerem Sinne wird im Puffer abgelegt.
Während der RQB-Pool umstrukturiert ist, ist über den Pufferpool ein Pufferklassenmechanismus gelegt.

Beim Einrichten eines virtuellen Kanals wird in jedem Knoten, in dem ein Unterkanal-Kettenglied dieses Kanals beginnt, diesem Unterkanal eine Pufferklasse zugeteilt. Diese Zuteilung geschieht in der Weise, daß in Datenflußrichtung die Pufferklasse von Knoten zu Knoten zunehmend ist. Da Kanäle zwei Datenflußrichtungen haben, sind jedem Kanal in jedem Knoten zwei Pufferklassen zugeteilt. Die Zuordnung Puffer-

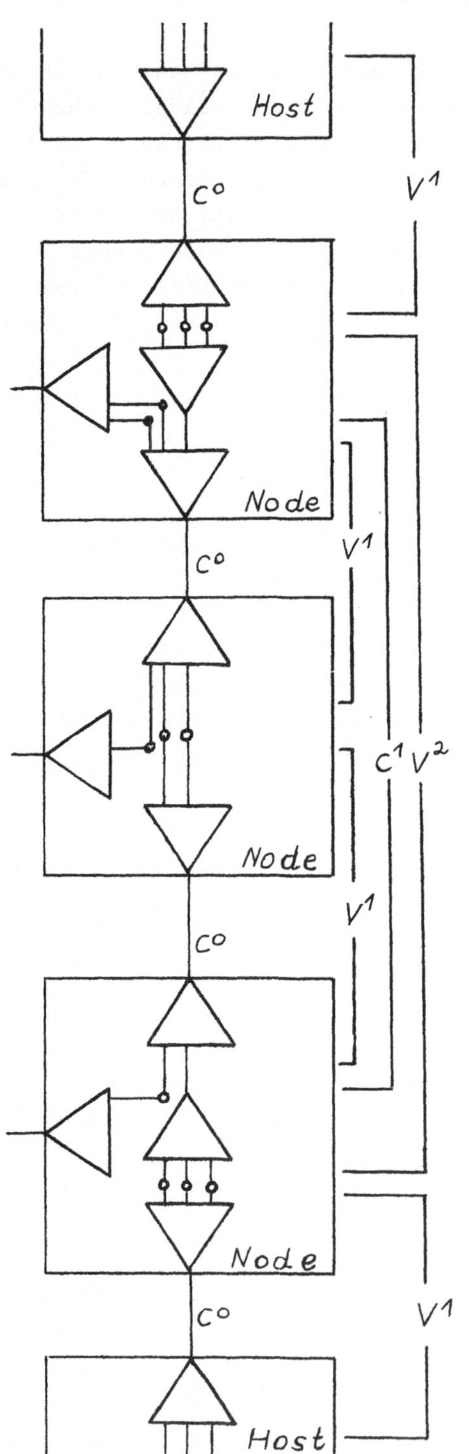

figure 5

Example of netuser at protocol - level 2 and end - to - end-protocol within the net

klassen zu Unterkanälen ist eine "Eins-zu-viele"-Zuordnung, d. h. eine Pufferklasse kann von vielen Unterkanälen benutzt werden.

Die Benutzung der Puffer aus den Pufferklassen ist so geregelt, daß ein Paket eines Unterkanals einen Puffer aus der dem Unterkanal zugeteilten Pufferklasse oder aus einer niederen Pufferklasse belegen darf. Das Paket darf jedoch nicht einen Puffer aus einer höheren Pufferklasse belegen.

Jede Pufferklasse ist mit einem Mindestbedarf an Puffern ausgestattet. Der Mindestbedarf ist diejenige Menge an Puffern, die notwendig ist, um das Freiwerden belegter Puffer möglich zu machen, d. h. die Pufferklasse, die an den Enden eines virtuellen Kanals verwendet wird, muß genügend viele Puffer enthalten, um einen Block aufzunehmen, falls dort geblockt wird. Die Pufferklassen, die in den Transitknoten des virtuellen Kanals verwendet werden, müssen nur einen Puffer enthalten, weil dort nicht geblockt wird. Da alle Daten beim Eintritt in das Netz in die niedrigste Pufferklasse (Pufferklasse Null) und vor Verlassen des Netzes in die höchste Pufferklasse gebracht werden können, gibt es in jedem Knoten nur zwei Pufferklassen, die mehr als einen Puffer enthalten müssen.

Alle Puffer, die nicht für den Mindestbedarf einer Pufferklasse verplant sind, werden entweder der Pufferklasse Null oder der Pufferklasse Eins zugeordnet. Das Verhältnis, in dem diese Verteilung der freien Puffer geschieht, hat Einfluß auf das Verhalten des Netzes und muß deshalb ein regelbarer Parameter sein.

Der Pufferklassenmechanismus garantiert eine (mathematisch beweisbare) Deadlockfreiheit im Netz unabhängig von der Belastung des Netzes.

2.4 Flußkontrolle

Flußkontrolle wird für jeden Unterkanal individuell ausgeübt, und zwar an der Stelle, wo zwei Unterkanäle verkettet sind. Das Prinzip der Flußkontrolle beruht auf einem "Versuch- und-Rückmeldungs"-Verfahren und der Beschränkung der Anzahl der Pakete in einem Unterkanal.

Die Anzahl der Pakete in einem Unterkanal setzt sich zusammen aus der Anzahl der Pakete des Unterkanals in der Ausgabe-Warteschlange des nächst niederen Kanals und der Anzahl der Pakete in der Unterkanal-Primary, die auf die Annahmebestätigung der stromabliegenden Unterkanal Secondary warten. Die erste der beiden Zahlen ist fest (z. B. eins), die zweite ist ein regelbarer Parameter (Pufferberechtigung), dessen untere Schranke eins ist und dessen obere Schranke proportional zur Anzahl der Knoten ist, über die sich der Unterkanal erstreckt.

Diese Pufferberechtigung wird in der Unterkanal-Primary mit Hilfe der Antworten der Unterkanal-Secondary geregelt. Die Antworten der Secondary geben Auskunft darüber, wie in der Primary des nächsten stromabliegenden, geketteten Unterkanals die (dort geltende) Pufferberechtigung ausgenutzt wird. Die Pufferberechtigung wird erhöht,wenn die Secondary wiederholt signalisiert, daß mehr Pakete angeboten werden könnten. Sie wird erniedrigt, wenn die Secondary signalisiert, daß zu viele Pakete angeboten werden und sie wird nicht verändert, wenn die Secondary signalisiert, daß die Pufferberechtigung in der nächsten Unterkanal-Primary voll ausgenutzt wird.

In einem Knoten werden zwei Rückweisungsgründe für Pakete unterschieden, nämlich ein allgemeiner Pufferengpaß und ein privater Stau.

Wenn ein allgemeiner Pufferengpaß vorliegt, wird das betreffende Paket in der V^1 zurückgewiesen und wird vom Nachbarknoten einfach wiederholt. Wenn ein privater Stau vorliegt (d. h.in der VP des nächsten stromabliegenden Unterkanals würde die Pufferberechtigung mit Annahme des Pakets überschritten) wird das Paket im Unterkanal der höchsten Stufe, die in diesem Knoten präsent ist, zurückgewiesen. Dies führt zum Ausfließen aller Pakete dieses Unterkanals aus den Kanälen der niederen Stufen. Die stromaufliegende VP sendet danach solange Statusanfragen, bis der private Stau behoben ist.

2.5 Prioritäten

Die Unterkanäle der Stufe 1 können zwei verschiedene Prioritäten haben, die die Bedienung am realen Kanal betrifft. Die eine Priorität wird bevorzugt bedient, und wird zum Beispiel für den Dialogverkehr verwendet. Die andere Priorität dient als (preiswerter) Hintergrundverkehr.

SIMULATION OF THE PROTOCOLS OF THE GMD-NET

J. Hänle
Gesellschaft für Mathematik und
Datenverarbeitung mbH, Bonn

1. Summary

The present resultsof a performance simulation study of the GMD-Net protocol system (as defined in a preceeding presentation) are outlined.

2. The simulation model

The simulation model as implemented at present comprises the complete GMD-Net protocol system and permits the investigation of any network configuration. However the following restrictions are imposed:

- The information processing time in the nodes of the net is neglected.
  This is admissable if no high-speed communication lines are used.
- Only C^o, V^1, C^1 and V^2 protocol shells are considered. This already allows for a wide range of applications.
- An automatic virtual link set-up and deletion of links caused by housekeeping operations is not performed. So there is no automatic redistribution of traffic load but the routes of all V^{2}'s remain fixed during a simulation run.

In the subsequent case studies the following assumptions were made (if not otherwise stated):

- All packets consist of 128 bytes of information and 12 bytes header.
- Local responses consist of 12 bytes, global responses of 18 bytes.
- Line capacity of all lines is 9600 bit/sec.
- There are only single-packet-messages.
- All V^{2}'s have the same priority.
- Buffer class algorithm 2 is used.

A network configuration is defined essentially by the set of nodes, together with the corresponding sizes of the buffer pools, the C^o-channels, the C^1-channels together with their routes and all V^2-links that are established above a C^1. Sources and sinks of data streams are represented by primaries and secondaries of V^2's. So the intensity of a data stream is represented by the input rate of packets of the corresponding V^2. If not otherwise stated the input rates of all V^2's are assumed to be equal. The input rate (IRV^2) of a V^2 is called maximal (or unrestricted) if the V^2-primary never has to wait for the next input packet. The total input rate (TIR) is defined as the sum of IRV^2 of all V^2's. Similar to IRV^2, an output rate (ORV^2) may be defined. It is the mean number of packets the sink of the data stream accepts. In the same manner as TIR, total output rate (TOR) of a net is defined and may be assumed to be unrestricted for instance.

The simulation program has been written in FORTRAN and TAS assembler-code. Simulation is event-oriented, using 1ms as smallest time-interval. The program was run on the TR440-computer in Darmstadt.

3. Simulation of a chain

The first configuration which has been studied was a simple V^2-chain (Figure 1)

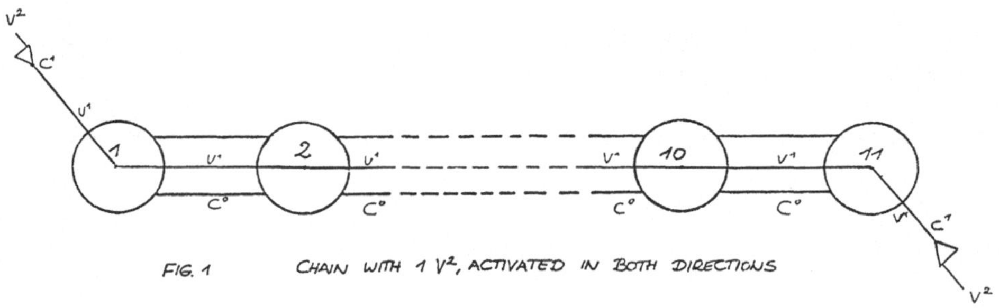

FIG. 1 CHAIN WITH 1 V², ACTIVATED IN BOTH DIRECTIONS

There is just one V^2 leading from node 1 to node 11 activated in both directions. The behaviour of such a system is easy to survey and rough computations may be done in addition.

In the following the numer of buffers per node (#BN) equals 16. Curve 1 of diagram 1 shows the total throughput of the net (TTh) as a function of TIR when TOR is unrestricted, the maximum buffer allowance $MBAV^2$) of all V^2s is 22 (= 2 * V^2-length), and the buffer allowance of every V^1 (BAV^1) is 2 (remaining constant). It turns out that TTh assumes its maximum if TIR is about 13.3 because in this case, TIR is well adjusted to the traffic flow, so nearly no packet rejection occurs on the V^1-level. Any further increase of TIR augments the number of rejections and so decreases TTh. Points 2,3 and 4 show TTh when TIR is maximal and BAV^1 is 1 respectively 3 or 4. We see that if BAV^1 equals 1 TTh is roughly less by half, and if BAV^1 equals 3, the maximum throughput is reached.

Curve 5 and 6 depict TTh if BAV^1 varies between 1 and 2, respectively 1 and 3 according to the buffer allowance control mechanisms of the GMD-Net protocols. Now of course TTh is somewhat smaller than if BAV^1 remains fixed to its greatest possible value.

Curve 7 shows TTh as a function of TOR if TIR is maximal and BAV^1 remains constant (= 2). In this case the average BAV^2 adjusts to the output rate of V^2 as curve 8 demonstrates. An analogous behaviour can be observed if BAV^1 varies between 1 and 3 (curve 9 and 10).

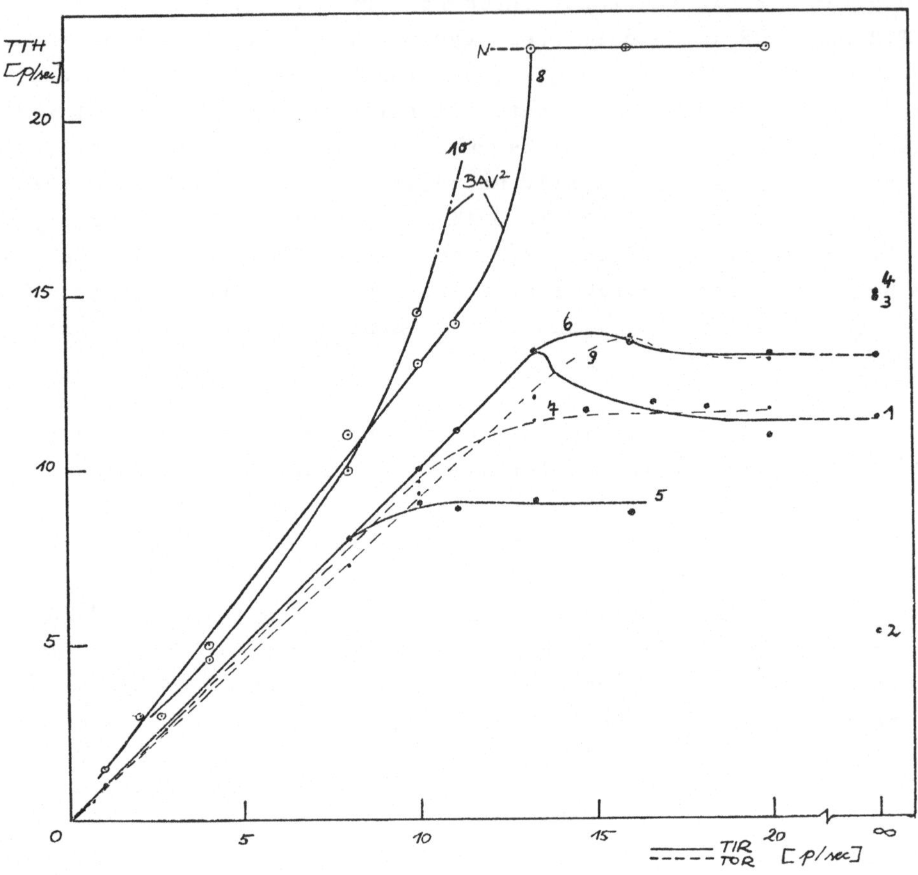

Diagram 1: Chain Configuration

Curve 1: TIR varying: BAV^1 = 2 (const.)
Point 2: TIR maximal; BAV^1 = 1 (const.)
Point 3: TIR maximal; BAV^1 = 3 (const.)
Point 4: TIR maximal; BAV^1 = 4 (const.)
Curve 5: TIR varying; $MBAV^1$ = 2; BAV^1 adjusting
Curve 6: TIR varying; $MBAV^1$ = 3; BAV^1 adjusting
Curve 7: TOR varying; BAV^1 = 2 (const.)
Curve 8: mean BAV^2 as function of TOR; BAV^1 = 2 (const)
Curve 9: TOR varying; $MBAV^1$ = 3; BAV^1 adjusting
Curve 10: mean BAV^2 as a function of TOR; $MBAV^1$ = 3, BAV^1 adjusting.

The throughput of a V^2 especially depends on the maximum buffer allowance ($MBAV^2$) of a V^2, and the latter should be roughly proportional to the V^2-length. Diagram 2 shows the throughput of a V^2 as function of $MBAV^2$ if TIR and TOR are maximal. It turns out, that $BAV^2 = 16 \approx 1.5 \times V^2$-length is optional.

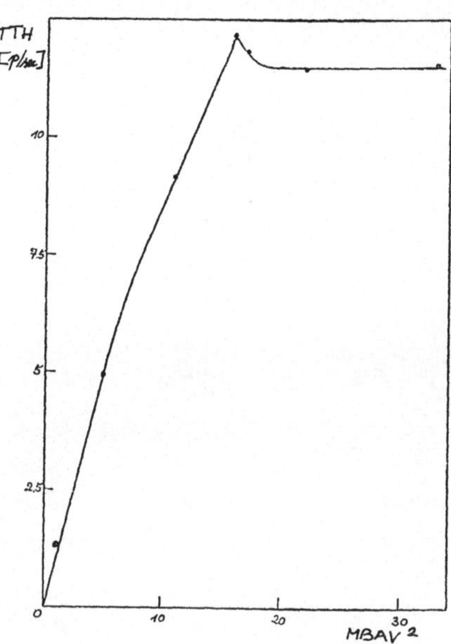

4. Sumulation of a NPL-Net-like configuration

Next a configuration is considered which corresponds to a certain stage of development of the NPL-Net, denoted as GZNPL (Figure 2):

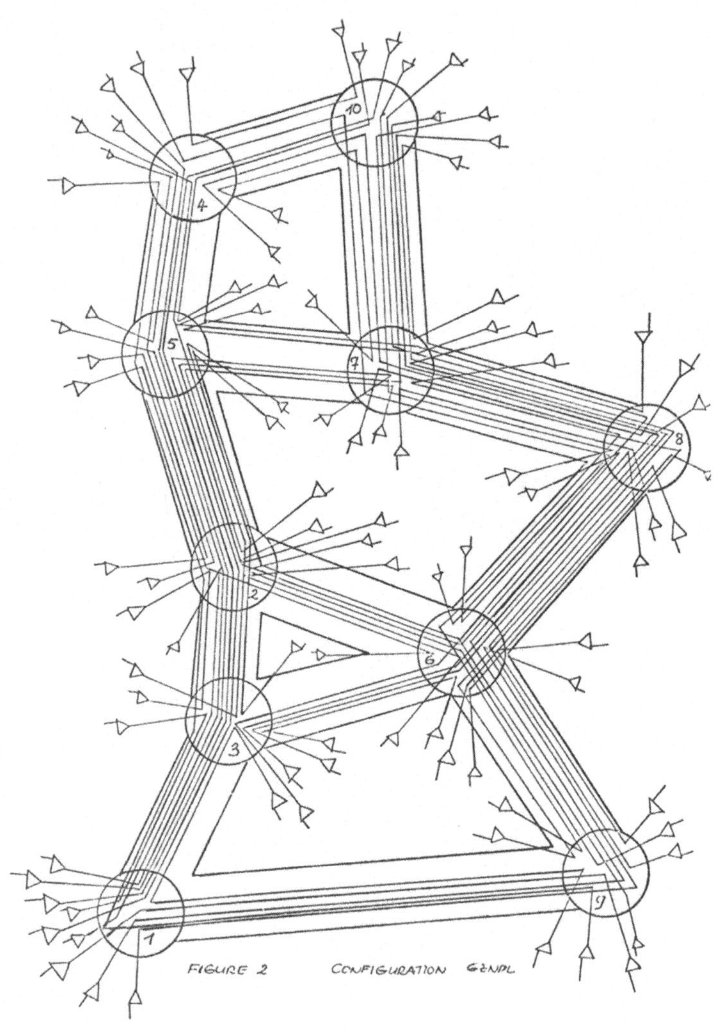

FIGURE 2 CONFIGURATION GZNPL

This net consists of 10 nodes and 13 communication lines. Between each pair of nodes there is established just one C^1 and every C^1 contains one V^2. The routes of the C^1s were fixed in a randomly manner. Therefore the net is quite inhomogenous with regard to line utilization. In the following simulations, the number of a V^2 equals 2 * V^2-length. It should be remarked, that #BN=16 is very small in proportion to the configuration. For instance if we would assign each V^2 at each node just one buffer, only about 50 V^2s could be established (assuming a mean V^2-length of 2.26) whereas we have activated 90 V^2s. We have assumed the buffer resources to be so restricted as we are especially interested in the system behaviour under high traffic load. For further discussions see Diagram 3, 4 and 5. Curve 1 of Diagram 3 shows TTh as a function of TIR. Between 0 and about 53, TTh increases linearly with increasing TIR but afterwards there is a drastic decrease of TTh to the value of 9. Further increase of TIR does not influence TTh. As curve 15 shows, TTh decreases when line utilization of the most intensively used line between node 2 and node 5 approaches 1 (curve 15). The reason is that in this case congestions occur, and this entails that the whole buffer pool is monopolized by the input-traffic and final only 3 or 4 buffers on the average remain for through-traffic at all nodes. This is far to small for delivered traffic. Using buffer class algorithm 1 does not improve behaviour essentially as point 2 shows. At the point where TTh decreases, the relative buffer utilization (UBr) increases rapidly to about 85 % (curve 1, diagram 4) and then reamins constant. Curve 1 of diagram 5 shows that high buffer utilization gives rise to small TTh.

An improvement of performance may be expected if the number of buffers for input-traffic (denoted as input buffer limit, IBL) is restricted. As curve 7 respectively point 9 and 10 show, an IBL which is greater or equal 6 does not prevent the throughput decrease. However, if IBL equals 3, 4 or 5 (curve 4, 5 and 6) the system behaves quite well. In these cases the realtive buffer utilization increases to a maximum value of about 55 % and then remains constant if TIR increases further.

If IBL = 1 or 2, no communication line can be completely utilized and so TTh does not increase to its maximum value as point 11 and curve 12 show.

In addition to a good total throughput it should be ensured that the individual throughput rates of the V^2s (ThV^2) do not vary too much, i.e. the coefficient of variance (CVTh) of the set of all ThV^2s should be small. As table 1 shows, CVTh is considerably greater in those cases where a TTh-decrease has occurred.

If all V^2s are granted a maximum buffer allowance of 1 an excellent TTh is achievable (curve 13). In this case the relative buffer utilization even may exceed 80 %. In addition the effective network utilization (NWUE), defined as the mean effective line utilization, i. e. line utilization without taking into account the transmission of overhead information, responses, repetitions etc. may increase up to 0.68. (Notice, under the formerly stated assumptions, NWUE cannot exceed 128 /(128 + 24) = 0.842). But now the individual throughput rates of all V^2s differ considerably. A more detailed analysis showed that long V^2s have much smaller throughput than short ones. This means that high TTh is gained especially in favour of V^2s, having only one hop. Therefore on can say that - regarding also the mean transit times of packets - input buffer limit = 4 is optimal.

In addition we studied the system behaviour if no buffer class structure is imposed, e. g. no deadlock prevention is made. Nevertheless one may continue to distinguish between input-buffers and through-traffic buffers. If no restriction on the input—buffers was made (IBL unrestricted) we got a deadlock as soon as TIR exceeded 53 (curve 14). On the other hand, if IBL equaled 3 no deadlock occurred within 2 minutes although TIR was unrestricted. In this case, TTh was nearly the same as when buffer classes were used. So the limitation of the number of input buffers might sometimes already prevent deadlocks. But one must not conclude that in those cases where IBL prevents TTh-decrease (IBL < 5) buffer classes are unnecessary because if IBL was 5 a deadlock occourred if no buffer classes were used. Finally consider curve 3 (8) where IBL is unrestricted (respectively equals 6) and TOR is varying. We see (diagram 4) that the mean buffer utilization is somewhat greater than in those cases where TIR is varying. It might be interesting to compare these results with those where an unlimited number of buffers is available at each node. The last row in table 1 shows that TTh approaches about 100 packets/sec., requiring a mean buffer utilization of about 45.2.

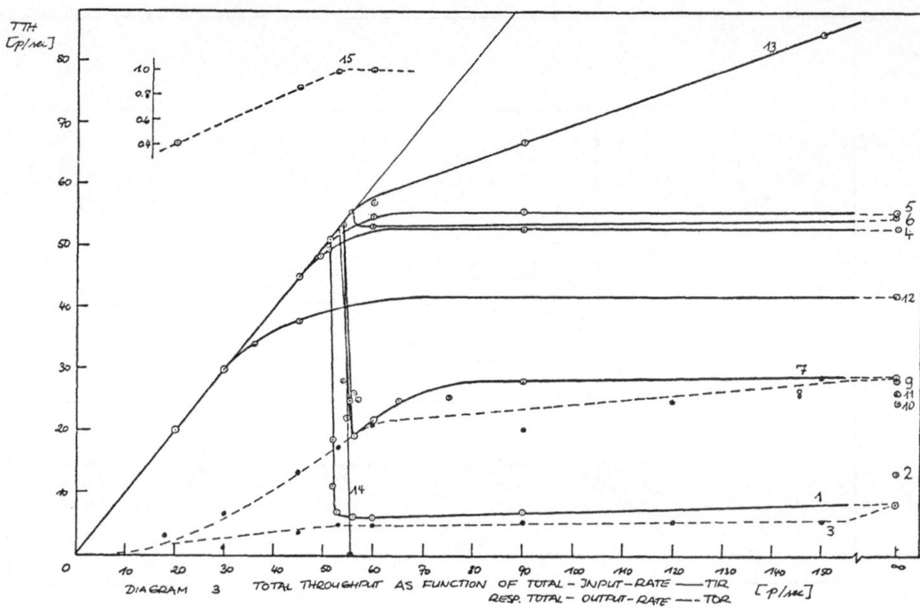

Curve 1: IBL unrestricted, TIR varying

Point 2: IBL unrestricted, TIR unrestricted, buffer class algorithm 1

Curve 3: IBL unrestricted, TOR varying

Curve 4: IBL = 3 ; TIR varying

Curve 5: IBL = 4 ; TIR varying

Curve 6: IBL = 5 ; TIR varying

Curve 7: IBL = 6 ; TIR varying

Curve 8: IBL = 6 ; TOR varying

Curve (Point) 9: IBL = 7 ; TIR varying (maximal)

Point 10: IBL = 9 ; TIR maximal

Point 11: IBL = 1 ; TIR maximal

Curve (Point) 12: IBL = 2 ; TIR varying (maximal),

Curve 13: IBL unrestricted; $MBAV^2 = 1$.

Curve 14: IBL unrestricted; no buffer classes (deadlock)

Curve 15: utilization of line between node 2 and 5 as function of TIR.

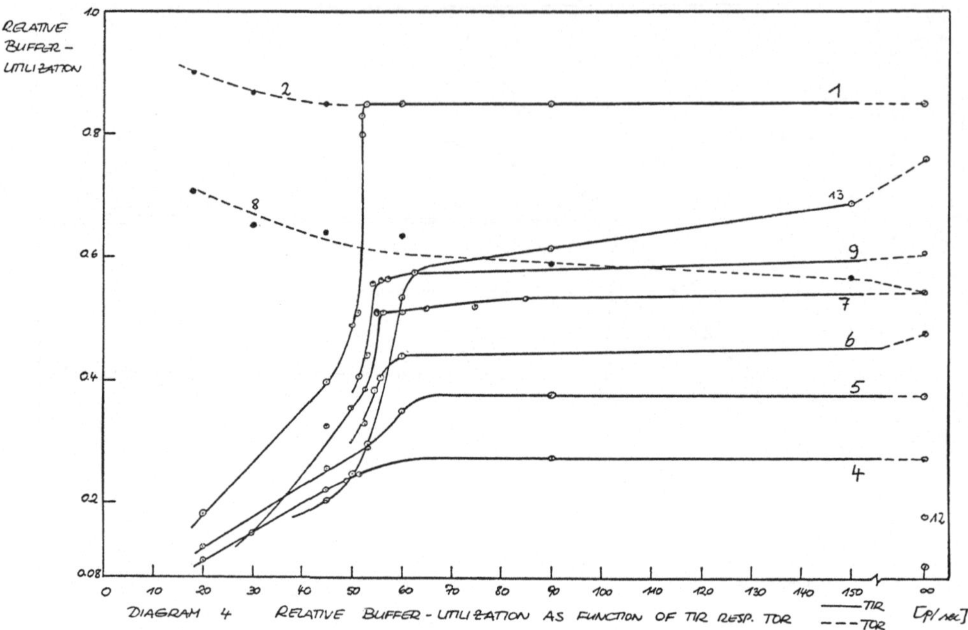

DIAGRAM 4 RELATIVE BUFFER-UTILIZATION AS FUNCTION OF TIR RESP. TOR

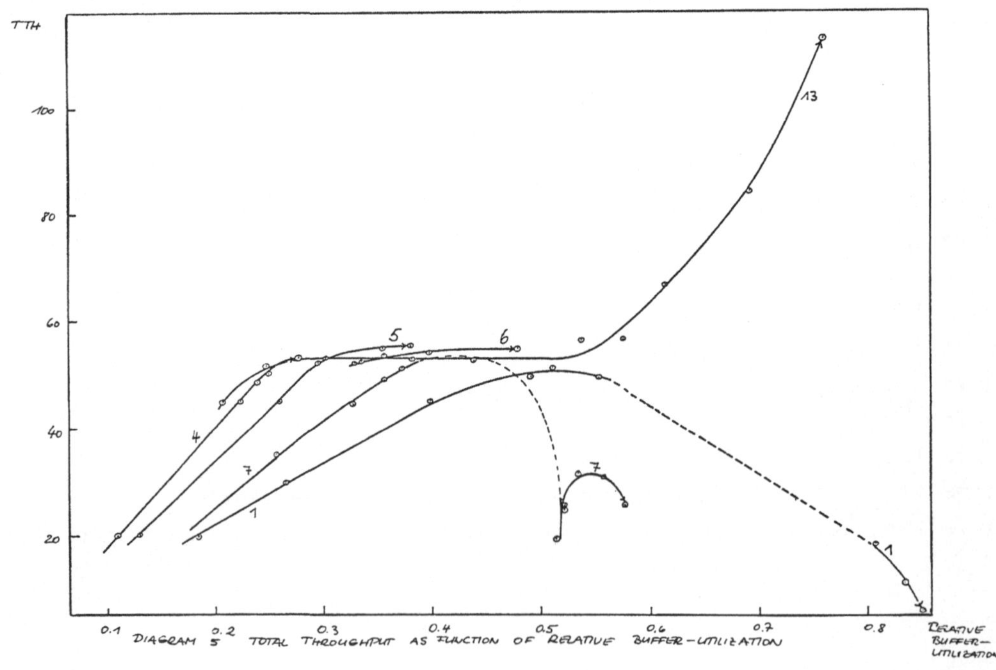

DIAGRAM 5 TOTAL THROUGHPUT AS FUNCTION OF RELATIVE BUFFER-UTILIZATION

Number of Buffers per Node #BN	Input Buffer Limit, IBL	Total Throughput TTh	Coeff. of Variance of Thr.:	Network Utilization	Network Utilization (effectively)	Mean Transm. time [ms]	Buffer Utilization	Input Buffer utiliz.	Through-traffic Buffer utiliz.	Remarks
16	1	26.1	0.164	0.324	0.235	295	1.47	1.0	0.47	
16	2	42.7	0.177	0.507	0.387	343	2.97	2.0	0.97	
16	3	52.9	0.14	0.61	0.48	425	4.46	3.0	1.46	
16	4	55.6	0.144	0.644	0.505	530	6.08	4.0	2.08	
16	5	55.35	0.117	0.646	0.507	762	7.69	5.0	2.69	
16	6	29.27	1.025	0.545	0.258	3500	8.71	6.0	2.71	
16	7	28.7	1.1	0.542	0.253	5500	9.74	7.0	2.74	
16	9	18.43	1.057	0.562	0.165	~11800	11.8	9.0	2.8	
16	unr.	8.4	0.864	0.78	0.06	>39000	13.65	12.4	1.25	
16	unr.	13.0	0.894	0.645	0.116	>26000	13.19	12.1	1.09	Buffer class Algorithm 1
16	unr.	113.6	1.05	0.957	0.679	1850	12.17	9.0	3.17	Buffer allowance of $V^2 = 1$ (const.)
unre. str.	unrestr.	99.5	0.848	0.999	0.689	4900	45.2	34.1	11.04	

Table 1: Configuration GZNPL; total input rate unrestricted, total output rate unrestricted.

We studied some other configurations (star-net, ring-net, lattice-net) and always observed a similar behaviour. Especially we always could find an input-buffer limit where no TTh-decrease occurred with increasing TIR and where an effective network utilization of at least 50 % was achievable.

THE HAHN-MEITNER-INSTITUT COMPUTER NETWORK

H. W. Strack-Zimmermann, H.-D. Schrödter

Computer Science Division
Hahn-Meitner-Institut GmbH

1. INTRODUCTION

Under the HMI Network project a large number (22) of "on site" process control computers are linked up to a central SIEMENS 4004/151 timesharing computer. The network uses two SIEMENS 330 minicomputers as message switching nodes. A star shaped configuration is implemented initially but development of a more complex interconnected structure is foreseen in the future.

The project is carried out as a joint effort between Siemens AG and the Hahn-Meitner-Institut. Financing is provided by a grant from the German Ministery for Research and Technology to promote collaboration between the national computer industry and research laboratories in data communications.

The HMI Computer Network will be uses mainly by nuclear physicists and chemists to provide improved data aquisition and online data analysis.

2. NETWORK CONFIGURATION

The current star shaped configuration with a stand by central node will be upgraded early 1977 to a fully interconnected network.

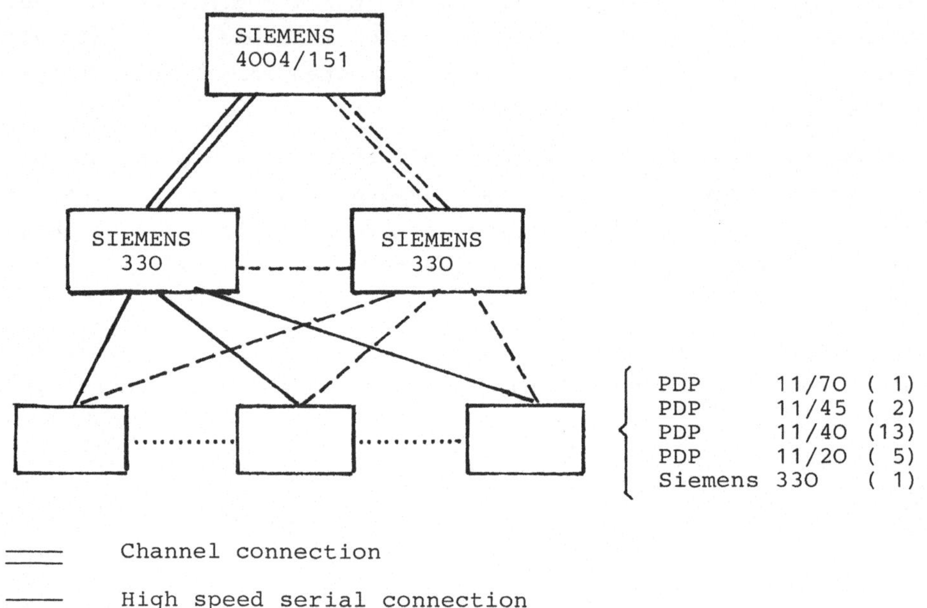

The speed of the connections varies between 9600 baud for outside postal leased lines to 250 kbyte/s for direct channel links. For on site data-transmission over private twisted pair cables a 200 kbaud serial transmission scheme is used. All data transfers between computers are on a block level.

The SIEMENS 330 uses its build in I/O processor, and the HMI developed special DMA interfaces for the PDP 11's.

3. SOFTWARE LAYERS

The network software of all participating computers was broken down into discrete components and functions to facilitate enhancements of protocols and design after additional experience was gained.

Several layers can be identified within the network software; for an overview refer to fig.:

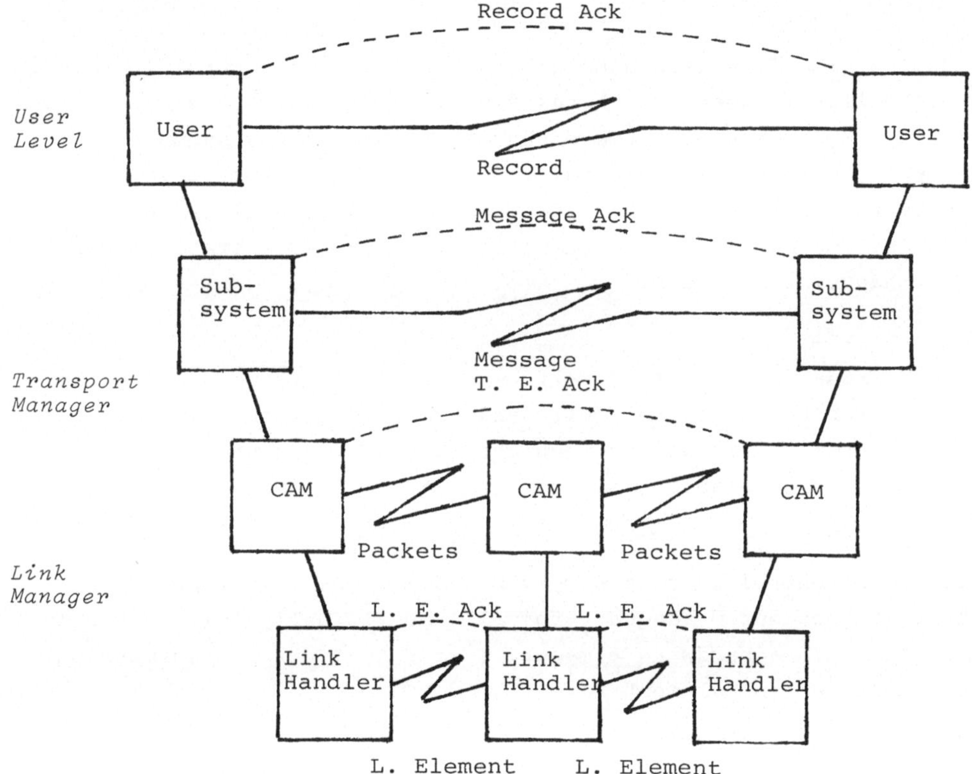

The two levels of Transport Manager Protocols are somewhat historic since the already existing Siemens NEA2 Transport Element protocol had to be incorporated into the design.

3.1 Link Level

The link managers comprise the lowest level of communication software. They supervise the link hardware and are responsible for shipping link elements between immediate neighbour machines. Currently the HMI employs only fast private line connections, which in itself are rather intelligent; the link level protocol is therefore simple.

Link Elements

Different maximum link element lengths are used in the network to adapt to the particular requirements of the host. The only restriction is:

max link element length ≥ max packet length

This way the splitting of packets into smaller link elements is avoided, but in case of errors the whole link element must be retransmitted. The actual link element size for a transfer is variable up to the predefined maximum. Several full packets can be contained in one link element.

Link Level Protocol

A half duplex procedure with a header and no embedded control characters is used. The link manager, which takes up the initiative, becomes master of a link exchange sequence; the exchange is basically a handshake of link elements by reverse direction link elements or ACK's. Special contingency routines deal with hardware conflict (both link managers attempt to become master at the same time). In the idle state no periodic ACK-ACK exchanges take place.

Link Flow Control

Only a very crude input buffer overflow control is provided using the link control functions "buffer full" and "buffer empty". These are only applied in emergancy situations when the receiving higher level transport manager becomes unavailable.

Link Error Control

Hardware error control is done simply by adding one parity per 8 bit byte. This is considered adequate for all the virtually noiseless private lines. In addition a hardware timeout is used to control transmission time dependent on link element size.

3.2 Transport Manager Level

Two protocol layers are used by the transport manager. Early in the design particular subsystems were identified such as:

TAM - Terminal Access Method
IPC - Inter Process Communication
ADMI - Network Administration

These subsystems use a common packet communication access method (PCAM) as a packet transport mechanism.

3.2.1 Packet Access Method

PCAM provides a datagram service. It interprets the packet headers and performs routing either by passing packets to the higher level subsystems or by queueing them for transmission to neighbouring machines.

Packets

Packets are variable in size up to a network wide defined maximum; (currently 512 bytes are used). They are prefixed by a fixed format header which contains length, source, destination and packet numbering information. In addition a control field differentiates packet types such as data, acknowledgements and flow control.

PCAM Protocol

Besides formating and interpreting packet headers PCAM includes the most basic form of an end-to-end protocol. This shows up in an optional service to subsystems by which the source subsystem can demand a packet acknowledgement from destination PCAM.

Packet Flow Control

If the receiving PCAM cannot keep up with a sending PCAM and the upper packet buffer threschold is exceeded the sender is slowed down by a "temporary lock" packet. After the lower level threshold is reached the lock situation is cleared by an "unlock" packet.

A window principle is currently not employed and it is obvious by experience that an extremely fast asynchronous (no acknowledgements) source can dominate the network; this will be an important issue in a future redesign of the packet protocol.

Packet Error Control

Each node checks only for consistency of the packet header information and the proper packet length. This is considered adequate as long as mainly virtually error free links are used.

3.3.2 Terminal Access Method

TAM was heavily based on the terminal access interface already existing in the SIEMENS 4004/151, since total user level program compatibility was mandatory for the first stage of the network project. Refer to [5].

TAM now allows access from terminals on all participating machines to the central timesharing facility on the SIEMENS 4004. Optional translation of internal EBCDIC to ASCII network code is provided and in addition transparent output for graphic consoles is offered.

Terminal Access Messages

Variable length messages (up to maximum packet size) are preceded by a message header. The header carries the message type, data code and terminal control parameters. For long data records TAM provides message fragmentation, reassembly and reordering.

Terminal Access Protocol

The TAM protocol calls onto a totally synchronous packet transfer. Only one packet (full or partial message) can be in transfer state at any time since the source TAM waits for a destination PCAM acknowledgements; this way no special flow control is needed. This crude mechanism works well in an environment with extremely small transmission delays but it is obvious that a more complex scheme has to be developed.

TAM communicates with the following message types:

Sender	Receiver
Write*	Connect
Write/Read*	Answer*
Read	Break/Escape
Disconnect	Disconnect

Only the message types indicated by an * carry user data.

Error Control

For non-transparent messages byte parity is checked during translation. Furthermore the order of messages is strictly controlled.

3.2.3 Inter Process Communication

IPC was designed to provide fast asynchronous data transfers between processes running on different machines. This is an extremely desirable feature for an installation with a large number of decentralized process control and data collection computers. For a detailed description refer to [1, 3, 4].

IPC is a communication function not only for user written programs but also for network features like remote-file interchange - job processing and - task image loading. By use of an IPC maintained MAILBOX(M)-buffer on the receiving side, source and destination process (P) can be decoupled; the versatile MAILBOX implementation allows for various configurations.

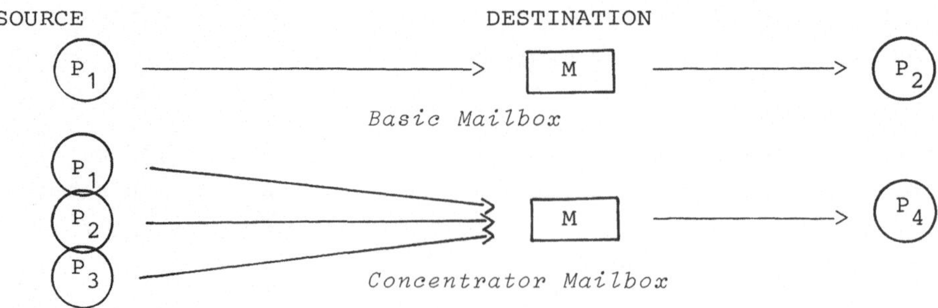

Basic Mailbox

Concentrator Mailbox

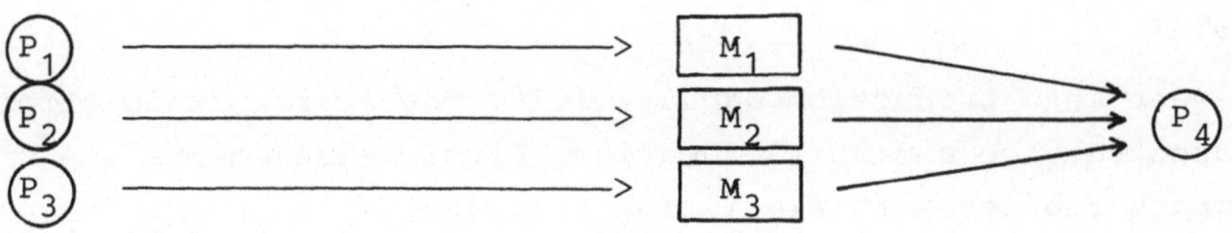

Multi-Mailbox

Inter Process Messages

The messages are of variable length (up to maximum package size). Each message starts with a fixed header which carries information such as control field ,code, and source and destination MAILBOX name. Long data records are fragmented by the source IPC and reassembled by the destination IPC.

Inter Process Protocol

Full synchronisation between sending IPC and receiving MAILBOX is maintained. Express messages are offered which are linked to the top of the receiving MAILBOX. Furthermore startup of new processes is foreseen and error messages for unknown and overflow MAILBOXES are supported.

Error Control

IPC checks the consistency of IPC headers and controls message length and sequencing.

4. CURRENT STATE

The network went into production January 1976. The current main effort is in increased service and user education. First measurements are undertaken to compare reality with simulation results.

5. FUTURE

The project will experience a design review and will support new network functions. Areas for improved design are:

. Support for new link level procedures such as HDLC.

. Revised packet protocol with better flow control.

. Revised terminal access protocol to become more independent of specific terminal hardware (virtual terminal).

New network functions:

. More complex network topologies.

. Support for postal lines.

. Record level access fo any file in the network.

. Network-wide file search functions.

. Gateways to outside networks.

6. LITERATURE

[1] Butscher, B., R. Irsigler u. F. Vogt:
Interprocess-Communication (IPC) in a Resource Sharing Network (Using Datagram-Service)
Lecture at Conference on the "Structure and Operation of Computer Systems", 3-31 to 4-2-1976, Aachen

[2] L.-Bauerfeld, W. u. H. W. Strack-Zimmermann:
The Hahn-Meitner-Institut Computer Network
Lecture at IFIP/IIASA Joint Workshop,
15 - 19-9-1975, Wien

[3] Vogt, F.:
Interprocesscommunication in the HMI-Network
(a description of an implementation)
Lecture at IFIP/IIASA Joint Workshop
15 - 19-9-1975, Wien

[4] Wentzien, O.:
EITC-Design Specification
Siemens-Study, 30-2-75, Berlin

[5] Pagel, D.:
DIALOG-Design Specification
Siemens-Study, 1975, Berlin

INTERPROCESS-COMMUNICATION (IPC) IN A RESOURCE SHARING NETWORK (USING DATAGRAM-SERVICE) +)

B. Butscher, R. Irsigler, F. Vogt

Computer Science Division
Hahn-Meitner-Institut GmbH

1. INTRODUCTION

Resource sharing as we shall use the term concerns the ability to access programs (Interprogram- or Intertask-Communication) and data (message-exchange, filetransfer) from computers which act both autonomously and independently. In order to support software resource sharing the operating system facilities must be provided for interprocess-communication. Using datagram-service, IPC-structure can be discussed without considerations to sequencing, routing algorithms and flow control.

In section 2 we first discuss the system of IPC modules within the framework of the target network. We analyse the structure of one of those modules together with its operational function.

Section 3 describes the implementation of one of this IPC module on a PDP 11.

Filetransfer as an important service based on IPC is discussed in section 4.

The last section try to give some structurell input for future implementations.

+) The implementation was done in the general frame of the HMI-network development. This project is carried out as a joint effort between the Siemens AG and the Hahn-Meitner-Institut.

2. INTERPROCESS-COMMUNICATION (IPC)

The figure 1 shows the topology of the HMI-network and figure 2 the interprocess-communication between two processes in two different host computers.

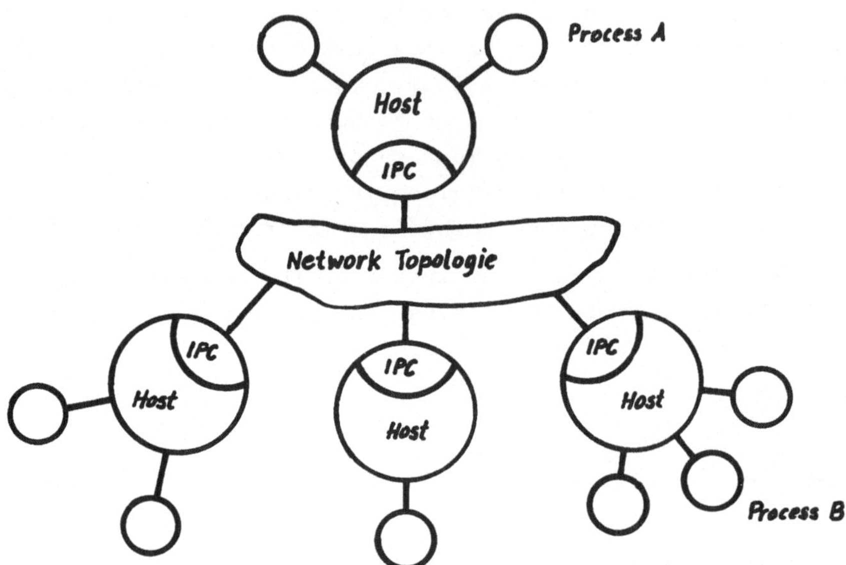

Fig. 1

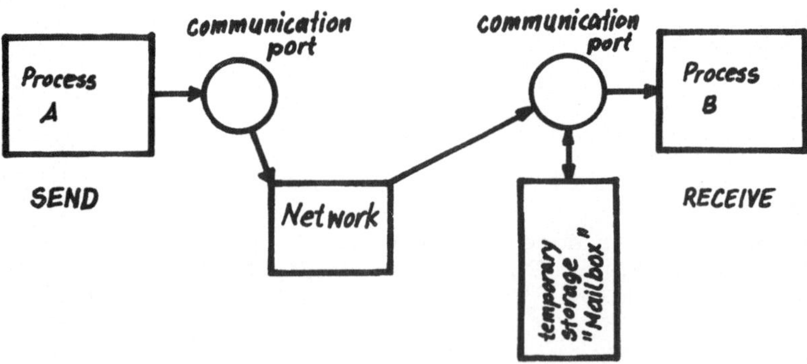

Fig. 2

The state of the two processes A and B at a certain time can be described with respect to IPC by the following transition diagram where A and B are two processes and the states are Send (S), Receive (R) and not Send or Receive (N).

B \ A	S	R	N
S	Ø	1	Ø
R	1	Ø	Ø
N	Ø	Ø	1

Fig. 3 a)

B \ A	S	R	N
S	1	1	1
R	1	Ø	Ø
N	1	Ø	1

Fig. 3 b)

B \ A	S	R	N
S	1	1	1
R	1	1	1
N	1	1	1

Fig. 3 c)

In this notation a network is called synchronous (fig. 3 a), asynchronous (fig. 3 b), asynchronous with tempory buffer ("called Mailbox") on the receiverport (fig. 3 c). In the following description only the asynchronous IPC with tempory buffer is of interest.

The basic functions provided from IPC as outlined in figure 2 are described below with their parameters. This functions are available as FORTRAN- or MACRO-calls. The portnames are netwide known communicationnames.

RECEIVE
receiverportname, senderportname, buffer-specification, password, returncode
In case of RECEIVE the removal operation is only performed if data from a specific senderport are queued in the "Mailbox".

RECEIVE ANY
receiverportname, buffer-specification, returncode
The RECEIVE ANY-function removes the top most message from the mailbox-queue independent of who sent it.

RECEIVE CONTROL INFORMATION
receiverportname, returncode
The RECEIVE CONTROL INFO-function only removes express- and acknowledgement-messages.

SEND
senderportname, receiverportname, buffer-specification, password, returncode
The SEND-function initialies a data transfer from the senderport to the receiverport (fig. 2). The IPC will set the value of 'return code' to indicate whether the data have properly left the sending station.

On the receiverport the IPC-module will queue "priority-ordered" the data in the receiverport "Mailbox". If the receiverport can not be established (no match to the receiver communication-portname) an apropriate error message is returned to the sender. After queueing the data IPC-module wakes the receiving process which implies the feature of remote activation.

SUSPEND
no parameters (suspend the program or task until an event or a logical or of events occur)
The SUSPEND-function is used to suspend execution until a timer event occur or the process is been awaked.

3. IMPLEMENTATION OF IPC IN THE HMI-NETWORK

The hosts in the HMI-network consist of one large timesharing computer-system (SIEMENS 4004) and a number of minicomputers (most PDP 11-type). This papers concerns itself with the IPC-modules as added parts of the operating system (RSX-11 D/M/S) in the minicomputers. Although there is some dependency on the particular host-operating system. The structure of any IPC-module is shown in figure 4.

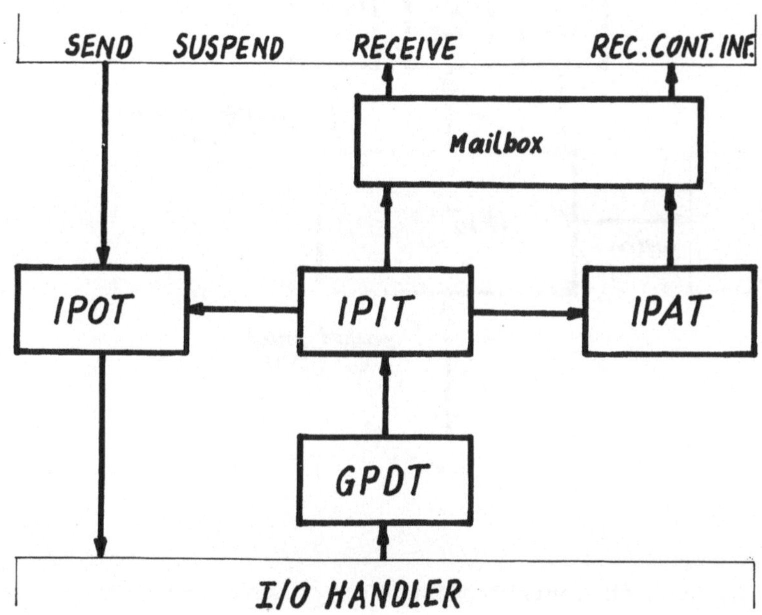

Fig. 4

Interprocess-Output-Task (IPOT)

The task IPOT is activated by a call from the SEND-function and receives in a Communication Control Block (CCB) the name of the receiverport, senderport, the password, messagenumber and the buffer-specification. It then divides the user's data into packets and send them to the I/O-handler performing the linking procedure. Furthermore it optionally transmits control messages to the senderport if so directed by the IPIT-task.

General Package Dispatcher Task (GPDT)

The data input direction is more critical than the output direction. In an network environment data have to be received even if there is no process running in the moment to accept the data. So this is the (only) part of the IPC-module which is always resident and waiting for packages. Theese are received and dispatched to the proper task.

Inter Process Input Task (IPIT)

In addition to reassembling messages from constituent packages this task is responsible for housekeeping user tasks which are expecting input from the net, controlling mailbox sizes in selection to incomming data sizes, and filling theese mailboxes with data (fig. 5).

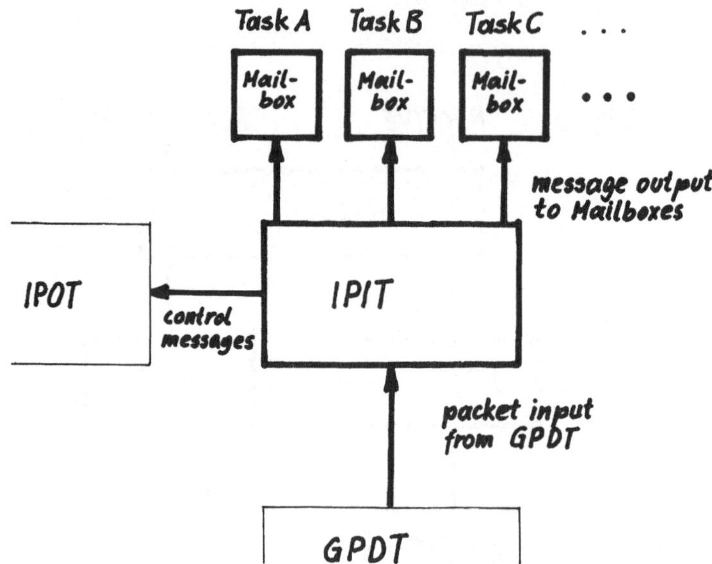

Fig. 5

If necessary it sets up control messages and sends them for output to the IPOT-module. For instance it the mailbox is full it transmitts a corresponding message to IPOT, which performs the required action.

Inter Process Administration Task (IPAT)

All central messages received are queued directly to the user as part of the end-end-protocol. It is at the users discretion to react to the control messages performed from the IPC-system.

Theese modules are only data handling and routing task producing an interface for any purpose. Applicability for users exists only for real program to program-communication.

The connection between IPC-module and the link level is established by the Communication Control Procedures (CCP). Part of its domain is the segmentation of data into individuell packets for output and deliver the proper sequence of packets for input (datagram-service). Each of those packets contains a special header for every packet (packet-header, transport-header), the IPC-header and the data themselves, as illustrated in figure 6. The maxim size for every packet in the net is 512 bytes.

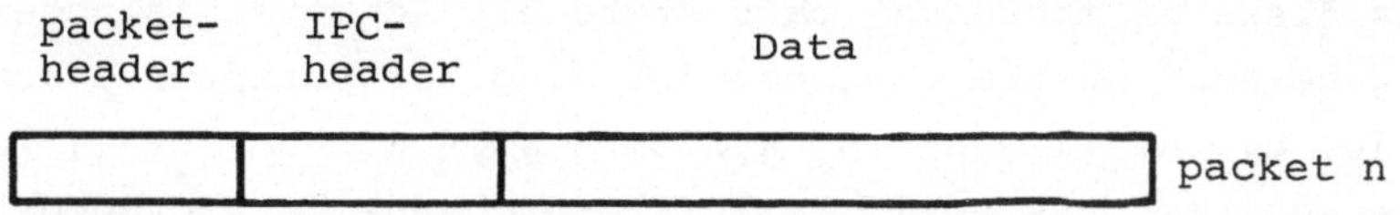

packet-header	IPC-header	Data	
			packet n

Fig. 6

The IPC-header consists of:

- senderportname
- receiverportname
- password
- control information

The packet-header consists of:

- sender host
- receiver host
- packetnumber (sequence and retransmission)
- packet size
- control information

4. FILETRANSFER AS A HIGH LEVEL DATA-EXCHANGE BASED ON IPC

Most of the minicomputers have only a few or none of peripheral devices such as disks or magtapes (mass storage). Hence it is necessary to store files generated on the minicomputer on other peripheral devices on other hosts (e. g. the timesharing system S 4004 or the PDP 11/70 or other mass storage equipped systems). This file-exchange is provided by the File Transfer Service (FTS).

Functional Capabilities

FTS is an utility, which uses IPC and is available on all host computers in the network. The data-exchange between FTS-module and the network is done by the basic IPC-functions SEND, RECEIVE and RECEIVE CONTROL INFORMATION. The software interface to the physical devices depends on the operating system of the respective host computer.

Following filetransfer-functions are available in FTS in the network:

[CO]PY files are copied from a device in a host to a device in an other host

[AP]PEND files are appended to existing files on a device at any host

[SP]OOL files are spooled out on an output device at any host

[PU]NCH files are punched on a card puncher at any host

[LI]ST file directories from a storage device in any host are listed at the own outputdevice

[DE]LETE files on a storage devices in any host can be deleted

[RE]NAME files can be renamed

Principales of operating

The user of FTS initiate a filetransfer to an other host computer by typing a Command Input (CI) at a terminal. A Command String Interpreter (CSI) delivers the file parameters of the file on there own storage there own storage device (or memory) and those of the file to built or handeled on a device at the operating system file I/O. By using the IPC-SEND-procedure FTS sends a file descriptor and function block to the destination host. If this host is capable to open the specified file it sends an acknowledgement message back to sender. The IPC-data-exchange for FTS has its own FTS-header (fig. 7).

packet

PH	IPCH	FTS-H	Data

Fig. 7

The FTS-header consists of the length of the data, the type of data (file descriptor, data, ACK's, end of transmission) and the record-numer (or blocknumber).

To confirm that all data has been received and stored to the destination device the corresponding FTS returns a acknowledgement message to the sender FTS. Figure 8 shows the FTS-dataflow between two mass storage devices.

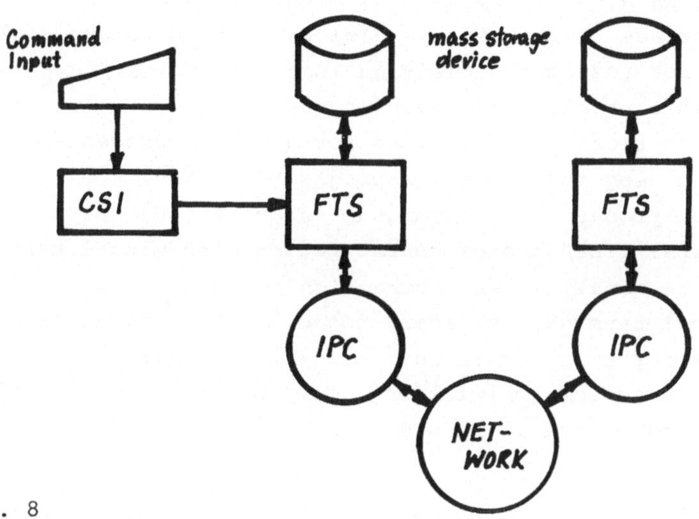

Fig. 8

<u>Command Structure</u>

The terminal input command string is defined as followed:

FTS > outputdescriptor < inputdescriptor / function

outputdescriptor = receiverhost, [-device], [user-identifier], filename, filetype, version

inputdescriptor = senderhost, [-device], [user-identifier], filename, filetype, version

function = one of the described function (CO (default), AP, SP, PU, LI, DE, RE)

Example:

FTS > HØ3 * DK:[200,200]ALFA.MAC; 3 = HØ1 * DB:[1,1]FOO.DAT; 1

5. OUTLINES

Constructing a computer-computer data transfer interface is a necessary but perhaps not sufficient supply for comfortable use. There is a request for several additional functions:

Who starts programs on the other host?
Do one need a special operator on the other host?
Performing this job a dialog function, well-known as standard supply on every modern computer, is a fundamental requirement for a computer-computer software-interface. Although this dialog-function is available in our net, but it is not restless satisfying (because of its independency to other functions). This problem lies deep in operating system design. Getting on air with a physical terminal line for dialog-proposes ends, when one wants to use dialog functions via program (checking the terminal response for successful processing of commands is an unhappy solution!). Using a "virtual terminal line" avoids confrontation with visual terminal output. This "virtual terminal" is an abstraction of controlling functions of a "physical terminal" yielding not only the availability of the "virtual terminal" for every other device (net), but also the possibility for a user task (or job) issuing commands per program. This means for the net interface that it should look like any other input-output device.

Net input/output has therefor to fit into a general input/output scheme (like file I/O and teletype I/O). Together with the consequent parallism of supervisor calls and operating commands a powerful tool for controlling and utilization the recources of the whole network is available.

Eine Dialogmaschine für den Betrieb eines Terminals - Ihre Anwendung auf die Kopplung PDP11 - TR440

Wolfgang Glatthaar
Gerhard Peter

Institut für Informatik, Universität Stuttgart

1 Kleinrechner als Terminal in einem interaktiven System

Mit der zunehmenden Verfügbarkeit von Kleinrechnern wird es realistisch, diese als Terminals von Großrechnern in interaktiven Systemen einzusetzen. Jeder einzelne Benutzer erhält ein solches Terminal, das ihm eine individuelle Rechenkapazität anbietet. Auf den zentralen Großrechner soll im Hinblick auf eine dem gesamten interaktiven System gemeinsame Datenbasis nicht verzichtet werden. Die Aufgaben zwischen dem Terminalrechner und dem Zentralrechner werden so verteilt, daß für jeden Benutzer eine hohe Interaktivität, d.h. kurze Antwortzeiten und kurze Wartezeiten auf Eingabeberechtigung, erreicht wird. Der Benutzer verkehrt dabei mit dem Gesamtsystem über die E/A-Geräte des Kleinrechners. Auch ohne das beschriebene integrierte Systemkonzept lassen sich die Leistungsfähigkeit und die Anwendungsmöglichkeiten eines Kleinrechners durch eine Kopplung mit anderen Rechnern erweitern, ohne sein übliches Einsatzgebiet zu verändern.

Ein Kleinrechner, der als Terminal eines Großrechners eingesetzt ist, ist in der Lage, das Verhalten des Großrechners gegenüber eben diesem Terminal zu überwachen und zu protokollieren. Dadurch läßt sich unter Umständen eine Verbesserung des Betriebs des Großrechners ableiten.

Ein auf diese Weise als intelligentes Terminal betrachteter Kleinrechner soll als Terminal der verschiedensten Rechner verwendet werden können. Ein Entwurf der dazu benötigten flexiblen Kopplungssoftware wird in dieser Arbeit vorgestellt.

2 Simulation einer Dialogstation

Großrechner mit Datenfernverarbeitungsmöglichkeiten können ihre Terminals mit einer V-24 Schnittstelle über das Telefonnetz anschließen. Diese Anschlußmöglichkeit besteht auch für jeden Rechner, der Signale in der für eine V-24 Schnittstelle genormten Form abgeben und annehmen kann, d.h. der die entsprechende Interfacehardware besitzt. Um an jeden beliebigen Großrechner anschließbar zu sein, soll der Kleinrechner ein universelles Terminal darstellen. Dies geschieht durch Simulation eines dialogfähigen E/A-Gerätes des entsprechenden Großrechners. Dialogfähig heißt in diesem Sinne nicht nur, daß ein Dialog möglich ist, sondern auch, daß die Initiative zu diesem Dialog von beiden beteiligten Partnern ausgehen kann. Im Kleinrechner kann dann zwischen zwei getrennten Prozessen unterschieden werden:

- Prozeß, mit dem der Benutzer zur Lösung seiner Probleme kommuniziert und der die Aufgaben auf die beiden Rechner verteilt (Problemprozeß),
- Prozeß zum Abwickeln des Dialoges mit dem Großrechner (Dialogprozeß).

Der Vorteil dieser Simulation eines standardmäßigen Terminals durch den Kleinrechner besteht neben der serienmäßig verfügbaren Kopplungshardware darin, daß auf der Großrechnerseite keine Änderungen der Software und des Betriebsablaufes zu erfolgen haben. Die Verteilungskomponente des Problemprozesses ist auf den Kleinrechner abzustimmen und bestimmt dessen Leistungsfähigkeit. Die einfachste Realisierungsform dieser Komponente nimmt Text über das Eingabegerät entgegen und schickt ihn in jedem Falle durch den Dialogprozeß an den Großrechner weiter bzw. bekommt auf diesem Wege Ausgabetexte vom Großrechner. Der Kleinrechner hat hierbei zwei Funktionen: Kleinrechner im Stand-alone-Betrieb und Terminal ohne eigene Rechenleistung im Verbund. Eine intelligentere Form des Problemprozesses analysiert die Eingabe des Benutzers und entscheidet auf welchem Rechner die Bearbeitung durchgeführt wird.

3 Ablauf des Dialoges und Aufbau der Nachrichten

3.1 Dialogablauf

Für die Dialogorganisation sind zwei verschiedene Verfahren üblich; entweder sind die beteiligten Partner gleichberechtigt (Konkurrenzbetrieb) oder ein Partner ist allein für die Organisation verantwortlich

(Polling-Selecting). Beide Verfahren zerfallen in die drei Phasen Aufbau der Verbindung, Textübermittlung und Abbau der Verbindung. Die manuell auf- und abzubauenden Wählleitungen bleiben hier unberücksichtigt. Dann ist es die Aufgabe des Dialogprozesses, der zu übertragenden Zeichenfolge Steuerzeichen beizuordnen, die gesamte Nachricht abzusenden und die Antwort zu überprüfen. Ein eingehender Text ist nach Entfernung der Steuerzeichen weiterzuleiten, nachdem durch eine Quittung an den Dialogpartner der Empfang bestätigt wurde. Das Zusammenwirken zwischen beiden Prozessen ist in Abbildung 1 dargestellt.

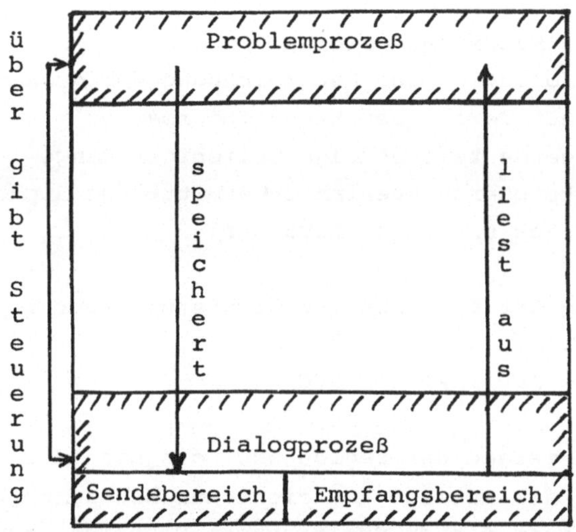

Abbildung 1: Zusammenspiel von Problem- und Dialogprozeß

Primär hat der Problemprozeß die Steuerung. Er speichert einen Text im Sendebereich und übergibt die Steuerung an den Dialogprozeß, damit dieser selbständig den Dialog durchführen kann. Ist dieser Dialog beendet, so bekommt der Problemprozeß die Steuerung zurück. Wurde während dieser Zeit ein Text empfangen, so steht dieser im Empfangsbereich dem Problemprozeß zur Verfügung. Trifft eine Nachricht vom Dialogpartner ein, während der Problemprozeß die Steuerung hat, so erhält der Dialogprozeß die Steuerung.

3.2 Aufbau der Nachrichten

Die Nachrichtenformate, der bei den verschiedenen Rechnern benutzten synchronen Dialogsteuerungsverfahren lassen sich im wesentlichen auf

zwei Vorschläge zurückführen:
- SDLC-Übertragung (Synchronous data link control), vgl. /1/
- BSC-Übertragung (Binary synchronous communication), vgl. /2/

Die allgemeine Struktur einer Nachricht gemäß SDLC ist nach /1/:

F ADR C TEXT BCC F

wobei die Bestandteile folgende Bedeutung haben:

F (flag)	Bitfolge zur Kennzeichnung von Anfang und Ende einer Nachricht,
ADR	Adresse des Nachrichtenzieles
C	Kontrollinformation zur Kennzeichnung der gesamten Nachricht als Text- oder Steuerinformation
TEXT	zu übertragende Zeichenfolge beliebiger Länge
BCC	gemäß Blocksicherungsverfahren ermitteltes Sicherungszeichen (block checking character)

Für eine BSC-Übertragung ist folgende Nachrichtenstruktur typisch:

SYN SYN SYN SYN STX ADR TEXT ETX BCC

Die Zeichen STX und ETX zeigen den Beginn bzw. das Ende der zu übertragenden Zeichenfolge an, die Adresse ADR dient zur Kennzeichnung der Datenstation, und BCC sichert die zu übertragende Nachricht bzw. Teile davon nach einem bestimmten Blocksicherungsverfahren. Vor der Information stehen entweder eine bestimmte Zahl von Synchronisationszeichen SYN oder es werden ständig Synchronisationszeichen ausgesandt, solange keine Nachricht übermittelt wird.

Alle gemäß diesen beiden Vorschlägen sowie die bei asynchronem Betrieb auftretenden Nachrichten lassen sich durch folgende Grammatik beschreiben:

Nachricht $::= S_1NS_2 \mid S_1N \mid N$
N $::= KTEB \mid KB \mid K$
K $::= K_1K_2 \mid K_1 \mid K_2$

S_1::= Bitfolge zur Vorsynchronisation bei synchronem Betrieb bzw. das Startzeichen bei asynchronem Betrieb

S_2::= Bitfolge zur Nachsynchronisation bzw. Stopzeichen

T ::= Textstring, der übertragen werden soll
E ::= Bitfolge, die einen Textstring abschließt
B ::= nach einem ausgewählten Verfahren ermittelte Bitfolge, die vorausgehende Zeichen sichert
K_1 ::= Bitfolge im Nachrichtenkopf, die durch B nicht gesichert wird
K_2 ::= Bitfolge im Nachrichtenkopf, die durch B gesichert wird.

4 Die Dialogmaschine

4.1 Motivation

Die Forderung, den Kleinrechner als universelles Terminal einsetzen zu können, macht es notwendig, für jeden einzelnen Partnerrechner ein spezielles Dialogprogramm anzubieten. Die sich aus der Analyse der oben beschriebenen Dialogabläufe ergebenden Grundfunktionen der Dialogsteuerung sowie die durch die obige Grammatik bestimmte allgemeine Struktur der zu übertragenden Nachrichten ermöglichen jedoch die Definition einer Dialogmaschine, auf der die einzelnen Dialogabläufe in einer problemorientierten Sprache realisiert werden können.

4.2 Definition der Dialogmaschine

Der Befehlssatz der Dialogmaschine muß so reichhaltig sein, daß jeder nach einem beliebigen Dialogsteuerungsverfahren durchzuführende Dialog auf der Dialogmaschine programmiert werden kann.

Die "Problemorientiertheit" der Dialogmaschine findet in zweierlei Hinsicht ihren Ausdruck. Zum ersten enthalten die Zustände der Maschine, die zur Beschreibung der Semantik der einzelnen Befehle verwendet werden, nur Komponenten, wie sie sich aus der die Struktur der Nachrichten beschreibenden Grammatik ergeben sowie Zähler, Bitfolgenvariable und eine Uhr, die zur Steuerung des Dialogablaufes benötigt werden. Details, welche die zugrundeliegende Hardwaremaschine und ihre Datenfernbetriebseinheit in ihrer Arbeitsweise beschreiben, werden in den Zuständen der Dialogmaschine nicht berücksichtigt. In der bisherigen Realisierung der Dialogmaschine sind dies der Rechner PDP11/10 und sein Synchroninterface DU11 mit ihrer hardwaremäßigen Arbeitsweise. Diese Situation ist in Abbildung 2 dargestellt.

Zum zweiten ist die Dialogmaschine soweit wie möglich nichtprozedu-

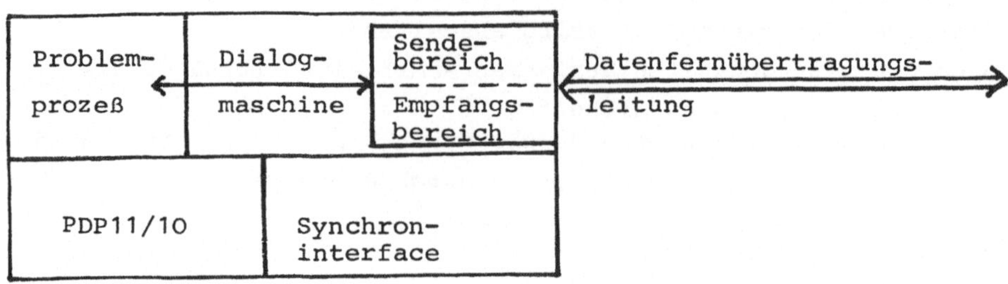

Abbildung 2: Die Dialogmaschine in ihrer Umgebung

ral, d.h. der Programmierer beschreibt den Aufbau der Nachrichten in seinem speziellen Fall und wird nach Möglichkeit von der Notwendigkeit, zeitliche Reihenfolgen zu beachten oder spezielle Blocksicherungsverfahren zu implementieren, befreit. Die Dialogmaschine besitzt dazu Befehle, die es gemäß der in 3.2 definierten Grammatik gestatten, den gewünschten Aufbau der zu übertragenden Nachrichten zu beschreiben. Dies sind die unten erklärten Generierungsbefehle. Mit ihnen muß der Aufbau der abzusendenden Nachrichten vollständig beschrieben werden. Die Dialogmaschine baut dann aufgrund dieser Beschreibung aus dem jeweils zu übertragenden Text die entsprechende Nachricht auf.

Entsprechend zu dieser Befehlsgruppe beschreiben die Prüfbefehle die gewünschte Analyse einer ankommenden Nachricht. Sie enthalten als einen Parameter eine Marke, zu der in Abhängigkeit von dem Testergebnis verzweigt werden kann.

In einer dritten Gruppe sind Steuerbefehle enthalten, soweit sie für die explizite Ablaufsteuerung und Überwachung von Zeitbedingungen benötigt werden.

Die Befehle der Dialogmaschine haben das Format:

Marke: Befehlscode (Operanden)

"Bitfolge" ist im folgenden eine Folge aus 0, 1 und Variablennamen, die durch den Befehl GVAR definiert wurden.

Generierungsbefehle:

GSYN (Bitfolge) — Bitfolge des SYN-Zeichens.

GAREM	(Länge)	Definition des Arbeitsbereichs für den Empfang.
GARSE	(Länge)	Definition des Arbeitsbereichs für das Senden.
GPHYS	(Betriebsart, Parität)	Legt die physikalischen Bedingungen für den Dialogablauf fest (Wahlmöglichkeit zwischen Halbduplex- und Vollduplexbetrieb und zwischen gerader, ungerader Parität bzw. dem Verzicht auf ein Paritätsbit).
GVAR	(Name, Anfangswert)	Es wird eine Bitfolgenvariable deklariert und mit dem Anfangswert vorbesetzt; dieser bestimmt die Länge der Variablen. Diese Variable kann durch den Befehl MVAR manipuliert werden.
GKON	(Bitfolge)	Bitfolge der Kopfsteuerzeichen, die nicht im BCC berücksichtigt werden.
GKOA	(Bitfolge)	Zeichen im Textkopf, die im BCC auszuwerten sind.
GETX	(Bitfolge)	Bitfolge, um einen Text abzuschliessen. Vor der Ausführung dieses Befehls werden die Zeichen aus dem Sendearbeitsbereich als Text in die Nachricht eingefügt.
GBCC	(Berechnungsart oder Direktwert)	Hinweis auf die Art der Berechnung des BCCs oder, falls bekannt, die Angabe des berechneten BCCs selbst. Ein möglicher Parameter ist LRC8 für die Berechnung des BCCs durch Exklusiv-Oder-Verknüpfung der zu sichernden Zeichen.
GACK	(Bitfolge)	Bitfolge für die positive Rückmeldung.
GNAK	(Bitfolge)	Bitfolge der negativen Rückmeldung.
GVOR	(Bitfolge)	Bitfolge der Vorsynchronisationszeichen.
GNACH	(Bitfolge)	Bitfolge der Nachsynchronisationszeichen.
GEOT	(Bitfolge)	Bitfolge des EOT-Zeichens.

GETB	(Bitfolge, Zahl)	Bitfolge für das Blockendezeichen, falls der Text in mehrere Blöcke zerlegt werden soll. Der zweite Parameter legt diese Blockgröße fest.

Prüfbefehle:

Jeder dieser Befehle analysiert diejenige Komponente einer empfangenen Nachricht, die seinem Namen entspricht, wie es bei den entsprechenden Generierungsbefehlen erklärt wurde.

PKON	(Bitfolge, Marke)
PETX	(")
PBCC	(Berechnungsart oder Direktwert, Marke)
PACK	(Bitfolge, Marke)
PNAK	(")
PVOR	(")
PNACH	(")
PEOT	(")
PETB	(")

Abzusendender Text wird nicht auf darin enthaltene Dialogsteuerzeichen abgeprüft. Der Problemprozeß muß daher gegebenenfalls transparenten Text selbst kennzeichnen. Bei der Analyse empfangener Nachrichten, müssen diese Kennzeichnungen erkannt und vor der Übergabe des Textes an den Problemprozeß entfernt werden.

PDLSTX	(Bitfolge, Marke)	Bitfolge zu Beginn des transparenten Textes.
PDLETX	(")	Bitfolge am Ende des transparenten Textes.
PDLETB	(")	Bitfolge am Ende eines transparenten Blocks.

Steuerbefehle:

ASSIGN	(Zähler, Zahl)	Dem ersten Operanden wird der Wert des zweiten zugeordnet.
ADD	(Zähler, Zahl)	Zum Wert des ersten Operanden wird der Wert des zweiten addiert.
BED	(Op, Vergleichsoperator, Op, Marke)	Falls der Vergleich des ersten Operanden mit dem zweiten positiv

		ausfällt, wird zur angegebenen Marke verzweigt.
BRA	(Marke)	Unbedingte Verzweigung zur angegebenen Marke.
END		Die Dialogmaschine gibt die Steuerung an den Problemprozeß zurück.
SEND	(Direktwert, Leitungsadresse)	An die Empfängeradresse wird entweder der Direktwert übermittelt oder, falls kein Direktwert angegeben, der Inhalt des Sendearbeitsbereiches.
WAIT	(Zeit, Marke)	Nach Ablauf der angegebenen Zeit wird zur angegebenen Marke verzweigt.
MVAR	(Name, Operation, Operand)	Manipuliert die durch GVAR definierte Variable mit dem angegebenen Namen, indem ihr Wert mit dem Operanden durch die Operation verknüpft wird.

4.3 Realisierung der Dialogmaschine auf der PDP11

Die einzelnen Befehle der Dialogmaschine sind als Assembler-Makros realisiert. Die Parameter im Makroaufruf sind die Operanden der Befehle der Dialogmaschine.

Bei der Implementierung wurden die verschiedenen Betriebssysteme innerhalb der PDP11-Familie berücksichtigt. Da sich diese Betriebssysteme in der angebotenen Unterstützung des Synchroninterfaces DU11 unterscheiden, ist eine betriebssystemunabhängige Lösung nicht möglich. Die vorliegende Implementierung benützt das Betriebssystem DOS. Dieses Betriebssystem verlangt eine maschinennahe Programmierung der Makros. Die Anpassung an das Betriebssystem RSX-11M ist geplant. Da dieses System eine Programmierung des Synchroninterfaces auf höherer Ebene erlaubt und außerdem Routinen zur Kommunikation zwischen Prozessen enthält (Problemprozeß - Dialogprozeß), werden bei dieser Umstellung keine größeren Schwierigkeiten erwartet.

5 Kopplung PDP11 - TR440

Zur Kopplung der PDP11 mit dem Telefunken-Rechner TR440 wird mit der auf der PDP11 implementierten Dialogmaschine ein Telefunken-Sichtgerät

SIG5O simuliert.

5.1 Dialogablauf zwischen TR44O und SIG5O

Der Dialogablauf zwischen TR44O und SIG5O ist in Abbildung 3 dargestellt und wird anschließend erläutert.

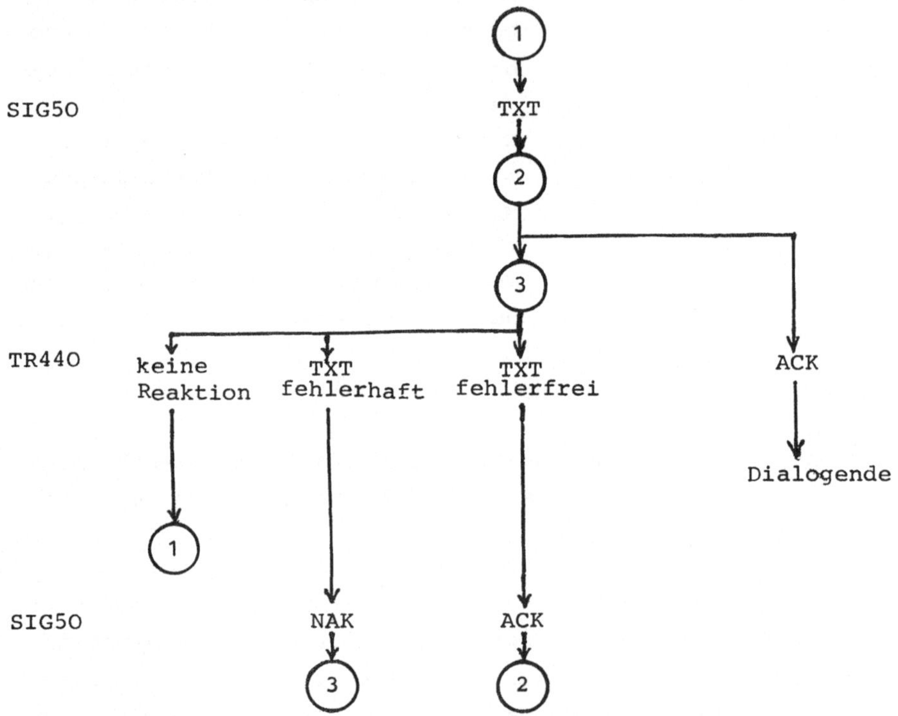

Erklärung der verwendeten Abkürzungen für Zeichenfolgen:

TXT:	SOH ADR STX ...... ETX BCC
ACK:	SOH ADR ACK BCC
NAK:	SOH ADR NAK BCC

Abbildung 3: Dialogablauf zwischen TR44O und SIG5O aus der Sicht des SIG5O

Der Dialogablauf ist eine modifizierte Form des BSC-Übertragungsverfahrens im Konkurrenzbetrieb. Begonnen werden kann an der Stelle (1) in Abbildung 3, (d.h. das SIG5O ergreift die Initiative) oder an der Stelle (3) (der Dialog wird vom TR44O eröffnet).

Beginnt das Sichtgerät, so muß es auf folgende vier Antwortmöglichkeiten vorbereitet sein:

- Es erfolgt keine Reaktion vom TR440. In diesem Fall wird nach Überschreiten einer Zeitschranke der Textstring erneut abgeschickt. Nach der dritten erfolglosen Übertragung wird am Sichtgerät eine Störung angezeigt.
- Die Antwort des Rechners ist ebenfalls eine Textnachricht, sie wird aber als fehlerhaft erkannt. Die Reaktion ist die erneute Anforderung des Textes durch NAK. Diese Anforderung erfolgt dreimal, anschließend akzeptiert das SIG50 die fehlerhafte Textnachricht und quittiert mit ACK.
- Der TR440 übergibt einen Text in dem kein Fehler entdeckt wird. Der richtige Empfang wird vom Sichtgerät mit einem ACK bestätigt. Dieses ACK muß jedoch vom TR440 ebenfalls beantwortet werden. Nach dem letzten ACK ist der Dialog beendet.
- Der Empfang wird mit ACK quittiert und sowohl das SIG50 als auch der TR440 können durch das Absenden eines Textes den Dialog erneut eröffnen.

5.2 Simulation des Sichtgerätes SIG50

Im folgenden wird ein Programm der Dialogmaschine angegeben, welches das Sichtgerät SIG50 simuliert. Das Programm besteht aus einem Initialisierungs-, Sende- und Empfangsteil. Alle verwendeten Zeichen sind im ASCII-Code verschlüsselt.

INITIALISIERUNGSTEIL

```
INIT:  GSYN    (0010110)          Festlegen der statischen Informa-
       GAREM   (Länge)            tion wie Synchronisationszeichen,
       GARSE   (Länge)            Arbeitsbereiche für Sende- und Emp-
       GPHYS   (VD, ODD)          fangsdaten und der Betriebsart Voll-
       END                        duplex mit ungerader Parität.
```

SENDETEIL

```
SEND:  ASSIGN (S1, 0)
SEND1: GKON    (0000001)          Der Aufbau einer Textnachricht wird
       GKOA    (ADR, 0000010)     beschrieben:
       GETX    (0000011)          SOH ADR STX ... ETX BCC
       GBCC    (LRC8)
```

```
SEND2: SEND   (Adr. der Leitung)
       WAIT   (T1, SEND4)             Als Antwort wird die Folge
       PKON   (0000001, EMPF3)        SOH ADR ACK BCC  erwartet und dann
       PKOA   (ADR, EMPF3)            der Dialog beendet. Kommt innerhalb
       PACK   (0000110, EMPF2)        der Zeit T1 keine Antwort, wird der
       PBCC   (Direktwert, EMPF3)     Text (über SEND4) zweimal wiederholt;
                                      der Zähler S1 wird dazu von 1 bis
                                      auf 3 erhöht. Werden Fehler erkannt,
                                      so wird bei EMPF3 die Rücksendung
                                      von NAK eingeleitet. Folgt auf
                                      SOH ADR nicht ACK, so wird bei
                                      EMPF2 abgeprüft, ob ein Text mit
                                      STX begonnen wird.

SEND3: END

SEND4: ADD    (S1, 1)
       BED    (S1, <, 4, SEND1)

SEND5: GKON   (0000001)               Quittieren im Fehlerfall nach erfolg-
       GKOA   (ADR)                   loser Wiederholung mit
       GACK   (0000110)               SOH ADR ACK BCC
       GBCC   (Direktwert)
       SEND   (Adr. der Leitung)
       SEND   ('STOERUNG', Adr.       Störungsanzeige auf Bediener-Fern-
               Fernschreiber)         schreiber
       END

SEND6: SEND   (Adr. der Leitung)      Absenden der negativen Rückmeldung.
       WAIT   (T1, EMPF3)
       BRA    EMPF1

EMPFANGSTEIL

EMPF:  ASSIGN (S2, 0)

EMPF1: PKON   (0000001, EMPF3)        Abprüfen, ob ein Text empfangen
       PKOA   (ADR, EMPF3)            wird.

EMPF2: PKOA   (0000010, EMPF3)
```

```
        PETX    (0000011, EMPF3)
        PBCC    (LRC8, EMPF3)
        GKON    (0000001)             Quittieren des richtig empfangenen
        GKOA    (ADR)                 Textes mit
        GACK    (0000110)             SOH ADR ACK BCC
        GBCC    (Direktwert)
        BRA     (SEND2)

EMPF3:  ADD     (S2, 1)
        BED     (S2, >, 3, SEND5)
        GKON    (0000001)             Die negative Rückmeldung
        GKOA    (ADR)                 SOH ADR NAK BCC
        GNAK    (0000101)             wird erzeugt.
        GBCC    (Direktwert)
        BRA     (SEND6)
```

Als Hardware dieser Kopplung wird außer einer Grundkonfiguration der PDP11 ein Synchroninterface (DU11-DA von DEC) benötigt. Da als Verbindungsleitung zwischen PDP11 und TR440 eine 4-Drahtdirektverbindung ohne MODEMs und GDNs benützt wird, arbeiten die beiden Datenendgeräte mit Eigentakt. Auf der TR440-Seite ist die DFE 312-3 eingesetzt. Den Takt für das PDP11-Synchroninterface liefert der Taktgeber DFC 11-A.

Literatur

/1/ R.A. Donnan, J.R. Kersey, Synchronous data link control: A perspective.- IBM Systems Journal, Vol. 13, No. 2, 140-162 (1974)

/2/ ISO-Norm R1745

DER KAISERSLAUTERNER LASTVERBUND
FÜR TR440 - RECHNER

Martin Bürkle
Reg. Hochschulrechenzentrum

1. Homogene Verbundsysteme

Im Großrechnerbereich sind bei einigen Herstellern bereits Verbundkonzepte für Rechner einer Familie realisiert. Diese beruhen auf dem Master-Slave-Prinzip. Teilweise wird sogar die gesamte Online-Peripherie über einen gemeinsamen Bus mehreren Zentraleinheiten zugänglich gemacht. Bei lokalen Kopplungen wird darüber hinaus durchweg eine gemeinsame permanente Datenhaltung von allen Rechnern gemeinsam benützt. Bei Remote-Kopplungen der Verarbeitungsrechner ist diese gemeinsame Datenhaltung nicht mehr zu realisieren. Der Lastausgleich beschränkt sich dann entweder auf diejenigen Aufträge, die keine permanenten Datenbestände ansprechen oder er kommt statistisch dadurch zustande, daß die Benutzer über Gebiete mit unterschiedlicher Tageszeit gestreut sind (z.B. USA: Ostküste - Westküste, oder USA - Europa, oder USA - Afrika - Australien). Auf jeden Fall muß der Benutzer explizit seinen Arbeitsrechner angeben, sofern dieser nicht eindeutig der Benutzeridentifikation oder dem Eingabeterminal fest zugeordnet ist. Ebenso muß der Benutzer dafür sorgen, daß seine Dateien vollständig am Arbeitsrechner vorhanden sind.

2. Bestehende Möglichkeiten innerhalb der TR440-Familie.

Das Betriebssystem BS3 des TR440 erlaubt den Zugriff von mehreren Rechnern auf einen gemeinsamen Bestand von permanenten Dateien (LFD = Langfristige Datenhaltung) mit Zugriffskoordination auf Dateiebene, wie sie auch beim Einzelsystem vorhanden ist. Diese Onside-Kopplung ermöglicht nur einen eingeschränkten Lastausgleich durch den Operateur, indem Terminalleitungen umgeschaltet bzw. Stapelaufträge beim Einlesen auf die beiden Rechner verteilt werden. Hierfür sind bei komplexeren Aufgabenstellungen und Systemkonfigurationen Absprachen über die Adressierung der Ausgabegeräte zu treffen. Darüber hinaus ist die Möglichkeit des Transfers von Ein- und Ausgabeaufträgen durch Ausschleusen (Sammelbetrieb oder Magnetband-Spoolbetrieb) gegeben.

Solche Konfigurationen werden seit längerer Zeit an mehreren Stellen mit Erfolg betrieben. Dabei hat jeder Rechner sein eigenes unabhängiges Betriebssystem, das lediglich die LFD-Zugriffe mit den anderen Rechnern koordinieren muß.

3. Neuere Verbundleistungen des Herstellers

Vom TR440 werden derzeit zwei Typen von Satellitenrechnern unterstützt. Jeder Hauptrechner kann mehrere solcher Vorschaltrechner betreiben, deren Aufgabe in der Abwicklung sämtlicher RJE-Aktivitäten, sowie des gesamten Timesharingbetriebes besteht. Zusätzlich kann hier noch ein Teil der Online-Papierperipherie angeschlossen werden. Alle Satellitenrechner können sowohl direkt, als auch in Kaskade und unter Einschaltung von DFÜ-Leitungen an den Hauptrechner angeschlossen werden.

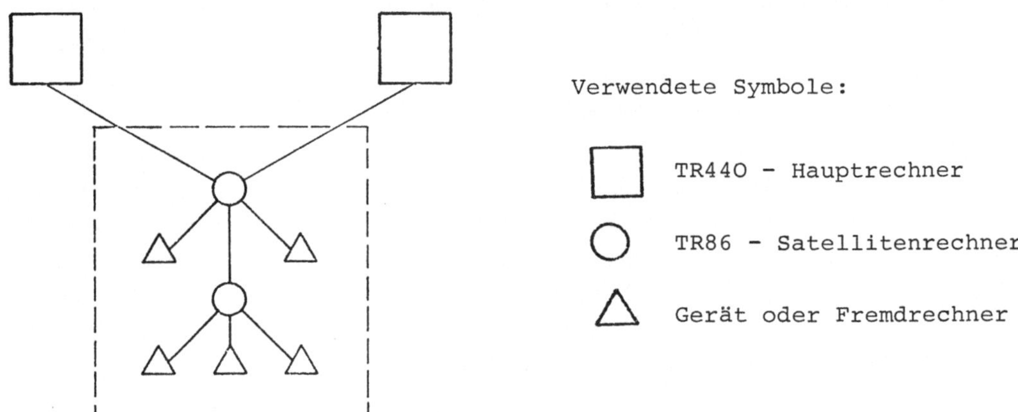

Abb. 1: Anschluß eines Satellitenrechners an mehrere Hauptrechner

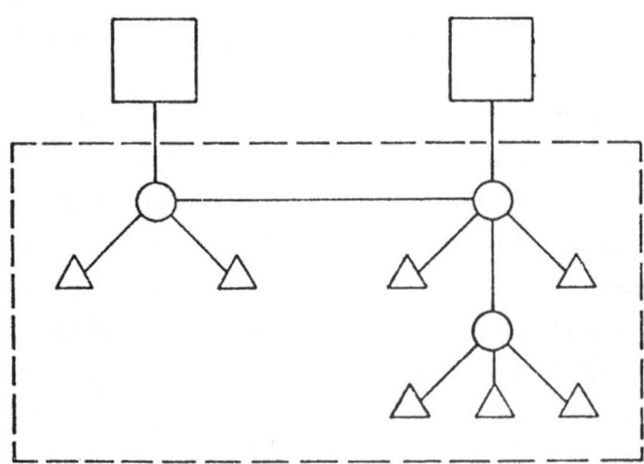

Abb. 2: Querverbindungen zwischen Satellitenrechnern

Vor allem in Zusammenhang mit dem Kaiserslauterner Verbundsystem wurden zu Beginn dieses Jahres vom Hersteller die folgenden neuen Systemleistungen allgemein freigegeben:

- Jeder Satellitenrechner kann gleichzeitig auf mehrere TR440-Hauptrechner Zugriff haben. Dies kann sowohl durch direkten Anschluß an zwei Hauptrechner geschehen (Abbildung 1), als auch durch Querverbindungen zwischen den Satellitenrechnern (Abbildung 2). In beiden Fällen können sämtliche Eingabegeräte, die an einem Vorschaltrechner angeschlossen sind, Aufträge an alle übergeordneten Hauptrechner absetzen. Voraussetzung hierfür ist lediglich, daß die Geräte dem ausgewählten TR440 bei Systemgenerierung bekannt gemacht wurden.

  Als Randbedingung bei der Konstruktion des Netzes gilt, daß der Weg zwischen Hauptrechner und Endgerät eindeutig sein muß und außerdem, daß alle Geräte, die zu einem TR440-Arbeitsrechner Zugriff haben, innerhalb dieses Rechners eindeutig adressiert sein müssen (Geräte- und Stationsnummer).

- TR440 - TR440-Kommunikation entweder über direkte Standardkanalkopplung oder über eine Kette von Vorschaltrechnerverbindungen (Abb. 3). Der Verbindungsweg zum anderen angekoppelten Hauptrechner wird im KOMSYS-Fremdrechnerbetrieb als logische Verbindung mit Geräte- und Stationsnummer identifiziert. Er muß vom Partner her unter der gleichen Identifikation betrieben werden. Jeder Hauptrechner kann gleichzeitig bis zu 256 logische Leitungen als TR440-Verbindungen haben. Unterstützt wird über die TR440-TR440-Kopplung das Eintragen von Information in bestimmte Warteschlangen des Zielrechners.

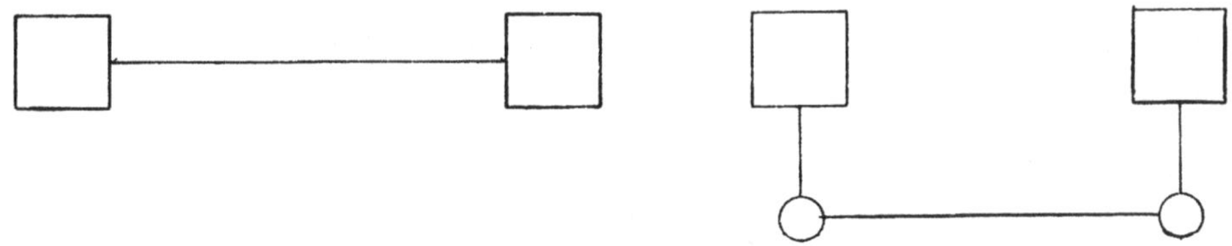

Abb. 3: Möglichkeiten der TR440-TR440-Kommunikation

Mit diesen neuen Leistungen finden zusätzliche Verzahnungen der beteiligten Betriebssysteme statt, da ein Teil der Peripherie softwaremäßig in mehreren Rechnern verankert ist. Diese Überschneidung der Einflußsphäre der einzelnen Systeme impliziert eine wachsende Verantwortung des Rechenzentrums bei der Systemgenerierung, sowie zunehmende dynamische Kontrollen beim Gerätebetrieb durch das System.

4. Das Kaiserslauterner Lastverbundsystem

Mit den unter 2. und 3. beschriebenen Systemleistungen, sowie dem allgemeinen KØMSYS-Teil des TR440, läßt sich ein automatisches Lastverteilungssystem für Stapelaufträge konstruieren. Eine entsprechende Funktion für den Dialogbetrieb erscheint nicht als notwendig, da ja der Benutzer zu Beginn seiner Aktivität den Arbeitsrechner dynamisch auswählen kann. Da am Terminal zahlreiche Informationsmöglichkeiten über die Belegsituation der einzelnen TR440-Rechner gegeben sind, darf man wohl unterstellen, daß die Teilnehmer von selbst nach optimalen Rechnerzuordnungen streben. Trotzdem benötigen die Timesharingbenutzer einen Großteil der im Rahmen des Kaiserslauterner Verbunds realisierten Funktionen, wie noch explizit gezeigt werden wird.

4.1 Testmöglichkeiten

Als Testkonfiguration für das Verbundsystem stehen am Regionalen Hochschulrechenzentrum in Kaiserslautern zur Verfügung:

- zwei TR440-Anlagen mit einer gemeinsamen Datenhaltung
- zwei Satellitenrechner
- Online-Peripherie für beide Rechner, die zur Effektivitätssteigerung umgeschaltet werden kann
- ein Auftragsprofil, bei dem mehr als 4o Prozent der Stapelaufträge über RJE in das System gelangen
- eine TR440 - TR440-Kopplung, die wahlweise als Standardkanalverbindung oder als DFÜ-Strecke zwischen den Satellitenrechnern betrieben werden kann.

Mit fortschreitender Realisierung des Systems sind Tests mit den benachbarten TR440-Installationen in Saarbrücken und Darmstadt vorgesehen.

4.2 Anforderungen an das Verbundsystem

Das **Ziel des** Lastverbundsystems ist die Realisierung folgender Forderungen:

- Dem Benutzer soll kein zusätzlicher Aufwand zugemutet werden. Im Regelfall muß lediglich die kurze Verbund-Anweisung nach der Auftragskarte eingefügt werden, z.B.

  @VERBUND@. ,

  wenn der Auftrag auf einem beliebigen Rechner des Netzes bearbeitet werden soll und keine größeren permanenten Datenbestände benötigt, oder

```
@ VERBUND,RNR=N17'V12'V14,TRA=R19-200'ANTØN
     ,EAF=120@. ,
```

falls der Auftrag nicht auf Rechner 17 (N17), sondern bevorzugt auf Rechner 12 oder Rechner 14 (V12'V14) bearbeitet werden soll; bei der Auswahl des Arbeitsrechners soll berücksichtigt werden, daß der Auftrag 200 K Ganzworte an Information vom Rechner 19 und den gesamten - im Verbundsystem eindeutigen - Datenbestand ANTØN benötigt. Die Spezifikation EAF=120 besagt, daß der Transportindex des Auftrags vermutlich bei 120 % der Rechnerkernzeit liegen wird. Diese selbst und andere Auftragskenndaten besorgt sich das Verbundsystem selbst.

- Die zusätzlich eingefügten Benutzerangaben sollen gegenüber dem Standardsystem transparent sein, d.h. auf Anlagen ohne Lastverbund sollen diese Angaben überlesen werden. Für die Verbund-Anweisung beispielsweise geschieht dies dadurch, daß sie vor dem ersten Programmiersystemkommando stehen muß, und dieser Bereich vom Normalsystem nicht bearbeitet wird.
- Der Auftragstransfer muß durch den Benutzer gezielt abschaltbar sein; wenn keine Verbund-Anweisung gegeben wird, ist diese Bedingung erfüllt.
- Im Normalfall soll der Benutzer nicht merken, auf welchem Rechner sein Auftrag bearbeitet wird; beispielsweise soll die Voreinstellung für Ausgabegeräte erhalten bleiben und das Ergebnisprotokoll am Eingaberechner erscheinen.
- Darüber hinaus muß der Benutzer jedes beliebige Ausgabegerät im Netz ansteuern können. Da die Geräte nicht notwendigerweise durch Gerätenummer und Stationsnummer eindeutig identifizierbar sind, muß das Verbundsystem zusätzliche Unterscheidungen erlauben.
- Auf Benutzerseite darf es keine Inkompatibilitäten der Steuersprache geben. Die erforderlichen Änderungen müssen innerhalb des Verbundsystems aufgefangen werden.
- Der Arbeitsrechner für jeden Auftrag muß automatisch ausgewählt werden, falls er nicht explizit vorgegeben wird. Kriterium hierfür ist die schnellstmögliche Bedienung aller Aufträge innerhalb der jeweiligen Auftragsklassen unter Berücksichtigung der Transportkapazität der Datenwege innerhalb des Netzes, sowie der Verfügbarkeit aller anderen Betriebsmittel.

- Jeder Auftrag erhält automatisch alle benötigten LFD-Dateien, gleichgültig auf welchem Rechner diese lagern und auf welchem Rechner der Auftrag bearbeitet wird. Diese Leistung steht auch für den Dialogbetrieb zur Verfügung, obwohl die Dialogaufträge nicht in den automatischen Lastverbund integriert sind.

- Es erfolgt eine Zugriffskoordination für alle permanenten Datenbestände auf Netzebene, d.h. daß für eine Datei nicht gleichzeitig zwei Schreibzugriffe im Netz existieren können, selbst wenn eine Kopie auf einem Arbeitsrechner existiert.

- Die Abrechnungsgrößen müssen bei gleichen Anforderungen reproduzierbar sein unabhängig vom Arbeitsrechner, der aufgrund der Netzsituation ausgewählt wurde. Andererseits müssen aber explizit angeforderte Transportleistungen des Netzes dem Benutzer zugeschlagen werden.

- Es ist selbstverständlich dafür Sorge getragen, daß Datenschutz und Datensicherheit auf dem gleichen Niveau erhalten bleiben, wie sie am Einzelrechnersystem gegeben sind.

- Es soll sichergestellt werden, daß Aufträge, die über andere Verbundnetze (z.B. Funktionsverbund zwischen Rechnern verschiedener Hersteller) in einen TR 440 gelangen, am Lastverbund teilnehmen können.

- Besonderer Wert wird auf die Restartfähigkeit des Verbundes gelegt. Das System sorgt dafür, daß eventuell "verlorengegangene" Verbundoperatoren wieder neu gestartet werden. Für Benutzerinformation existiert der gleiche Schutz gegen Verlust wie beim Normalsystem. Abgebrochene Übertragungen werden so weit als möglich wieder aufgesetzt, im schlimmsten Fall wird der Informationstransport selbsttätig von neuem begonnen.

- Das Lastverbundsystem soll leicht dynamisch rekonfigurierbar sein. Da der Kaiserslauterner Verbund nicht auf dem Master-Slave-Prinzip, sondern im Stile gleichberechtigter Partnerrechner aufgebaut ist, können im aktuellen Lauf neue Rechner in den Verbund aufgenommen oder einzelne Anlagen herausgelöst werden. Bei der Abtrennung von TR 440-Systemen bleiben Ausgaben für eine spätere Wiederzuschaltung erhalten oder können vom Operateur gezielt auf Ersatzgeräte geleitet werden.

- In das gesamte Verbundsystem müssen Meßsonden integriert werden, die es erlauben, Informationen über Auftragsfluß, Belastung des Gesamtsystems, Leitungsbelegung, Reaktionszeiten, Engpässe usw. aufzuzeichnen.

4.3 Elemente des Verbundsystems

Grundvoraussetzung für die Konstruktion des Lastverbundes war die Beschränkung auf die Adressierungsart "Normalmodus" des TR 440, d.h.es durften keine Änderungen am Betriebssystem vorgenommen werden. Mit wenigen Ausnahmen (z.B. Zugriffserlaubnis bei Beschaffung von permanenten Dateien oder Erweiterung der Benutzerverwaltung) wurden nur Schnittstellen benutzt, die jedem Normalbenutzer zur Verfügung stehen. Hierdurch konnte fast die gesamte Entwicklung parallel zum Normalbetrieb des Regionalen Hochschulrechenzentrums in Kaiserslautern erfolgen. Der Verkehr zwischen Benutzeraufträgen und Verbundsystem, sowie zwischen den Verbundbausteinen untereinander erfolgt über Warteschlangen, die vom jeweiligen TR440-Betriebssystem (KOMSYS-Teil) verwaltet werden.

Den Kern des Verbundsystems bilden fünf Moduln (Abbildung 4):

- LVP Das Lastverteilprogramm analysiert das VERBUND-Kommando, wählt den Arbeitsrechner aus und besorgt den Transfer des Auftrags dorthin.
- KOOP Der Koordinationsoperator kreiert den Sekundärauftrag am Arbeitsrechner; er ist verantwortlich für die Identifizierung von Ausgabegeräten im Gesamtverbundnetz sowie den Transfer von Ausgabeaufträgen dorthin und das Zurücksenden des Ablaufprotokolls an den Eingaberechner. Zu den Aufgaben von KOOP gehört das Beschaffen, Versenden und Verwalten der Rechnerzustandsinformation für das Gesamtnetz, das Zu- und Abschalten von Partnerrechnern, sowie die Protokollierung des Auftragsflusses

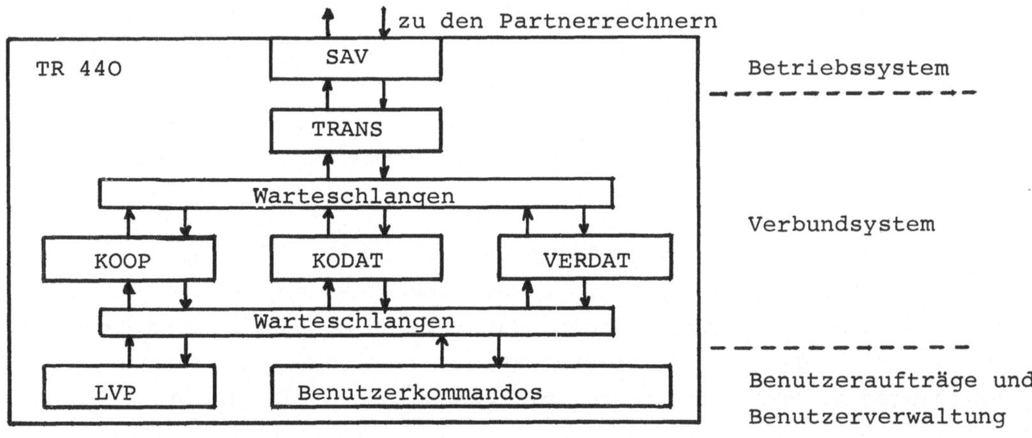

Abb. 4: Bausteine des Lastverbunds

und das Ablegen der Statistikinformation.

- KODAT Die Dateiverbundzentrale stellt fest, wann Dateien von anderen Rechnern beschafft werden müssen, und fordert sie von dort an. Außerdem stellt sie Speicherplatz für die Kopie zur Verfügung und sorgt bei Anmeldung mit Schreiberlaubnis dafür, daß (spätestens implizit bei Auftragsende) die geänderte Information an den Lagerrechner zurückübertragen wird.
- VERDAT Die Dateiverwaltungszentrale bearbeitet am Lagerrechner die Aufträge von KODAT, d.h. sie beschafft Dateien, sorgt für den Transfer zum Arbeitsrechner und führt die Koordinationslisten über die Zahl der Zugriffe. VERDAT bearbeitet auch Informations- und Verwaltungswünsche (z.B. Löschen oder Verlängern von Dateien), die von anderen Rechnern herkommen. Schließlich übernimmt die Dateiverwaltungszentrale auch geänderte Dateikopien, die von KODAT zurückgesandt wurden, und berichtigt damit das Original.
- TRANS Der Transportoperator bricht große Datenmengen in Gerätesendungen (ca. 1500 Zeichen) auf und besorgt zusammen mit dem Satellitenvermittler, einem Teil des Betriebssystems, den Transport zum anderen Rechner. Auf der anderen Seite übernimmt er ankommende Teilsendungen und gibt sie nach dem Zusammensetzen als Ganzes an KOOP, KODAT oder VERDAT weiter.

5. Randbedingungen

Bei der Implementierung des Kaiserslauterner Lastverbundsystems wurde darauf geachtet, daß die Konstruktion nicht auf spezielle Verhältnisse bei der Erstanwendung abgestellt wurde; es wurde vielmehr von vornherein danach gestrebt, für den Bereich der TR440-Installationen ein möglichst allgemein anwendbares Instrument zu schaffen. Es ist jedoch klar, daß ein solches "Oberbetriebssystem" nicht bitgenau von jedem Rechenzentrum übernommen werden kann, wenn nur die erforderliche Hardware vorhanden ist. Vor dem Aufbau eines Verbundsystems muß normalerweise eine Vielzahl juristischer und organisatorischer Probleme geklärt werden.

In dem vorliegenden Fall wurde vorausgesetzt, daß in allen Partnerrechnern die Benutzerverwaltungen gleiche Syntax für Benutzeridentifikationen haben, daß die Berechtigungsklassen übereinstimmen und daß es konsistente Listen gibt, die aussagen, auf welchen Rechnern jeder Benutzer arbeiten darf. Außerdem muß sichergestellt sein, daß die Zuordnung von LFD-Katalogen zu Benutzernummern an allen Rechnern gleich ist.

Um den Verwaltungs- und Transportaufwand niedrig zu halten, wurde vereinbart, daß ein Auftrag nur einmal transferiert wird: vom Eingaberechner zum Arbeitsrechner. Dabei bekommt er eine unverlierbare Kennung, sodaß auch nach Systemneustarts oder Auslagerungsvorgängen ("Sammelbetrieb") kein weiterer Transfer stattfindet; d.h. der Arbeitsrechner muß den Auftrag auf alle Fälle bearbeiten.

Es wurden keine Festlegungen getroffen, wie die Verbundleistungen (Rechnerkernzeit der Verbundoperatoren, Speicherplatz für Dateikopien, Leitungsbelegung, usw.) abgerechnet werden. Dies wird mit Sicherheit in den Verträgen zwischen den Trägern der beteiligten Rechenzentren zu klären sein. Im Rahmen des Lastverbundes wird dafür Sorge getragen, daß alle relevanten Abrechnungsdaten zusammen mit der allgemeinen Statistikinformation des Betriebssystems abgelegt werden. Sie können dann bequem bei der rechenzentrumsspezifischen Benutzerabrechnung mit berücksichtigt werden.

Datenbestände auf privaten Datenträgern (Magnetbänder, Wechselplattentürme) wurden bisher nicht in den automatischen Datentransfer integriert. Im Normalfall wird es sich um so große Datenmengen handeln, daß der Transfer über Datenleitungen im Rahmen eines Lastverbundes nicht mehr sinnvoll ist. Um jedoch diese Anwendungen nicht grundsätzlich vom Verbund auszuschließen, wird derzeit eine Dienstleistung geschaffen, welche die Übertragung von Datenbeständen auf privaten Datenträgern unter Benutzersteuerung erlaubt. Der Benutzer wird eine Schnittstelle zum Modul TRANS erhalten und sowohl im Stapel- als auch im Dialogbetrieb seine Information von einem Rechner zum andern transportieren können. Im Gegensatz zu den Datenbeständen in der LFD wird ihm dabei keine Zugriffskoordination über das Gesamtverbundnetz geboten.

Die Implementierung des Gesamtsystems erfolgt in mehreren aufeinanderfolgenden Stufen, die jeweils nach Abschluß der Testarbeiten in den Normalbetrieb des Regionalen Hochschulrechenzentrums Kaiserslautern übernommen werden.

Der Gesamtpersonalaufwand für das Verbundsystem wird mit zehn Mannjahren veranschlagt und wird vom Bundesministerium für Forschung und Technologie im Rahmen des "Zweiten DV-Programms" gefördert. Mit der Computer Gesellschaft Konstanz besteht ein Kooperationsvertrag, der die Übernahme des Systems durch den Hersteller vorsieht. Das Projekt soll noch im Lauf des Jahres 1976 abgeschlossen werden.

6. Literatur

(1) Faber,D.J., Network: An Introduction.
Datamation 1974

(2) Infotech State of the Art Report 6,
Computer Networks.
Infotech Information, 1971

(3) Tagungsbericht: Symposium über Computernetze.
GMD-Institut für Software Technologie, 1972

(4) Weis,A.H., Distributed Network Activity at IBM,
in Computer Networks, Prentice-Hall, 1972

(5) Jotzoff,R., Über Theorie und Technik von Rechnerverbundsystemen
Angewandte Informatik 9/73

(6) Mitteilungen für Rechenzentren zur MV 17
Computer Gesellschaft Konstanz

(7) Softwareentwicklungsdokumente für den TR440, Bd. 20 Kap. 5
Computer Gesellschaft Konstanz (interne Arbeitsunterlage)

BETRIEBSSYSTEME / OPERATING SYSTEMS

EIN BETRIEBSSYSTEM MIT RINGSTRUKTUR FÜR KOMMUNIKATIONSRECHNER IN RECHNERNETZEN

Rüdiger Dierstein, Johannes Gersing, Gerhard Glas, Fernando Vildosola
Deutsche Forschungs- und Versuchsanstalt für Luft- und Raumfahrt (DFVLR)
Rechenzentrum Oberpfaffenhofen

1. Aufgabenstellung

Ein gangbarer Weg, größtmögliche Anpassungsfähigkeit und erhöhte Wirtschaftlichkeit in DV-Systemen miteinander zu verbinden, ist die Verteilung von Aufgaben auf getrennt voneinander arbeitende Teilsysteme. Insbesondere ist es sinnvoll, Vermittler- und Kommunikationsaufgaben von den eigentlichen Aufgaben des Programmiersystems *) abzutrennen und von einem eigenen Kommunikationsrechner (Processor) mit eigener Software ausführen zu lassen.

Soft- und Hardware des für die Kommunikation verwendeten Teilsystems können so ausgelegt werden, daß sie für verschiedene Anwendungen einsetzbar sind:

- Front end processing für Dialog- und RJE-Betrieb mit einem Host-System;
- Knotenrechner für den Anschluß von Echtzeitprozessen an ein DV-System;
- Netzknoten für Rechnernetze.

Insbesondere kann das Teilsystem so konzipiert werden, daß es Vermittleraufgaben nicht nur für ein bestimmtes sondern für mehrere verschiedenartige DV-Systeme ausführen kann. Damit wird es möglich, unterschiedliche Systeme miteinander so zu verbinden, daß nur mehr eine Vermittlung zwischen den Schnittstellen der beteiligten Systeme hergestellt wird, ohne daß dabei an den hinter den Schnittstellen liegenden DV-Systemen etwas geändert werden muß. Ein Sonderfall dieser Aufgabenstellung ist der sogenannte Fremdgeräteanschluß - d.h. die Forderung, periphere Geräte und Prozessoren mit unterschiedlichen Eigenschaften und verschiedener Hersteller für verschiedene Anforderungen an ein gegebenes DV-System anzuschließen - ohne daß dabei jedesmal umfangreiche oder schwerwiegende Eingriffe in das Betriebssystem notwendig sind.

Im folgenden wird ein solches Teilsystem beschrieben. Es wurde im DFVLR-Rechenzentrum Oberpfaffenhofen entwickelt und als System Oberpfaffenhofen (SOHO) auf einer Anlage Telefunken TR 86S implementiert.

---

*) siehe DIN 44300

2. Struktur des Betriebssystems

Die Struktur des eigentlichen für die Vermittlungs- und Kommunikationsaufgaben zuständigen Systemteils sollte von den speziellen Eigenschaften der verwendeten Rechnerhardware so wenig wie möglich beeinflußt werden. Deshalb wurde dem Betriebssystem ein Schichtenmodell, im vorliegenden Fall aus zwei Schichten zugrunde gelegt:

- das Betriebssystem im engeren Sinne (Systemkern) *) und
- das eigentliche Kommunikationssystem.

Das eigentliche Kommunikationssystem läuft auf dem Systemkern als ein mögliches Anwendersystem. Andere Anwendersysteme wie z.B. Datenbanksysteme, Programmiersysteme u.a. sind durchaus denkbar.

2.1 Aufgaben des Systemkerns

Hauptaufgabe des Systemkerns ist die Verwaltung aller Betriebsmittel **) des Kommunikationsrechners,die vom darüber liegenden Anwendersystem (hier dem Kommunikationssystem) direkt oder indirekt benötigt werden. Zu den wichtigsten dieser Aufgaben gehören

- Vergabe der Nutzung des Rechnerkerns;
- die Verwaltung des Kernspeichers;
- Ausführung des physikalischen E/A-Verkehrs, damit insbesondere die Bedienung der Kanalwerke und die Verarbeitung von Unterbrechungen (Interrupts);
- Bedienung von Zeitgebern;
- Bedienung des Operateurgeräts.

Sind Hintergrundspeicher (Platten, Bänder) direkt am Rechner angeschlossen, so ist die physikalische Verwaltung des Speicherraums ebenfalls Sache des Systemkerns.

2.2 Forderungen an das Kommunikationssystem

Gemäß der Aufgabenstellung in 1. muß das Kommunikationssystem folgende Forderungen erfüllen können:

- Anschluß beliebiger Datenendstellen (darunter können Datenendgeräte für Dialog- oder RJE-Betrieb, ganze DV-Systeme für Stapel-, Teilnehmer- oder Realzeitbetrieb oder auch ganze Netze verstanden werden);
- Herstellung und Abbau, Unterbrechung und Wiederaufnahme von Verbindungen zwischen beliebigen angeschlossenen Datenendstellen.

---

*) G. Seegmüller, Einführung in die Systemprogrammierung, Seite 358

**) P. Haberäcker, M. Lehner, Zugriffssicherung in Datenbanksystemen, Seite 27

Zusätzlich werden Schnittstellen für die Implementierung autonomer Leistungen des Kommunikationssystems gefordert.

2.3 Aufgaben des Kommunikationssystems

Aus den Forderungen in 2.2 folgt direkt, daß das Kommunikationssystem drei Grundfunktionen ausführen muß:

- Aufträge von Datenendstellen annehmen;
- Aufträge weiterreichen, und zwar sowohl nach außen an andere Datenendstellen als auch nach innen an Bausteine des Systems;
- Aufträge verwalten und überwachen.

Im einzelnen gehören dazu unter anderem folgende Aufgaben:

- Nachrichten annehmen und puffern;
- Nachrichten auf Quelle, Korrektheit und Ziel untersuchen;
- Nachrichten analysieren, weiterleiten und erzeugen;
- Überwachung der Randbedingungen, insbesondere der Zeitbedingungen, der Verfügbarkeit von Betriebsmitteln, Vermeidung von Deadlock-Situationen.

3. Die Ringstruktur des Kommunikationssystems

Das eigentliche Kommunikationssystem ist in vier Ringe gegliedert, in denen jeweils gleichartige Bausteine zusammengefaßt sind (Bild 1). Von außen nach innen sind dies:

- Datenendstellen (Hardware);
- die Gerätevermittler für Leitungsprozeduren;
- die Nachrichtenvermittler für die Bearbeitung der Nachrichten;
- der Nachrichtenverteiler für Herstellung und Überwachung der Verbindungen.

3.1 Modularer Aufbau der Ringe

Alle Ringe sind aus einzelnen Moduln aufgebaut, damit

- neue Geräte und Gerätetypen ohne grundlegende Eingriffe in das Gesamtsystem angeschlossen werden können;
- das Spektrum der Leistungen erweitert und den installationsspezifischen Anforderungen angepaßt werden kann;
- die Zuladbarkeit von Systemteilen möglich ist;
- das System implementierungs- und konfigurationsabhängig montiert werden kann.

3.3 Gerätevermittler

Die Gerätevermittler übernehmen den Datentransfer zwischen Datenendstellen und Nachrichtenvermittlern auf der Basis der Leitungsprozeduren. Damit gehören zu den Aufgaben der Gerätevermittler:

- die Realisierung der Leitungsprozeduren für die Datenendstellen;
- die Fehlererkennung bei der Datenübertragung an Hand der Leitungsprozeduren;
- Ermittlung der logischen Adresse des Absenders;
- Berücksichtigung gerätespezifischer Eigenschaften (Code, Nachrichtenformat u.a.) bei gleicher Leitungsprozedur.

Die letzte dieser Aufgaben ist in der Praxis wichtiger als gemeinhin angenommen, da in vielen Fällen auch "gleichartige" Geräte verschiedener oder auch des gleichen Herstellers, z.B. auf Grund von Codeabweichungen, inkompatibel sind.

Jedem Gerätevermittler ist für die Weitergabe von Nachrichten genau ein Nachrichtenvermittler zugeordnet. Umgekehrt können einem Nachrichtenvermittler aber mehrere Gerätevermittler zugeordnet sein. Die direkte Weitergabe einer Nachricht von einem Gerätevermittler an einen anderen ist nicht möglich.

Die logische Adresse des Absenders wird vom Gerätevermittler mit der Nachricht an den zuständigen Nachrichtenvermittler weitergegeben. Sie kann, gegebenenfalls unter Berücksichtigung von Headerinformationen immer eindeutig bestimmt werden, wenn z.B. die logischen Adressen den Anschlüssen fest zugeordnet werden. Anschlüsse sind dabei die logischen Kanäle, über die die Nachrichten ein- und ausgegeben werden. Damit ist jedoch noch nicht unbedingt auch der p h y s i k a l i s c h e Absender einer Nachricht bekannt. Das ist nur dann der Fall, wenn die Anzahl der logischen Adressen gleich der Anzahl der direkt oder indirekt angeschlossenen Datenendstellen ist und eine umkehrbar eindeutige Zuordnung zwischen beiden Adressenarten besteht.

Ist die Anzahl der Datenendstellen größer als die Anzahl der logischen Adressen, so kann immer nur ein Teil der tatsächlich vorhandenen Datenendstellen gleichzeitig arbeiten, da sonst das Kommunikationssystem die Verbindung zwischen den Datenendstellen nicht überwachen kann. Es gibt jedoch auch in diesem Fall zwei Möglichkeiten, eine eindeutige Zuordnung zu erreichen.

(1) Das Kommunikationssystem übernimmt die Aufgabe, die logischen Adressen den Datenendstellen aktuell zuzuordnen. Bei einem indirekten Anschluß der Datenendstelle (über eine als Konzentrator wirkende Funktionseinheit) muß jede Nachricht Headerinformation über den Absender enthalten. Der zugehörigen Funktionseinheit ist im Kommunikationssystem eine logische Adresse fest zugeordnet. Die Prüfung auf Zulässigkeit der aktuellen Adressen ist Aufgabe der Funktions-

einheit, da diese dem Kommunikationssystem a priori nicht bekannt sind.

(2) Die zugehörige Funktionseinheit (Konzentrator) ordnet die physikalische Adresse der Datenendstellen den logischen Adressen des Kommunikationssystems zu. Diese Möglichkeit gilt selbstverständlich nur für indirekt angeschlossene Datenendstellen.

3.4 Nachrichtenvermittler

Zu den Aufgaben der Nachrichtenvermittler gehören

- Interpretation und Weiterleitung der Eingaben von Datenendstellen;
- Weiterleitung oder Erstellung der Ausgaben für die Datenendstellen;
- Bereitstellung aller Informationen für den Nachrichtenverteiler, die den Status der Verbindungen betreffen;
- Zuordnung der Nachricht zum physikalischen Absender, wenn keine umkehrbar eindeutige Zuordnung zu den logischen Adressen besteht (siehe 3.3);
- Ermittlung des Empfängers und damit des Kommunikationsweges.

Damit jeder Nachrichtenvermittler in der Lage ist, die ihm übergebenen Daten in zwei Richtungen zu verarbeiten:

- Übernahme der Daten von einem Gerätevermittler und Aufbereitung zur Weitergabe an einen anderen Nachrichtenvermittler über den Nachrichtenverteiler;
- Übernahme von Daten von einem anderen Nachrichtenvermittler und Aufbereitung zur Weiterleitung an einen Gerätevermittler oder an einen weiteren Nachrichtenvermittler.

Jedem Nachrichtenvermittler sind ein oder mehrere Gerätevermittler zugeordnet. Jede Datenendstelle ist für das Kommunikationssystem durch ihre Schnittstelle gekennzeichnet. Nachrichtenvermittler und zugehörige Gerätevermittler realisieren zusammen die Anforderung, die von der Schnittstelle an das Kommunikationssystem gestellt wurden. Solche Anforderungen können beschrieben werden durch

- die Struktur der Nachrichten, die mit den Datenendstellen ausgetauscht werden und
- die zeitliche und logische Abfolge der Nachrichten.

Hieraus ergibt sich, für welche Anforderungen eigene Nachrichtenvermittler erforderlich sind. Es werden Nachrichtenvermittler benötigt für

- den Betrieb von Dialog- und RJE-Geräten;
- die verschiedenartigen angeschlossenen DV-Systeme (insbesondere Teilnehmersysteme);
- die Erbringung der autonomen Leistungen;
- den Anschluß von Netzen.

Die Nachrichtenvermittler transformieren die Nachrichten, die sie von den Gerätevermittlern in der der entsprechenden Schnittstelle vorliegenden Form übernehmen, in eine innerhalb des Kommunikationssystems standardisierte Form und umgekehrt. Die Weitergabe der Nachrichten an einen anderen Nachrichtenvermittler über den Nachrichtenverteiler erfolgt immer in der standardisierten Form. Die Art der Behandlung einer Nachricht hängt von der Nachricht selbst, vom Verbindungsstatus und gegebenenfalls von der Art der beteiligten Datenendstellen ab.

3.5 Nachrichtenverteiler

Der Nachrichtenverteiler koordiniert und überwacht den Auf- und Abbau der Verbindung und gegebenenfalls deren Überlagerung. Die Weitergabe von einem Nachrichtenvermittler zu einem anderen erfolgt grundsätzlich über den Nachrichtenverteiler.

4. Kommunikation zwischen Datenendstellen

Die Ringstruktur und der modulare Aufbau standardisieren die Kommunikation zwischen zwei beliebigen Datenendstellen. Jede Nachricht durchläuft im einfachsten Fall folgenden Weg, der als logische Durchschaltung zu verstehen ist:

Datenendstelle 1 - Gerätevermittler 1 - Nachrichtenvermittler 1 - Nachrichtenverteiler - Nachrichtenvermittler 2 - Gerätevermittler 2 - Datenendstelle 2

Abhängig von der Komplexität der angeschlossenen Systeme kann es notwendig sein, in diesen Weg weitere Nachrichtenvermittler einzuschalten.

4.1 Verbindung zwischen Datenendstellen

Das Ringkonzept erlaubt es, Datenendstellen permanent oder zeitlich befristet miteinander zu verbinden. Mögliche Verbindungen sind:

Datenendgerät - Teilnehmersystem
Teilnehmersystem - Teilnehmersystem
Datenendgerät - Datenendgerät

Jede dieser Verbindungen erlaubt den Dialog zwischen zwei Datenendstellen. Es ist möglich, Verbindungen aufzubauen, aufzulösen, zu unterbrechen oder wieder aufzunehmen. Die Möglichkeit der Unterbrechung und Wiederaufnahme läßt eine Überlagerung der Verbindungen zu.

Vom Konzept her kann damit die Verbindung zwischen beliebigen Datenendstellen hergestellt werden. Aus Wirtschaftlichkeitsgründen wird man jedoch oft nur eine Teilmenge der möglichen Verbindungen zulassen. Es stehen aber zwei Wege offen, Verbindungsmöglichkeiten, die zunächst nicht vorgesehen sind, nachträglich zu realisieren. Einerseits erlaubt der modulare Aufbau der Ringe jederzeit eine Erweiterung. Erweist sich diese Möglichkeit als unwirtschaftlich, weil z.B. die Schnittstellenbedingungen zwischen den Vermittlern wegen der Inkompatibilität der einzelnen Geräte zu aufwendig werden, so können nicht vorhandene Verbindungsmöglichkeiten über autonome Leistungen des Kommunikationssystems realisiert werden. Dies ist einer der Gründe, warum Schnittstellen für die Implementierung autonomer Leistungen des Kommunikationssystems gefordert werden.

4.2 Kommunikationswege

Unter Kommunikationsweg verstehen wir den Weg einer Nachricht innerhalb des Kommunikationssystems. Zur Festlegung des Kommunikationsweges müssen

- der Absender der Nachricht und
- der Empfänger der Nachricht

bestimmt werden können.

Absender
Die Ermittlung des Absenders wurde bereits unter 3.3 beschrieben.

Empfänger
Für die Ermittlung des Empfängers müssen zwei Typen von Nachrichten unterschieden werden:

Typ 1 Die Nachricht enthält in irgendeiner Form oder Verschlüsselung die Information über den Empfänger.

Typ 2 Die Nachricht enthält explizit keine Information über den Empfänger.

Bei einer Nachricht vom Typ 2 muß der Empfänger, wenn er nicht aus dem Inhalt der Nachricht (in Abhängigkeit vom Betriebszustand des Systems) ermittelt werden kann, schon vor ihrem Eintreffen dem Absender logisch zugeordnet sein.

Den beiden Nachrichtentypen entsprechen zwei verschiedene Typen von Datenendstellen:

Typ 1 Teilnehmersysteme und Netze

Typ 2 Datenendgeräte (z.B. die Dialoggeräte und RJE-Geräte)

Ein Teilnehmersystem, das selbst über eigene Datenendstellen verfügt, kann sowohl Nachrichten vom Typ 1 absetzen als auch für die an diesem Teilnehmersystem angeschlossenen Datenendstellen als Vermittler (Konzentrator) für Nachrichten vom Typ 2 fungieren. Eine Datenendstelle vom Typ 2 kann aktuell immer nur mit einer anderen Datenendstelle verbunden sein. Datenendstellen vom Typ 1 können mit mehreren anderen Datenendstellen gleichzeitig verbunden werden, da ihre Nachrichten immer die Information über den Empfänger enthalten.

Der Nachrichtenverteiler kann so konzipiert werden, daß es möglich ist, auch Verbindungen für Datenendstellen vom Typ 2 einander zu überlagern. Die einfachste Möglichkeit ist die sequentielle Überlagerung, d.h. eine bestehende Verbindung kann unterbrochen werden, um eine neue Verbindung aufzubauen. Nach Auflösung der neuen Verbindung wird die zeitlich vorangehende Verbindung wieder aufgenommen. Es ist Aufgabe des Nachrichtenverteilers, über diese Verbindung Buch zu führen und sie zu koordinieren. Der Auf- und Abbau von Verbindungen muß sowohl durch den Benutzer als auch durch die angeschlossenen Systeme erfolgen können.

5. SOHO, die Implementierung der Ringstruktur auf dem TR 86

Das System SOHO wird seit Oktober 1973 im DFVLR Forschungszentrum Oberpfaffenhofen im Routine-Betrieb eingesetzt. Anlaß für die Entwicklung des Systems war die Forderung der Benutzer, Fremdgeräte an den Frontend-Rechner TR 86S des Systems TR 440 anzuschließen.

5.1 Gegenwärtiger Leistungsumfang

In Tabelle 1 sind die Geräte und Systeme aufgeführt, die z.Z. von SOHO unterstützt werden.

Datenendstellen	Leitungsprozedur	Bemerkungen
Siemens Transdata 8151 Siemens Transdata 8152 AEG SIG 51-3	MSV1	Einzel- und Konzentratoranschluß
AEG SIG 50-1 (Datensichtgerät)	CP1	Einzelanschluß
DATA 100 Modell 74 (Leser-/Druckerstation)	MSV2	
TR 440 - Standardperipherie Schnelldrucker SDR 176 - 1 Magnetband MDS 252 Plattenspeicher WSP 414	-	Anschluß über Standardkanalwerk
TR 440 mit Teilnehmersystem TNS440	SAV	Anschluß über Standardkanalwerk
IBM/370 Modell 158 mit System VS2	BSC (im Slave-Mode)	HfD-Leitung

Tabelle 1

SOHO enthält für die Benutzer an den bisher angeschlossenen Geräten als Untermenge alle Leistungen bzg. des Systems TR 440, die von dem entsprechenden System SAP des Herstellers angeboten werden. Am Betriebssystem des TR 440, insbesondere an dessen Satellitenvermittler SAV wurde nichts geändert. Für alle bisher implementierten Leistungen ist der Umweg über den vom Hersteller angebotenen Systemteil KOMSYS, der im TR 440 arbeitet, überflüssig. Dadurch ist die Arbeitsfähigkeit des Kommunikationssystems von der Funktionsfähigkeit des TR 440 unabhängig (vgl. 1.).

Der Eingang in das System VS2 der IBM/370 erfolgt über TCAM. Auch hier wurde an den Schnittstellen des IBM-Betriebssystems nichts geändert. Da jedoch die verwendete TSO-Schnittstelle nur den Dialog- und nicht den RJE-Betrieb erlaubt, mußten unter TCAM einige zusätzliche Programme entwickelt werden. Damit wurde aber gleichzeitig erreicht, daß die Dialoggeräte der IBM/370 über SOHO auf das Teilnehmersystem des TR 440 zugreifen können.

Autonome Leistungen

Als autonome Leistung des Systems SOHO steht für die Dialoggeräte aller angeschlossenen Systeme ein Tischrechnerprogramm zur Verfügung. Dieses Programm ist speziell auf die Benutzung von Datensichtgeräten zugeschnitten. Es verfügt über Gleitkommaarithmetik, stellt sämtliche FORTRAN-Standardfunktionen und einige weitere Unterprogramme, insbesondere für komplexe Arithmetik, zur Verfügung.

Zugelassene Verbindungen

Bisher sind nur Verbindungen zwischen den Datenendgeräten und den Teilnehmersystemen (TR 440, IBM/370 und autonomes System) implementiert. Zu den Datenendgeräten zählen auch die direkt an der IBM/370 angeschlossenen Datensichtgeräte. Es ist möglich, alle Verbindungen einander sequentiell zu überlagern. Die Verbindungen können von den Benutzern oder von den Teilnehmersystemen (z.B. bei Remote Job Exit) aufgebaut werden.

Kommunikationskommandos

Die Kommunikation für Dialog- und RJE-Zugriff kann von den Benutzern an den Datenendgeräten durch Kommunikationskommandos gesteuert werden. Beispiele hierfür sind:

- XXB Aufbau einer Verbindung
- XXE Auflösen einer Verbindung
- XXC Umcodierung von Benutzereingaben
- XXP Steuerung der Ausgaben (z.B. Positionierung auf Datensichtgeräten)
- XXF Simulierung gerätespezifischer Funktionstasten

5.2 Konstruktion des Systemkerns

Der Systemkern als Betriebssystem im engeren Sinn stellt die Schnittstellen für beliebige Anwendersysteme zur Verfügung. Er besitzt zwei Teilschichten, die durch ihre Aufgaben charakterisiert werden können. Die erste Schicht erlaubt den Einprogrammbetrieb und die Bedienung des Kontrollfernschreibers als Operateurgerät . Sie enthält sämtliche Programmteile für den physikalischen E/A-Verkehr. Die zweite Schicht erlaubt einen interruptgesteuerten Mehrprogrammbetrieb. Sie enthält insbesondere die von der speziellen Hardware des TR 86 unabhängigen Algorithmen für

- Zeitüberwachung
- Kernspeicherverwaltung
- Verwaltung der Auftragswarteschlangen.

Der Systemkern kann sowohl im Einprogramm- als auch im Mehrprogrammbetrieb gefahren werden. Das Zuladen von Programmen ist sowohl vom Lochstreifenleser als auch vom Hintergrundspeicher (WSP 414) möglich.

Das Kommunikationssystem erfordert den Mehrprogrammbetrieb. Für die Systemgenerierung und für Testhilfen ist es sinnvoll, in einigen Fällen sogar notwendig, den Einprogrammbetrieb zu verwenden.

Schnittstellen des Systemkerns

Der Systemkern enthält als wesentliche Schnittstellen für das Anwendersystem, in unserem Fall das Kommunikationssystem, globale Listen, Unterprogramme und Systemdienste. Die wichtigsten Listen sind

- die Gerätelisten
- die Anschlußliste
- die Gerätetypenliste.

Typische Unterprogramme und Systemdienste sind

- Stellen eines Weckauftrags
- Löschen eines Weckauftrags
- Stellen eines Startauftrags
- Anfordern eines Kernspeicherbereichs
- Freigabe eines Kernspeicherbereichs
- Eintragen in eine Liste
- Abfragen einer Liste.

Weitergabe von Aufträgen zwischen Programmbausteinen

Ein Programmbaustein kann einen Auftrag an einen anderen Baustein je nach Festlegung der Schnittstellen über Listen oder durch Start- und Weckaufträge stellen. Die Algorithmen des Systemkerns sind so ausgelegt, daß jede beliebige Kernspeicheradresse als Startadresse verwendet werden kann. Um Überholvorgänge zu vermeiden, ist es möglich, Startadressen zu sperren und zu entsperren. Zur Behandlung zeitkritischer Fälle können Startaufträge mit Prioritäten gestellt werden. Der Inhalt des Auftrags wird dem betreffenden Baustein in einem Versorgungswort mitgeteilt. Dieses Versorgungswort enthält entweder selbst bereits alle notwendigen Informationen , oder es ist die Anfangsadresse eines Kernspeicherbereichs, der die für den Auftrag notwendigen Informationen enthält.

5.3 Konstruktion des Kommunikationssystems

Das Kommunikationssystem besteht aus zwei von einander unabhängig übersetzten und geladenen Programmteilen, die sich gegenseitig die Startadressen ihrer einzelnen Bausteine über Systemdienste bekanntgeben. Der eine Programmteil enthält den Modul für die Initialisierung des Kommunikationssystems und sämtliche Gerätevermittler, der zweite den Nachrichtenverteiler und die Nachrichtenvermittler. Diese Aufteilung erfolgte aus ökonomischen Gründen, da jeweils die Gerätevermittler einerseits und die Nachrichtenvermittler andererseits gemeinsame Listen und Unterprogramme benötigen. Außerdem kann hierdurch auf einfache Weise eine installationsspezifische Konfigurierung erreicht werden.

Gerätevermittler

Die Gerätevermittler sind soweit notwendig anschlußinvariant programmiert. D.h., daß bei Bedarf mehrere Anschlüsse durch einen Gerätevermittler im Zeitmultiplex bedient werden können. Ist das nicht notwendig, so steht eine optimierte Version für einen Anschluß zur Verfügung.

Die Gerätevermittler erfüllen im einzelnen die folgenden Aufgaben:

- Bereitstellung des notwendigen Puffers im Arbeitsspeicher für die Eingabe einer Nachricht;
- Erzeugung eines Standardformats bei Eingaben von miteinander inkompatiblen Geräten mit verschiedenen Nachrichtenformaten, für die ein gemeinsamer Nachrichtenvermittler zuständig ist;
- Überprüfung auf fehlerfreie Übertragung gemäß der entsprechenden Leitungsprozedur;
- Hinzufügung sämtlicher Steuerzeichen bei der Ausgabe von Nachrichten;
- Überwachung der Time-outs gemäß der entsprechenden Leitungsprozedur.

Zur Zeit gibt es die folgenden Gerätevermittler (siehe Bild 1):

- KFSVER Kontrollfernschreiber als Dialoggerät
- KMSVER Leitungsprozedur MSV1
- DASVER Leitungsprozedur MSV2
- S50VER Leitungsprozedur CP1
- SDRVER Betrieb der TR 440-Schnelldrucker SDR176 als RJE-Geräte

- SATVER Anschluß des TR 440
- BSCVER Anschluß der IBM/370 (Leitungsprozedur BSC im Slave-Mode)
- AUTVER Zugriff auf Programmbausteine des autonomen Systems.

Nachrichtenvermittler

Die Nachrichtenvermittler erfüllen die folgenden Aufgaben:

- Überwachung der Verbindungen
- Überwachung des schnittstellenspezifischen Dialogs (z.B. Eingabeberechtigung an ein Teilnehmersystem)
- Interpretation und Erzeugung der schnittstellenspezifischen Nachrichten (z.B. Anweisungen zwischen TR 440 und TR 86S)
- Umcodierung in systemspezifische Codes (z.B. Zentralcode des TR 440)

Alle Nachrichten, die von einem Nachrichtenvermittler an einen anderen übergeben werden, sind alphanumerische Texte im ISO-7-Bit Code.

Zur Zeit gibt es die folgenden Nachrichtenvermittler (siehe Bild 1):

- INFDIA Bedienung der Dialog- und RJE-Geräte
- INF440 Bedienung des TR 440
- INFIBM Bedienung der IBM/370
- INFAUT Erbringung autonomer Leistungen

Im einzelnen haben diese Nachrichtenvermittler die folgenden Aufgaben:

INFDIA

- Entschlüsselung und Ausführung der Kommunikationskommandos (siehe 5.1)
- Buchführung über die Verbindungen der Datenendgeräte

INF440

- Entschlüsselung der TR 440-Vermittlerkommandos
- Umsetzung der Benutzereingaben in Anweisungen für den TR 440
- Umsetzung der Anweisungen des TR 440 in Benutzerausgaben
- Umcodierung in den Zentralcode des TR 440
- Überwachung der Anweisungsfolgen im Dialog mit dem TR 440
- Überwachung der Verfügbarkeit des TR 440.

INFIBM

- Interpretation der IBM-spezifischen Steuerzeichen und ihre Transformation in eine IBM-unabhängige Form
- Unterscheidung zwischen Ausgaben des IBM-Systems und Eingaben von den direkt an der IBM/370 angeschlossenen Geräten
- Überwachung der Verfügbarkeit der IBM/370.

INFAUT

- Entschlüsselung und Ausführung der Kommandos für das autonome System
- Weiterleitung von Nachrichten an den Baustein AUTVER
- Verteilung von Ausgaben der Programmbausteine des autonomen Systems

5.4 Erweiterungsmöglichkeiten

U.a. sind folgende Erweiterungen in SOHO möglich:

- Anschluß weiterer Gerätetypen
- Anschluß weiterer DV-Systeme mit bisher noch nicht implementierten Schnittstellen
- Aufnahme weiterer autonomer Leistungen
- Anschluß von Netzen

Dazu ist jeweils folgender Aufwand notwendig:

Neue Gerätetypen
Erweiterung eines vorhandenen oder Erstellung eines neuen Gerätevermittlers

Neues DV-System
Erstellung eines Nachrichtenvermittlers und ggf. eines neuen Gerätevermittlers

Autonome Leistungen
Erweiterung des INFAUT (Kommandoentschlüsselung) und Aufnahme neuer Moduln in die Systembibliothek.

Netze
Erstellung eines Nachrichtenvermittlers und eines Gerätevermittlers.

6. Schlußbemerkung

Mit SOHO wurde ein Kommunikationssystem geschaffen, das es erlaubt, die Leistungsfähigkeit des vom Hersteller vorgegebenen DV-Systems in wesentlichen Punkten erheblich zu erweitern. Seine Struktur ist weitgehend hardware-unabhängig und kann ohne Schwierigkeiten auf andere Kommunikationsrechner übertragen werden.

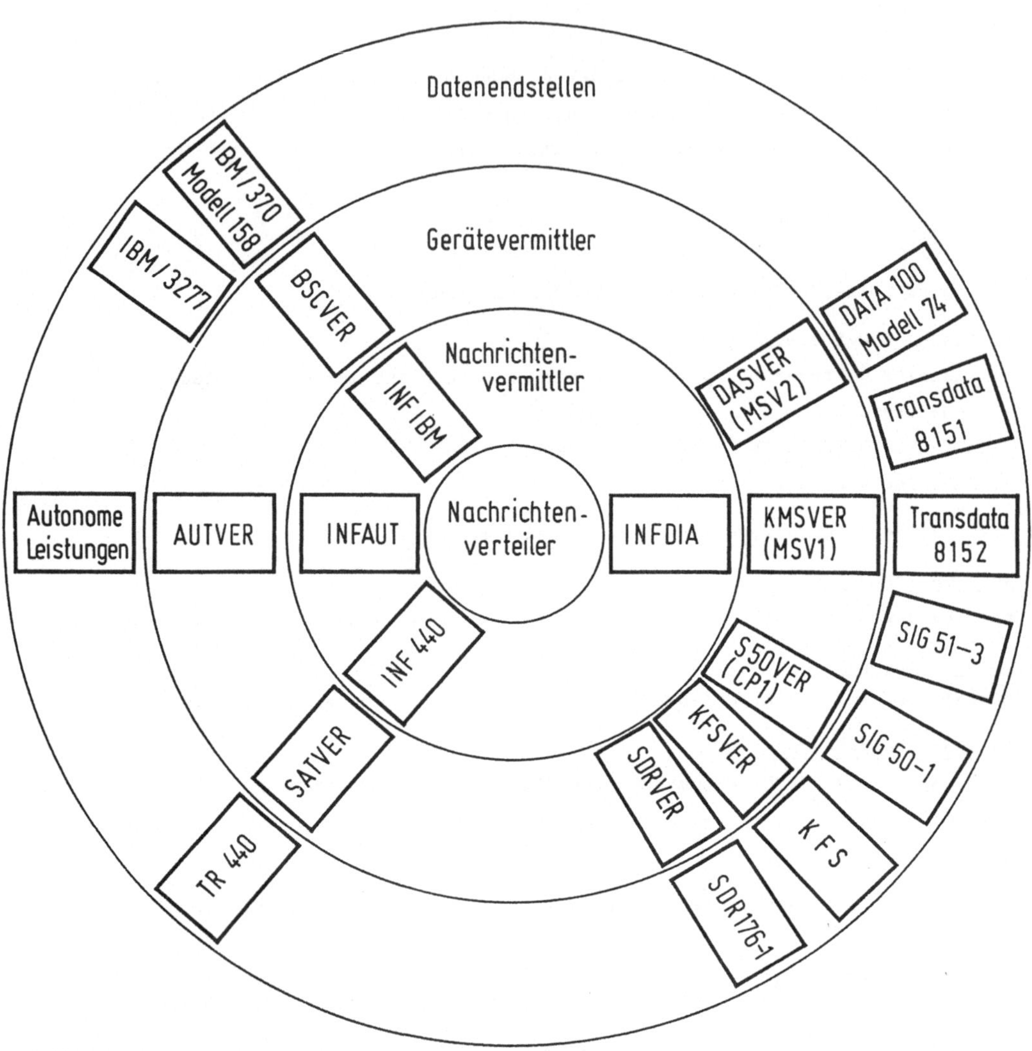

SOHO – Ringstruktur Konfiguration Stand Dez.1975

Bild 1

Literatur

1 Seegmüller, G.
Einführung in die Systemprogrammierung
Bibliographisches Institut AG, Zürich 1974

2 Haberäcker, P., Lehner, M.
Zugriffssicherung in Datenbanksystemen
Forschungsbericht DV 75-04 Datenverarbeitung
Zentralstelle für Atomkernenergie-Dokumentation (ZAED), Juni 1975

NEUE KOMMUNIKATIONSDIENSTE IN DATENFERNVERARBEITUNGSSYSTEMEN

Peter Jilek, Siemens AG, Bereich Datentechnik

1. Einleitung

Datenfernverarbeitungssysteme der Gegenwart und der Vergangenheit sind in ihrer überwiegenden Mehrzahl als Sternkonfigurationen ausgebildet, wobei Datenstationen um eine Datenverarbeitungsanlage (DVA) sternförmig gruppiert (zentralisierte Verarbeitungsfunktion) und über Datenübertragungsleitungen unterschiedlicher Art angeschlossen sind.

Gegenwärtig entwickelt sich die Datenfernverarbeitung (DFV) in eine neue Dimension, die durch Schlagworte wie "verteilte Rechnerintelligenz" und "Rechnerleistung am Arbeitsplatz" gekennzeichnet ist.

Der ursprüngliche Trend zur Zentralisierung der Datenverarbeitungsleistung in einem Rechensystem mit möglichst großer Leistung und dementsprechend günstigem Preis/Leistungs-Verhältnis weicht zunehmend einer Verteilung der Verarbeitungsleistung auf mehrere teils spezialisierte, teils regionalisierte Rechnersysteme und "intelligente" Datenstationen. Dabei wird die Wirtschaftlichkeit in diesem Fall - begünstigt durch die Fortschritte der Schaltkreistechnologie - durch die Spezialisierung der einzelnen Rechnersysteme (mittlerer bis kleinerer Leistung) erreicht.

Zum anderen entwickeln sich die DFV-Systeme immer stärker dahin, daß die Rechnerleistung wie eine Dienstleistung überall dort wo sie unmittelbar benutzt werden kann, über Datenstationen konsumiert wird, vor allem am Arbeitsplatz. Dabei wird es immer sinnvoller, weil kostengünstiger, einen Teil der Rechnerleistung möglichst nahe am Arbeitsplatz zu installieren.

Für die Gestaltung und den Betrieb derartiger DFV-Systeme ist eine zweckentsprechende Lösung für die Kommunikationsaufgabe eine entscheidende Maßnahme der Infrastruktur. Bisherige Lösungen für die Kommunikation in DFV-Systemen sind vor allem aus zwei Gründen nicht allgemein

---

Die diesem Bericht zugrunde liegenden Arbeiten wurden mit Mitteln des Bundesministers für Forschung und Technologie (Kennzeichen DV 4.001) gefördert.

anwendbar: erstens sind sie vor allem für Sternkonfigurationen mit nur einer DVA konzipiert und zweitens übernehmen dabei vielfach die Anwendungsprogramme in der DVA neben der Verarbeitungsfunktion auch wesentliche Aufgaben der Steuerung und Überwachung des Leitungsnetzes und sind damit abhängig von den Eigenschaften und der Topographie des Leitungsnetzes.

Die Aufgabenstellung für die Kommunikation ist an dem allgemeineren Fall des DFV-Systems mit verteilter Verarbeitungsfunktion - dem Rechnerverbundsystem - und unter Berücksichtigung der Forderung nach klarer Trennung von Verarbeitungs- und Kommunikationsfunktion zu erarbeiten. Eine daraus resultierende Lösung ist natürlich auch für herkömmliche DFV-Systeme mit nur einer DVA mit gleichem Nutzen anwendbar.

Die vom Benutzer des DFV-Systems gestellte Aufgabe wird im allgemeinen Fall durch einen mehrstufigen Verarbeitungsvorgang (Kooperation) abgewickelt, der die Kommunikation:

Benutzer an der Datenstation ⟷ Verarbeitungs-Prozeß
Verarbeitungs-Prozeß ⟷ Verarbeitungs-Prozeß
Verarbeitungs-Prozeß ⟷ Benutzer an der Datenstation

umfaßt (Bild 1).

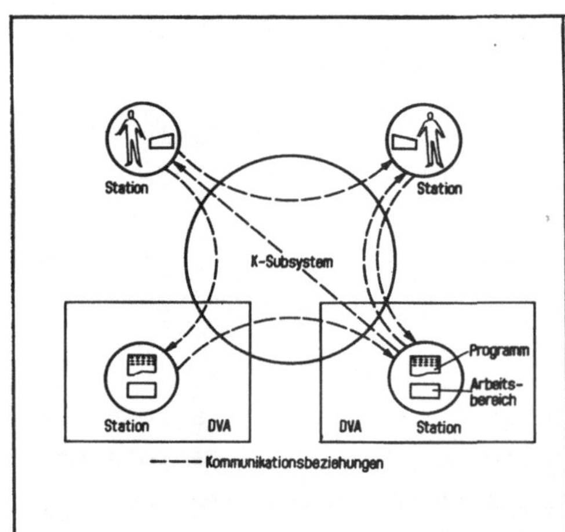

Bild 1: Die Stationen des K-Subsystems als gleichberechtigte Kommunikationspartner

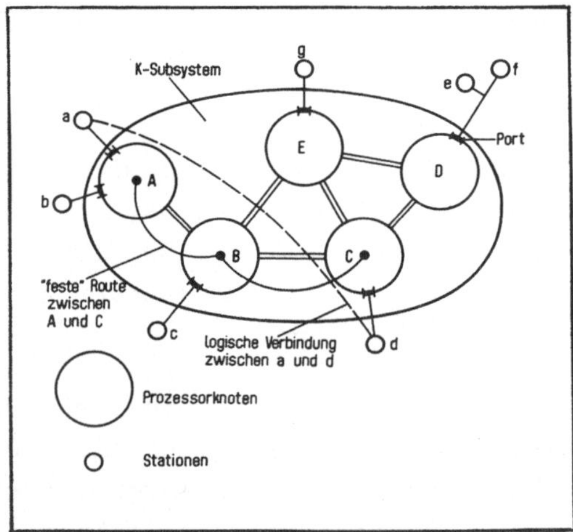

Bild 2: Die Funktionseinheiten des K-Subsystems in ihrer topographischen Anordnung

Die Einheiten im System, die zur kooperativen Erledigung einer Aufgabe kommunizieren, sind also gleichermaßen Benutzer an Datenstationen (kurz Datenstationen) und programmgesteuerte Prozesse in einem Rechnersystem. Damit sind die Kommunikationspartner im System bekannt. In bestimmten Fällen mag eine unmittelbare Kommunikation zwischen Datenstationen des Systems ebenfalls sinnvoll sein. Wesentlich ist es festzuhalten, daß Kommunikationsdienste für einen heterogenen Kreis von Teilnehmern - Datenstationen unterschiedlicher Art und programmgesteuerte Prozesse - zu erbringen sind.

2. Das Kommunikations- (K-) Subsystem

2.1. Anforderungen

Das K-Subsystem, das diese Dienste erbringt, wird zur zentralen Drehscheibe im DFV-System. Für die Teilnehmer selbst sollen die unterschiedlichen Eigenschaften ihrer Kommunikationspartner unsichtbar bleiben, sie kommunizieren über ein homogenes und symmetrisches logisches Netzwerk. Jeder Teilnehmer soll den Eindruck haben, als würde er mit seinesgleichen kommunizieren. So entsteht ein Kommunikationskonzept, das in seiner Grundidee keineswegs neu, sondern dem eingeführter und bewährter Kommunikationssysteme, wie etwa dem Telefonienetz oder dem Telexnetz entspricht, aber konsequent auf DFV-Systeme angewandt wird.

Wesentlich ist ferner, daß das K-Subsystem die eigentlichen Kommunikationspartner einer DFV-Installation miteinander verbindet und nicht nur seine physischen Komponenten, etwa Datenstationen und DV-Anlagen. Der Benutzer an der Datenstation kommuniziert nicht mit der DV-Anlage, sondern mit Prozessoren gegebener Eigenschaften und Fähigkeiten, die (zufällig) ihre Residenz in einer bestimmten DV-Anlage haben. Die übertragungstechnische Kopplung der physischen Einheiten der DFV-Installation ist Aufgabe des Leitungsnetzes.

Die wesentlichen Anforderungen an das K-Subsystem sind:

- Klare und einfache Kommunikationsverhältnisse

  Für jede DFV-Installation ist die Gesamtheit der heterogenen Teilnehmer in einem homogenen, logischen Adreßraum (entspr. Telefonnummern) zu führen, damit diese in einfacher Weise und in beliebiger Paarung freizügig miteinander in Verbindung treten können.

  Die unterschiedliche physische Ausprägung des Leitungsnetzes (Datennetz) und der Datenendeinrichtungen der Installation und die in diesen Bereichen einzuhaltenden Schnittstellenbedingungen sind im K-Subsystem zu berücksichtigen und treten damit für die Kommunikationspartner nicht in Erscheinung.

- Ökonomische Gestaltung des DFV-Systems

Die Verarbeitungsrechner des DFV-Systems sollen durch vorgelagerte, für Kommunikationsaufgaben besonders geeignete Rechner des K-Subsystems von den Aufgaben der Datenübertragungs- und Netzsteuerung wesentlich entlastet werden. Dies entspricht dem Prinzip von arbeitsteiligen, für bestimmte Aufgaben spezialisierten Rechnern.

Eine weitere Forderung ökonomischer Art ist die kostenmäßige Optimierung der Leitungsführung. Die Nachrichten müssen dazu im K-Subsystem über mehrere Leitungs(teil)strecken unterschiedlicher Charakteristik vermittelt werden.

- Flexibilität (im Einsatz und Betrieb)

Änderungen und Erweiterungen in der Konfiguration oder in der Funktionalität des DFV-Systems sind, wenn auch nur in Teilbereichen, speziell bei großen Systemen an der Tagesordnung. Erweiterungen des K-Subsystems um zusätzliche Datenstationen, Änderungen in der physischen oder logischen Charakteristik des Leitungsnetzes, wie z.B. Änderung der Leitungsführung oder Erhöhung der DÜ-Geschwindigkeit von Leitungen müssen in flexibler Weise durchzuführen sein.

DFV-Systeme sind aber auch "gewachsene" Systeme, die - einmal installiert - einen hohen Investitionswert darstellen. Das Einbringen neuer Kommunikationsdienste in Form eines K-Subsystems muß in flexibler Weise möglich sein, ohne sofortigen Zwang, bestehende Einrichtungen und Verfahrensweisen abzulösen.

- Kurze Transportzeiten bei hohem Datendurchsatz

DFV-Systeme sind in der überwiegenden Anzahl Echtzeitsysteme. Die Antwortzeiten (Bearbeitungszeit + Transportzeit) aus der Sicht der Benutzer an den Datenstationen dürfen durch das K-Subsystem, auch bei Vermittlung über mehrere (Leitungs-) Teilstrecken, nicht erheblich beeinflußt werden. Die Anforderungen an den Datendurchsatz werden in zunehmendem Maße durch die Kommunikation zwischen Prozessen in Systemen mit verteilter Rechnerintelligenz und damit auch durch die Verarbeitungsgeschwindigkeit der Rechner bestimmt.

- Hohe Verfügbarkeit und Betriebssicherheit

  Die Integration des DFV-Systems in die Vorgänge am Arbeitsplatz stellt hohe Anforderungen an die Verfügbarkeit und Betriebssicherheit des DFV-Systems und insbesondere des K-Subsystems. "Reparaturzeiten" für zentrale Komponenten müssen in zunehmendem Maße durch Redundanz (z.B. Doppelkomponenten) und die Möglichkeit der automatischen Umschaltung auf wenige Sekunden oder Minuten gedrückt werden. Fehlerstatistik für einzelne Komponenten und vorsorgliche Wartung ohne Störung des Gesamtbetriebes sind wichtige Voraussetzungen für hohe Betriebssicherheit.

2.2. Konzept und Funktionseinheiten des K-Subsystems

Vorgestellt wird ein Konzept, das dem Benutzer unter Berücksichtigung der oben genannten Bedingungen erlaubt, ein K-Subsystem aufzubauen und zu betreiben.

Das K-Subsystem wird entsprechend diesem Konzept gebildet durch sogenannte Prozessorknoten. Die Kommunikationsdienste werden durch die Gesamtheit der Prozessorknoten für unterschiedliche Kommunikationspartner - kurz Stationen genannt - erbracht. Stationen sind jeweils einem Prozessorknoten zugeordnet und treten als (Erst-) Absender und (Letzt-) Empfänger von Nachrichten in Erscheinung (Bild 2).

Jede Station hat eine im gesamten K-Subsystem eindeutige logische Adresse (Telefonnummer). Die logische Adresse ist hierarchisch strukturiert in Region-, Prozessorknoten- und (Knoten-) Relativadresse. Neben der logischen Adresse kann der Station auch eine symbolische Adresse (ein Name) zugeordnet werden, die erhalten bleibt, auch wenn sich der Standort der Station ändert, z.B. bei Verlagerung einer Anwendung in eine andere DVA (z.B. anderer Prozessorknoten).

Prozessorknoten werden gebildet durch Netzsteuerprogramme mit Residenz in spezialisierten Kommunikationsrechnern und durch Fernzugriffssysteme mit Residenz in den Verarbeitungsrechnern. Die Kommunikationsrechner sind entweder im Rechenzentrum unmittelbar über Kanalverbindungen mit den Verarbeitungsrechnern verbunden und werden dann als "Vorrechner" bezeichnet, oder sie sind entfernt im Vorfeld des Rechenzentrums als "Netzknoten" aufgestellt und über Datenübertragungsleitungen mit einem "Vorrechner" im Rechenzentrum verbunden.

Unterschiedliche übertragungstechnische Einrichtungen (Leitungen) verbinden als

- Leitungsnetz

sowohl die Prozessorknoten untereinander als auch die Prozessorknoten mit den ihnen zugeordneten Stationen. Die Stationen erhalten über einen Port (Ein/Ausgang) ihres "eigenen" Prozessorknotens Zugang zum K-Subsystem: Datenstationen zum "Vorrechner" oder "Netzknoten", programmierte Prozesse zum "Fernzugriffssystem".

Die Kommunikationsdienste werden durch die Gesamtheit der Prozessorknoten für die Gesamtheit der Stationen (Kommunikationspartner) erbracht. Dazu arbeiten alle Prozessorknoten nach abgestimmten Verfahren (Protokollen, Prozeduren) zusammen. Das K-Subsystem ist demnach (verfahrens)homogen, leistet seine Dienste für einen Kreis heterogener Stationen.

Zwei miteinander kommunizierende Stationen sind nicht wie in herkömmlichen Vermittlungssystemen für die Verbindungsdauer durch eine "feste" Verbindung, die einer festgeschalteten Leitung gleicht, verbunden, sondern nur über eine "logische" Verbindung. Die "logische" Verbindung besteht lediglich aus einem Vermerk im "eigenen" Prozessorknoten der Station, der auf die jeweilige Partnerstation, zu der eine logische Verbindung besteht, hinweist. Das Vermittlungsprinzip hat damit eine gewisse Ähnlichkeit mit dem von Paketvermittlungs-Netzen. Wesentlicher Unterschied ist jedoch, daß das K-Subsystem die "eigentlichen" Kommunikationspartner im DFV-System unmittelbar miteinander verbindet, wobei deren heterogene Anschlußbedingungen vom K-Subsystem akzeptiert werden.

2.3. Funktionelle Architektur des K-Subsystems

Wie im Großen gesehen durch die Einführung eines K-Subsystems in DFV-Systemen eine klare Trennung zwischen anwendungsbezogenen Verarbeitungsfunktionen einerseits und Kommunikationsfunktionen andererseits erreicht wird, so gilt auch für das K-Subsystem selbst die Forderung nach einer klaren Strukturierung nach Funktionen.

Im K-Subsystem sind im wesentlichen drei Funktionsschichten zu unterscheiden, die

Portfunktionen,
Transportfunktionen und
Stationsfunktionen,

wobei Port- und Transportfunktionen in jedem Prozessorknoten realisiert sind, während die Stationsfunktionen nur fakultativ vorhanden sind.

Die Portfunktionen

Aufgabe der Portfunktionen ist der Ein- bzw. Austransfer von Nachrichten in bzw. aus dem Zwischenspeicher des Prozessorknotens und zwar über Ports zu Stationen mit unterschiedlichen physischen und logischen Charakteristiken.

Bei den physischen Charakteristiken handelt es sich um die unterschiedlichen Signalschnittstellen zum Leitungsnetz. Hier ist aus ökonomischen und häufig auch aus faktischen Gründen ein breites Spektrum von Datenübertragungseinrichtungen (Modems, Datenanschlußeinheiten) zu berücksichtigen.

Zu den logischen Charakteristiken der Portfunktionen sind im wesentlichen der Übertragungscode und die Datenübertragungsprozedur zu rechnen.

Im Prozessorknoten können jedem Port die geeigneten Portfunktionen zugeordnet werden. Die Portfunktionen sorgen dafür, daß nach dem Eintransfer eines Nachrichtenelementes in den Prozessorknoten, diesem die portspezifischen Charakteristiken nicht mehr anzumerken sind, daß es in einen "portneutralen" Zustand kommt. So wird z.B. die Nachricht von Übertragungscode in einen "Standard"-Code umgesetzt, in dem die Übertragung innerhalb des K-Subsystems erfolgt, Übertragungssteuerzeichen werden abgetrennt. Analog werden vor Ausgabe einem "neutralen" Nachrichtenelement die portspezifischen Charakteristiken zugesetzt (Bild 3). Der Anschluß einer Datenstation über eine DÜ-Leitung etwa an den Port eines Vorrechners kann gedanklich dem "Anschluß" eines programmierten Prozesses an einen Port des Zugriffssystems gleichgesetzt werden. Im Fall der Datenstation erfolgt der Transfer einer Nachricht zum bzw. vom K-Subsystem nach den Regeln einer DÜ-Prozedur, im Fall des programmierten Prozesses ebenfalls nach bestimmten Regeln hier "Zugriffsmethode" genannt. Damit sind die Voraussetzungen dafür geschaffen,

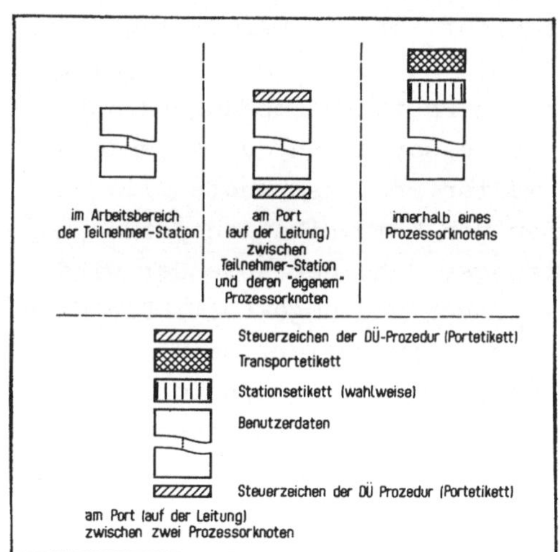

Bild 3: Eine Nachricht auf dem Weg durch das K-Subsystem. Die Steuerinformationen entsprechen den Funktionenschichten des K-Subsystems.

Nachrichten zwischen Ports unterschiedlicher Charakteristik in unterschiedlichen Prozessorknoten zu vermitteln. Das K-Subsystem erbringt Dienste, die als Code-, DÜ-Prozedur- und Geschwindigkeitswandlung bezeichnet werden.

Das Portsystem, die Gesamtheit aller Portfunktionen, hat eine einheitliche, von den Charakteristiken der unterschiedlichen Ports unabhängige Schnittstelle zum Transportsystem. Über diese Schnittstelle werden vom Portsystem vollständig empfangene Nachrichten zur Weitervermittlung (Transport) übergeben, bzw. auszugebende Nachrichten übernommen.

Die Eigenschaften des Portsystems bestimmen wesentlich die Leistungsfähigkeit des gesamten K-Subsystems. Die Konstruktion des Portsystems soll die Konstruktion unterschiedlicher Ports in einem Prozessorknoten freizügig gestatten, ebenso wie das nachträgliche Zufügen neuer Ports, bedingt durch neue Datennetze, Datenstationen oder Datenübertragungsprozeduren.

Die Transportfunktionen

Die zentrale Aufgabe dieser Funktionenschicht ist die Vermittlung (der Transport) von Nachrichten von der Absenderstation zur Empfängerstation, eigentlich vom Port der Absenderstation zum Port der Empfängerstation, wobei im allgemeinen Fall zwischen dem Prozessorknoten des Absenders und dem Prozessorknoten des Empfängers weiter Prozessorknoten liegen können. Der Nachrichtenaustausch zwischen den Kommunikationspartnern erfolgt im allgemeinen in Form eines Dialogs, d.h. der Absender wird nach Übertragung einer Nachricht zum Empfänger und umgekehrt. Die Nachricht kann dabei in mehrere Teilnachrichten strukturiert sein. Jede Teilnachricht wird getrennt vermittelt (transportiert) sobald sie im Prozessorknoten des Absenders vorliegt. Die Transportfunktionen im einzelnen:

- Auf- und Abbau logischer Verbindungen

  Logische Verbindungen können den Stationen in unterschiedlicher Form zur Verfügung gestellt werden:

  gewidmete (feste) Verbindung: zwei Stationen stehen in andauernder Verbindung; es erfolgt kein Auf- und Abbau der Verbindung. (z.B. eine Datenstation verkehrt nur mit einer Anwendung)

  gewählte Verbindungen: die logische Verbindung wird nach Bedarf von der rufenden Station aufgebaut.

Der Verbindungsaufbau und die Nachrichtenvermittlung erfolgt über die logischen Adressen der Stationen. Wird symbolische Adressierung verwendet, wird vorerst der Verbindungswunsch mit symbolischen Adressen an ein zentrales Adreßregister übertragen, wo die Umsetzung in die jeweiligen logischen Adressen erfolgt. Bei selektiven Verbindungswünschen einer Station, z.B. eine Datenstation verkehrt nur mit bestimmten Anwendungen, kann der Verbindungsaufbau auch über "Kurzruf" erfolgen. Dabei erfolgt die Umsetzung des Kurzrufsymbols in die logische Adresse der gerufenen Station unmittelbar im Prozessorknoten der rufenden Station. Das Prinzip des Verbindungsauf- und Abbaues ist vergleichbar dem in herkömmlichen Kommunikationssystemen, z.B. dem im Telefonienetz. Eine Besonderheit besteht darin, daß zu programmierten Prozessen z.B. Anwendungsprogrammen, häufig mehrere logische Verbindungen gleichzeitig bestehen können.

- Nachrichtentransport

Im Prozessorknoten des Absenders wird jeder (Teil-) Nachricht ein Transportetikett zugefügt (Bild 3), in dem neben einem Transportkommando die logische Adresse des Empfängers (entsprechend der bestehenden logischen Verbindung), des Absenders und die Länge der Nachricht vermerkt wird. Im Prozessorknoten des Empfängers wird das Transportetikett wieder abgetrennt. Der Nachrichtentransport erfolgt gesteuert durch das Transportetikett, abschnittweise vom Prozessorknoten der Absenderstation zum Prozessorknoten der Empfängerstation, wobei die Route über dazwischenliegende Prozessorknoten, auch in vermaschten Netzen, zu jedem Zeitpunkt eindeutig definiert ist.

In jedem Prozessorknoten ist eine Vermittlungstabelle angelegt, aus der sich nach Vorgabe des Zielknotens (aus der Empfängeradresse) der nächste Prozessorknoten auf der definierten Route ermitteln läßt.

Bei vermaschten Netzen kann eine defekte Route (z.B. durch Ausfall einer Interknotenleitung) durch eine Alternativroute ersetzt werden, indem die Einträge in den Vermittlungstabellen angrenzender Prozessorknoten verändert werden.

Benachbarte Prozessorknoten können durch eine oder mehrere Übertragungsleitungen verbunden sein. Die dadurch installierte Übertragungskapazität kann quasi gleichzeitig für mehrere - im Prinzip beliebig viele - logische Verbindungen (Sender/Empfänger-Paare) genützt werden

(Bild 4). Die Leitung oder das Leitungsbündel zwischen zwei Prozessorknoten wird nach einem asynchronen Zeitmultiplexverfahren genutzt. Im einfachsten Fall wird die Übertragungskapazität den konkurrierenden (Teil-)Nachrichten in der Reihenfolge zugeteilt, in der sie zeitlich eintreffen (einfaches Fifo-Prinzip) und zwar unabhängig davon, welcher logischen Verbindung sie zugehören. Dies entspricht einer Warteschlange vor den Interknotenleitungen. Dieses Verfahren kann dazu führen, daß logische Verbindungen mit hohem Nachrichtenfluß, z.B. solche für Stapelanwendungen, die Übertragungskapazität über Gebühr beanspruchen, diese quasi monopolisieren, was sich in einer Verlängerung der Transportzeit der konkurrierenden Nachrichten auswirkt. Eine gerechtere Zuteilung kann dadurch erreicht werden, daß die Nachrichten nach ihren Zieladressen in Klassen eingeteilt werden und für jede Klasse eine getrennte Warteschlange geführt wird. Die Zuteilung der Übertragungskapazität wird für die Klassen nach zyklischer Gerechtigkeit vorgenommen (Fifo-Prinzip mit zyklischer Gerechtigkeit).

Die Betrachtung gilt für beide Übertragungsrichtungen der Interknotenleitung(en). Eine besonders wirtschaftliche Nutzung der Leitung ist dann gegeben, wenn als Datenübertragungsprozedur (Portfunktionen) die HDLC-Prozedur eingesetzt wird, die gleichzeitiges Übertragen in beiden Richtungen gestattet.

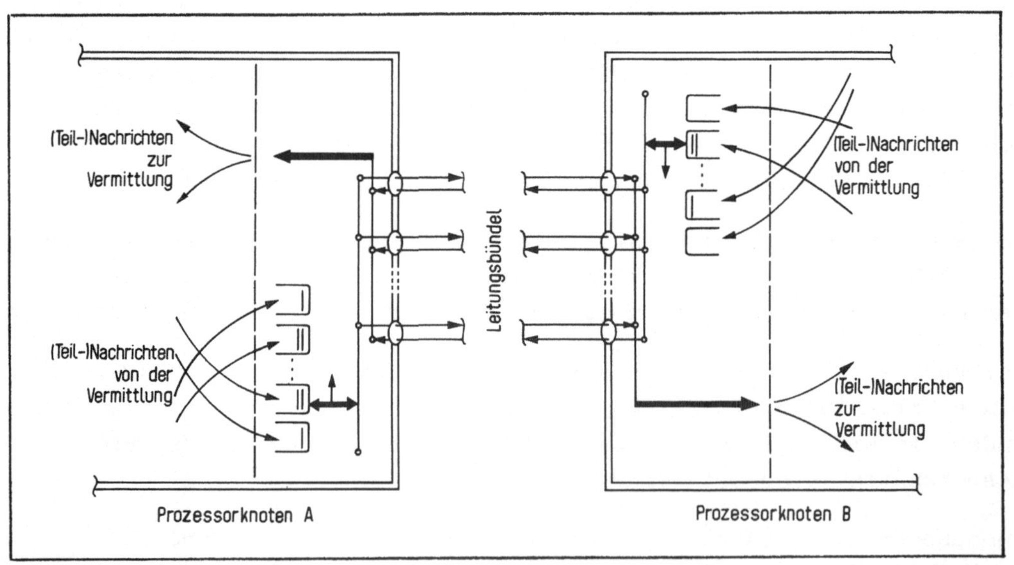

Bild 4: Zuteilung der Übertragungskapazität nach dem Prinzip der zyklischen Gerechtigkeit bei einem Leitungsbündel zwischen Prozessorknoten

- Nachrichtensicherung

  Das K-Subsystem gewährleistet über die logische Verbindung hohe Sicherheit gegenüber Nachrichtenverfälschung und Nachrichtenverlust. Die Nachrichten werden sowohl auf den Leitungen zwischen den Prozessorknoten als auch innerhalb der Prozessorknoten durch redundante Codierung gesichert. Zusätzliche Sicherheit wird dadurch erreicht, daß das K-Subsystem eine automatische (vom K-Subsystem selbsttätig durchgeführte) Numerierung und Rückquittierung der (Teil-) Nachrichten ermöglicht. Jede (Teil-) Nachricht erhält im Prozessorknoten des Absenders eine bezogen auf den Absender fortlaufende Nummer, die eine eindeutige Identifizierung erlaubt (z.B. modulo 2^{16}). Gesteuert durch den Absender (Transportkommando) erzeugt der Prozessorknoten des Empfängers, nach Erhalt der Empfangsquittung vom Empfänger, eine Rückquittierung, die die Laufnummer der Nachricht enthält und in Gegenrichtung zum Absender zurückgeschickt wird. Dies erlaubt den Kommunikationspartnern ein verlustfreies Wiederaufsetzen, auch für den Fall, daß ein Prozessorknoten kurzfristig ausfällt.

- Transportprioritäten

  Durch die Vergabe von Transportprioritäten (Transportkommando) können Nachrichten, auch innerhalb einer logischen Verbindung, bevorzugt behandelt werden. Dies gilt für die Übertragung auf den Interknotenleitungen als auch auf den Leitungen zwischen Prozessorknoten und Stationen.

- Datenflußsteuerung

  Die Datenflußsteuerung regelt den Zu- und Abfluß von Nachrichten zwischen Stationen und ihren Prozessorknoten als auch zwischen den Prozessorknoten. Die Datenflußsteuerung verhindert die durch unterschiedliche Übertragungsgeschwindigkeiten der Ports mögliche Monopolisierung eines Prozessorknotens bzw. des gesamten K-Subsystems durch einen oder wenige Absenderstationen.

<u>Die Stationsfunktionen</u>

Aufgabe dieser Funktionsschicht ist es, die Anwendungsprogramme in den Verarbeitungsrechnern auch möglichst unabhängig von den Endgeräteeigenschaften der Stationen zu halten, oder allgemeiner Stationen unterschiedlicher "Endgeräteeigenschaften" und nicht nur unterschiedlicher DÜ-(Port-) Eigenschaften miteinander kommunizieren zu lassen. Dazu wird eine "virtuelle" Station mit abstrakt definierten Endgeräteeigenschaften definiert, mit der die Anwendungsprogramme kommunizieren. Die Abbildung der Kommandos an die virtuelle Station in diejenigen der jeweiligen "reellen" Stationen erfolgt im K-Subsystem.

Die Stationsfunktionen umfassen demnach stationsindividuelle Dienste, die i.w. eine endgerätegerechte Formatierung der Nachricht (z.B. Einfügen von CR/LF entsprechend der Zeilenbreite der Station) und Plausibilitätskontrollen erlauben. In Systemen mit einer geringeren Anzahl von Anwendungen kann es auch sinnvoll sein, auf den vom Nachrichtenaustausch getrennten Auf- und Abbau logischer Verbindungen zu verzichten und die Empfängerbestimmung dynamisch für jede Nachricht, abhängig von bestimmten Nachrichtenteilen und stationsindividuell vorzunehmen.

Die Abbildung der "virtuellen" Stationseigenschaften auf die von "reellen" Datenstationen würde natürlich wesentlich erleichtert, wenn die Datenstationen einheitliche und den "virtuellen" Stationseigenschaften angepaßte Stationseigenschaften erhalten würden. Diese Forderung läuft dem Bestreben zuwider, unterschiedliche Technologien sinnvoll für Datenstationen zu nutzen und die Eigenschaften der Datenstationen an die jeweilige Anwendung optimal anzupassen. Für die Zukunft ist zu erwarten, daß mit den durch Mikroprozessoren erschlossenen Möglichkeiten die Stationsfunktionen in zunehmendem Maße aus dem K-Subsystem in die Datenstationen verlagert werden können, die dann die Eigenschaften von standardisierten, "virtuellen" Stationen erhalten und von den Anwendungsprogrammen unmittelbar nach standardisierten Steuerungsverfahren angesprochen werden können.

Solange es keine einheitlichen, standardisierten Verfahren zur Stationssteuerung gibt, muß für die Stationsfunktionen des K-Subsystems besonders hohe Flexibilität für Erweiterungen gefordert werden. Diese Funktionsschicht muß auch für den Benutzer zugänglich sein und es erlauben, benutzungsspezifische Stationsdienste in einfacher Weise zu definieren und in das K-Subsystem einzubringen.

3. Dienste für das K-Subsystem

Das aus der Gesamtheit der Prozessorknoten einer DFV-Installation gebildete K-Subsystem bedarf selbst bestimmter Dienste für Inbetrieb- und Außerbetriebnahme, Betriebssteuerung und Betriebsüberwachung. Der Aufgabenbereich dieser Dienste - auch Dienste zur Subsystemunterstützung (SSU) genannt - umfaßt:

- Führen von Subsystemdateien (Code-, Dump-, Fehler- und Wiederstartdatei)
- Laden der konfigurationsgemäßen Steuerprogramme für die Prozessorknoten und Dumpen derselben
- Administrieren des Subsystems im Betrieb: Aktivieren und Deaktivieren von Funktionseinheiten, z.B. Leitungsanschlüsse; Statusabfragen, z.B. von Datenstationen; Verändern von Betriebsparametern; Periodische Überwachung der Prozessorknoten; Ein-/Ausschalten von Betriebsverfolgern; Entgegennahme und Weitergabe von spontanen Meldungen aus dem K-Subsystem
- On-line Wartung und Fehlerdiagnose

Die Dienste der SSU können in einem (ggf. mehreren) Rechenzentrum - dem Administrationszentrum des K-Subsystems - realisiert, da dort die erforderlichen Betriebsmittel, wie z.B. Großspeicher und auch geschultes Bedienungspersonal verfügbar sind. Das Administrationszentrum ermöglicht eine zentrale und koordinierte Betriebssteuerung. Im Administrationszentrum wird eine globale Betriebsübersicht möglich.

Zur Kommunikation mit dem Administrationszentrum erhält jeder Prozessorknoten einen Administrationsteil (einen programmierten Prozess), der die Kommandos aus dem Administrationszentrum für seinen Prozessorknoten ausführt und spontane Meldungen (z.B. Defekt eines Leitungsanschlusses) an das Administrationszentrum erzeugt. Im Administrationszentrum sorgt ein Kommandoteil (ebenfalls ein programmierter Prozess mit Residenz in einem Verarbeitungsrechner) für die Verteilung der Kommandos an die Administrationsteile und die Entgegennahme der spontanen Meldungen aus dem K-Subsystem. Die Kommandos können in mnemotechnischer Form von einer Bedienperson oder von einem Benutzerprozess an den Kommandoteil abgegeben werden, Meldungen nehmen den umgekehrten Weg. Kommandoteil und Administrationsmoduln werden als Stationen des K-Subsystems geführt und benutzen selbst zur Kommunikation dessen Dienste.

ON THE EXCHANGE OF MESSAGES BETWEEN PROCESSES

by
Adele N. Doederlein and Friedrich R. Hertweck
Max-Planck-Institut fuer Plasmaphysik, Garching

1. Introduction

In this paper a message exchange protocol is defined which is currently under design for the AMOS Operating System. This protocol uses a set of communication primitives which in a network of computers are necessary to spread the operating sytem across the network. In order to achieve this goal the communications primitives must be endowed with properties for process synchronization. Most of the past work in computer network design seems to concentrate on the problems of network topology, transmission technologies and transmission protocols. All these questions are of secondary import to us. We assume that messages or message packets can be exchanged error-free between any of two host processors.

Our concern will be the next higher level of message transmission. This level is usually treated in a casual way: One implements facilities for the exchange of files between hosts[4], or a mechanism for the transmission of complete "computer job" setups (basically again files), or acces to a central data base, etc. However, some recent work being done is going into the same direction[2][3].

We are convinced that an intermediate standardized level for process/process message transmission is necessary and indeed possible. It should provide a protocol which permits

(1) the establishing or abolishing of message links between any two processes (in the same or different hosts),
(2) the activation/deactivation of those message links,
(3) the transmission of messages,
(4) the waiting for messages,
(5) alerting a process to the possibility of receiving messages some time in the future,
(6) control and status interrogation of the message link.

With the functions described above it should be possible to use the message transmission protocol for a wide spectrum of applications:

(1) message communications between processes in host computers,

(2) terminal concentrators,

(3) collection of log-file records,

(4) communication with system operator(s).

If the message transmission mechanism is combined with a suitable operating system in a minicomputer, it may further be used

(5) to attach data acquisition systems to the network, or

(6) to attach remote I/O stations (intelligent terminals) to the network.

An important consequence of the message transmission protocol postulated above is the need for its close interaction with the task management of the host operating system.

2. Process/Process Message Transmission and Message Controllers

The starting point for our discussion is the description of the computer system as a set of parallel processes being executed in one or more host processors. Message transmission may take place between any two processes in the same or different hosts. In the latter case they are connected by a suitable kind of communication line as, for instance, a telephone line or a channel-channel-coupler.

The message transmission mechanism must be flexible enough as to determine by itself whether two processes that are going to exchange messages are located in the same host or not. This requires of course that each process in an interconnected network of host processors has its own unique process name. The operations issued by a process in order to establish a communication path (to be called a message link), or to send or receive messages, must be invariant against the location of the other process (called the correspondent). This property has been named "process location transparency" [3].

These requirements call for a general message transmission mechanism to which all processes interface. It will be called the Message Controller (MC). The message controllers are the basic functional modules for the transmission of messages between processes. For each host processor in which processes may engage themselves in the exchange of messages with other processes a message controller is needed, no matter whether the two processes are in the same host processor or not. (The message controller does not render superfluous the "classical" synchronization primitives like the semaphore operations which are more efficient but less general.)

The message controller will interface to three kinds of entities:

(1) processes
(2) communication lines
(3) terminals

In principle, any process (user or system) may use the message controller, though user processes normally will not be allowed to use all of the facilities. The communication lines are not restricted to the traditional voice grade lines, but they may be channel/channel-couplers, etc. Though terminals could be represented as processes, it is convenient to handle them as separate entities directly attached to the message controllers. The reason for this is that all terminal activity may be described in terms of message transmission. To have the message controller supervise the terminals enhances efficiency of the system.

The functions of the message controller may be described as follows:

(1) to accept a request from a process to establish a message link to another process and to pass that request to a central "switchboard";
(2) to accept and execute requests to activate an existing message link;
(3) to accept messages from a process, to buffer them and to dispatch them to the correspondent;
(4) to reactivate a process that is waiting for a message, after that message has arrived, and to pass that message on to the process;
(5) to control the dynamic buffering of messages received from processes in the same host computer;
(6) to block or to partition messages into suitably sized packages before transmitting them ("line buffer management");
(7) to maintain the I/O operations on the telecommunication lines and to perform the standard line protocol functions (including error checking and error correction);
(8) to control the deletion of messages, buffered in the

message controller, after they are known to have safely arrived at the correspondent's message controller;

(9) to encode messages in compressed form in order to reduce transmission time and to decode them upon arrival;

(10) to log operating statistics and failures of the message controller for tuning and maintenance purposes.

3. The Analogy of Message Transmission and File Access

There is a close analogy between message transmission and access to files. In the operating system for the RC 4000[1] the access to files is indeed organized by using the vehicle of message queues. We shall look at this relationship in a somewhat more abstract way as explained in the following table:

Message Transmission Operations	File Access Operations
establish/abolish message link	allocate/deallocate file
activate/deactivate message link	open/close file
send message	write into file
await message	read from file
alert to incoming messages	---
message link control	rewind, backspace file
status interrogation	---

There are some message transmission operations that have no analogy to file access operations. They have to do with the fact that message transmission involves to a large extent explicit process/process synchronization. It should be kept in mind that file read and write operations also need interprocess synchronization (between the user's program and the I/O channel).

It seems reasonable to extend the analogy also to the formal description of message links. The requirement of relative independence of the process of its correspondent suggests the introduction of named "logical message links" or <u>message files</u>, for short. They play the same role as the logical files used in a program. In the same way as a correspondence is established between logical files and real files, a message file is mapped onto a message link between two corresponding processes.

We have already mentioned that processes must have unique names within a network of hosts, and the same is true for the _message ports_ of a process. Thus unique naming of message ports is done by a construction like

<process id> . <message port id>

A message link is then defined by a pair of message port names.

While within a program we only deal with the message file name, in the command language environment there must be a mapping instruction of the following form:

<message file id> : <message port id> ←→ <message port name>

where message port id refers to the process in question, while the message port name refers to the correspondent. Obviously, the message port name of the current process is constructed by prefixing the message port with the process id.

4. Establishing a Message Link

A _message link_ connects the message ports of two processes. The _ESTABLISH operation_ is performed at process initiation time. It is a privileged operation belonging to the group of resource allocation operations. The resource being allocated is a _message path_ between two message controllers. The message path consists of a slot of the transmission line and one _message controller port_ (MC port) on each side of the message path. The process, when transmitting messages, will only "see" the MC port on its own side. Addressing the port uniquely defines the correspondent's port.

The message controller port is represented by a data structure within the message controller and therefore inaccessible to the user process. It contains all information needed for the proper functioning of message dispatching or receiving. Ports are uniquely numbered within a message controller and referred to by the process with this number. The message controller will check at each access by a process to a port whether this port actually has been allocated to this process. Thus the message file id of the user's program is mapped onto a port number.

In one half of all cases the ESTABLISH operation cannot be completed, since the correspondent process has not yet been initiated.

We therefore need a Switchboard Message Controller which will match ESTABLISH requests of pairs of processes. In principle, the switchboard MC maintains a list of quadruples

{m, p, <message port name 1> , <message port name 2>}

where <message port name 1> is the identification of the process and its message port that issued the ESTABLISH, m is the identification of the message controller of the host and p the port number assigned to the process by the ESTABLISH request; <message port name 2> defines the process identification and message port identification of the requested correspondent. If an ESTABLISH request is entered into that list with a new quadruple, such that the message port names are cross-wise equal, two ESTABLISH requests are said to match and a message link can be established. It may be represented by another quadruple of the form

{m1,p1; m2,p2}

Each (m,p)-tuple will be propagated to and stored in the port of the correspondent's message controller. Both of the MC ports will change their states from "message link requested" to "message link established".

It is evident that there may be only one Switchboard MC in the network which does not, however, preclude a redundant switchboard for reliability reasons.

The above scheme of establishing a message link treats all processes in the same way; the order in which processes are created is irrelevant. This is in contrast to the master/slave philosophy of DECNET[4] where the slave must be active before the master (which requires some additional means of synchronization).

5. Activating a Message Link

The activation of a message link is also asynchronous, requiring the cooperation of the two processes. The ACTIVATE operation corresponds to the opening of a file and is performed by the user's process. By now, the process only addresses the port of the message controller. The information associated with the port contains the (m,p)-pair of the correspondent, thus enabling the message controller to route messages to the uniquely defined correspondent. (On this level any of the "classical" network control systems may be used.) Issuing an ACTIVATE command activates the port and sends a message down the link to inform the correspondent's port of this fact. The message link is said to be active if both ports have been activated and if at each port a flag "correspondent's port is active" has been set.

A message link is always bidirectional, i. e. messages may be transmitted both ways at the same time. It is the responsibility of the two processes to ensure that not both of them attempt to wait for messages at the same time. This situation is similar to the possibility of producing deadlocks by improper usage of semaphore operations.

6. Message Transmission Operations.

After the message link has been activated messages may be sent to the correspondent process. The <u>SEND operation</u> specifies the message to be sent (which is described by address and length and may in fact consist of a chain of messages) and the port of the message controller. From what we said above it follows that the message controller will uniquely identify the receiving process.

The sending of a message in general does not delay the sender. This implies that the message controller must be able to accept the message, i. e. to copy the message string into its own buffer space. The user process is then free to overwrite its own message buffer space while proceeding with its work. Evidently there must be a safeguard against clogging the message link with messages. For instance, the sender may be much faster in sending messages than the receiver may accept them. Conveniently the user may specify as a parameter of the ESTABLISH operation the desired message link capacity (either as a maximum number of messages or as the maximum cumulated message lengths). The message link will then not accept messages beyond this limit before messages have been consumed by the receiver. This necessitates the sender of being informed of the fact that he might proceed.

If the message controller temporarily cannot accept messages, the sender must wait. This waiting will be implemented by an implicit semaphore variable associated with the MC port and shared by the MC and the user process. (In fact it would be implemented as a "conditional critical region" resulting in the repetition of the SEND operation when the wait condition is removed.)

The AWAIT message operation is used to accept messages from another process via the message link. This operation is used in a similar way as the SEND operation. The address and length of a message buffer and the MC port number are given as parameters. The operation causes a delay if and only if there is no message waiting at the indicated port of the MC. The wait condition is removed when a message arrives. As it is consistent with our concept of message links that a process may have several such links, it is possible to define a list of ports and to receive messages from any one of them. If a message is received at one of these ports, the wait condition is removed.

7. The ALERT Operation

The ALERT operation is issued by the user to alert his process to the recognition of incoming messages. ALERT does not cause a delay if there are no messages waiting in the message controller; instead, the execution of an asynchronous procedure, specified by the user in the ALERT operation, is invoked when the first message arrives after the ALERT was issued. In this way an otherwise normally proceeding computation is addressable at any time.

For instance, a user may initiate a production job and request the establishment of a message link. The ESTABLISH operation is performed on behalf of the user program by the job scheduler. The user himself must issue in his program the operations ACTIVATE and ALERT. Then his program proceeds normally. The user may now start another process, for instance at a terminal, and issue the sequence of operations ESTABLISH (again normally issued by the scheduler), ACTIVATE and SEND. When the message sent by the SEND arrives at the receiving port the user's program is interrupted and the asynchronous routine is executed. This routine may set a flag interrogated at a convenient time by the program. When the flag is set the program may decide to issue an AWAIT which now will be honoured at once thus making the message available to the program. If no message ever arrives and if the program does not require it (by never issuing an AWAIT) , it will never get into a wait condition.

8. Deactivating and Abolishing a Message Link

A <u>DEACTIVATE message link operation</u> is issued when no more information is to be sent over or received on a message link. After the DEACTIVATE has been issued, no more SEND operations may be performed. However, AWAIT operations may be used by the process to accept any outstanding incoming messages. Finally, the AWAIT will return the "end of transmission" condition indicating that there are no more messages to be expected.

When the DEACTIVATE operation is received by the message controller, it will send a note to the correspondent's message controller to inform it that message transmission is to be discontinued. Whereas the DEACTIVATE-issuing process immediately stops sending of messages, the correspondent may continue sending of messages until it receives the note mentioned above which will inhibit the correspondent. The message link will actually be deactivated after the ports on both sides have been inhibited and there are no more outstanding messages.

The DEACTIVATE operation is analogous to closing a file. The message link may be reactivated any time by the processes if both of them issue an ACTIVATE. Deactivating and reactivating a message link provides the processes with an additional means of synchronization, sometimes convenient for the global organization of programs.

The <u>ABOLISH message link operation</u> is a privileged operation. Normally, it will be issued by the terminator of a process. Execution of this operation causes all message links connected to a process to be flushed and all ports allocated to the process to be released. Therefore, this operation should only be used after all message links have been deactivated.

The latter may not be possible in the case a process "blows up". When this happens and the terminator issues the ABOLISH, the message controller of the correspondent will declare the correspondent's port inactive and will inhibit all message transmission activity. The correspondent's port will return to the state "message link requested", like after an ESTABLISH operation. This permits error recovery without the need to issue the (privileged) operation ESTABLISH: if the failing process has been restarted, the cooperation between the two processes may continue; otherwise the correspondent should terminate itself or be terminated externally by a "time-out" condition.

9. Conclusion

In this contribution we have outlined a set of message transmission primitives which permit very flexible schemes for the exchange of information and synchronization signals between processes. We hope that these operations are suitable to support a broad scope of functions of a distributed operating system.

When compared to other work (for instance, the ARPA Network), we have attempted to generalize some of the concepts which rather deal with the user processes than with the network itself. In particular we should like to mention: There is virtually no limit on the length of messages, links are bidirectional, the sending of a message does not delay the sender, several messages (up to a certain limit) may be on their way simultaneously, the design defines a closed set of primitives (i. e. the transmission protocol is not open-ended) that interact closely with the operating system of the host, the concept of the switchboard permits the creation of connections between arbitrarily located processes, etc.

In short, our main goal is the creation of a unified operating system distributed over several hosts and sites, rather than the connection of hosts of different types with different operating systems into one network.

REFERENCES

(1) P. Brinch Hansen, Operating System Principles, Prentice-Hall, 1973

(2) C. S. Carr, S. D. Crocker, and V. G. Cerf HOST-HOST communication protocol in the ARPA network, SJCC, 1970

(3) DECNET-10, A Data Communications Message Protocol, Digital Equipment Corporation, Maynard, Mass.

(4) S. Wecker, A building block approach to multi-function multiple processor operating systems, AIAA Computer Network Systems Conference, 1973

THEORETISCHE ASPEKTE / THEORETICAL ASPECTS

DISTRIBUTED APPLICATIONS ON HETEROGENEOUS NETWORKS

J.C. CHUPIN*, J. SEGUIN* & G. SERGEANT**

ABSTRACT

Development of information handling networks requires solutions to two classes of problems :

- *basic mechanisms of distributed applications, basic control systems, logical network machine, command and implementation languages,*
- *distributed data base problems, interface language and distribution of information.*

This paper considers these problems, suggests solutions and gives an example of application of those solutions.

KEYWORDS

Heterogeneous network. Distributed application. Command language.
Data base management system. Protocols. CYCLADES. SOCRATE.

* Compagnie Internationale pour l'Informatique, Centre Scientifique de Grenoble, I.M.A.G., B.P. 53, 38041 Grenoble Cedex, France

** Ecole Nationale Supérieure d'Informatique et de Mathématiques Appliquées, Institut National Polytechnique de Grenoble, B.P. 53, 38041 Grenoble Cedex, France.

1. SCOPE AND DEFINITIONS

Present trends in general purpose computer networks are towards two-level structures : communication and application.
Assuming that the problems posed by communication have been overcome, we consider a network to be a set of autonomous and possibly dissimilar computing facilities (hosts) connected together by some method of communication (communication subnet).
In the following we shall be only concerned with the application level and study how to perform an effective resource and/or data sharing.

A network is *centralized* if only one host is responsible for all controls and functions. We do not address this type of application (where the network merely replaces a wire) but rather concentrate on the notion of *distributed application* (i.e. those where some controls and/or functions are distributed among the participating hosts). Clearly, new software components are necessary to enhance the development of such applications.

We consider that every application presents two classes of objectives : environmental objectives which are usually application-independent and functional objectives. The second section is therefore dedicated to the presentation of a *Logical Network Machine* (*L N M*) intended to play in the network the role assigned to the basic software in a general purpose machine. The LNM should provide the designer with all the tools necessary for a *direct and easy* implementation of heterogeneous distributed applications.

The last section should be considered as an example illustrating how a large Data Base Management System can be distributed by using the LNM as a support.

2. THE LOGICAL NETWORK MACHINE (LNM)

2.1. Overview

It is the responsibility of this level to take into account the following environmental objectives : heterogeneity, distribution of control and use of standard existing operating systems.

As illustrated in figure 1, the LNM is placed between the "naked network" (i.e. untouched hosts connected via the communication sub-network) and the various distributed applications.

It should hide from the user the problems posed by the heterogeneity and the loose nature of the coupling (telecommunication links).

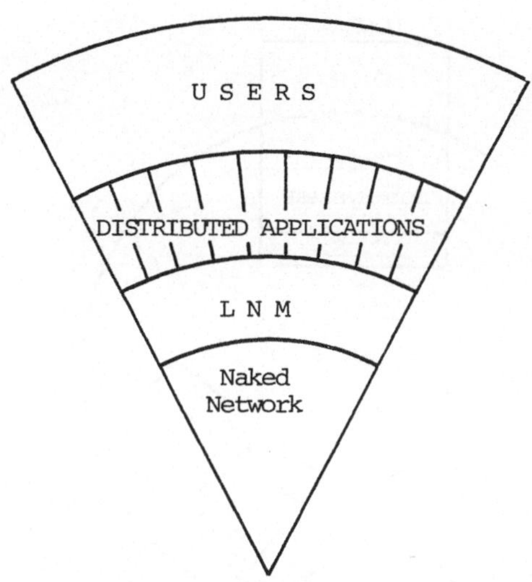

Figure 1. Hierarchical structure of a network

The functions performed by the Logical Network Machine can be classified into *referencing* and *scheduling*. Referencing is restricted to the application-independent objects such as jobs, processes and data. It includes the concepts of designation, retrieval, conversion and transfer. This referencing function allows high level addressing between objects located at different loosely coupled processors to be established. It is really a *network name space* which is built on top of the various local name spaces. New network objects such as *network jobs*, *network files*, .. are defined and described in *network catalogues* whose *consistent* copies must be kept at each host.

As for scheduling, it is intended to submit and execute network jobs and network programs which may result in the simultaneous execution of *local jobs and processes* at the different locations. Therefore, the scheduling function includes the interfacing with the local operating system, the interpretation of a *network language* and the inter-site synchronization. There is such a lack of semantic interpretation in existing operating systems that one must add new software components to the hosts : these modules are called *control sub-systems* whose collection forms the *control facility of the network*.

Figure 2 shows the logical machine structure.

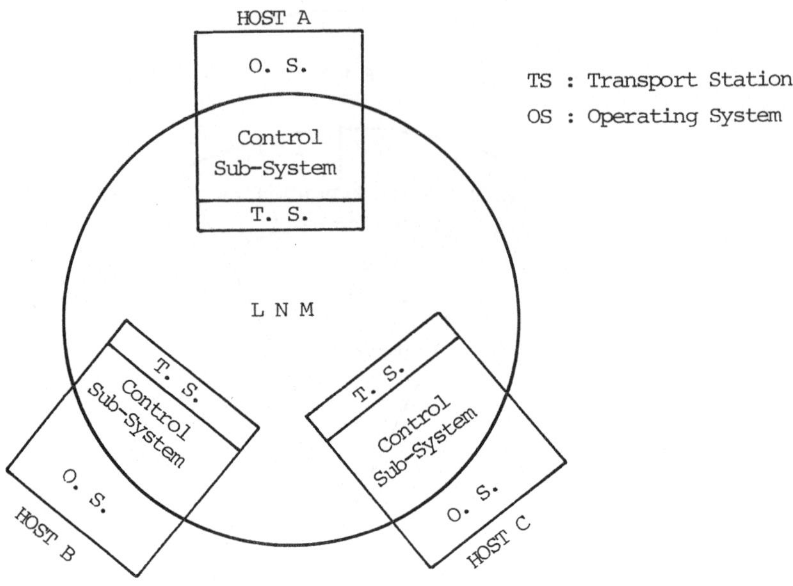

Figure 2

It is clear that the control is distributed among the different hosts. In order to achieve the global control, the different control sub-systems much communicate with others. They do so by using the *transport station* which gives access to the communication sub-network. The collection of transport stations coupled with the communication sub-network forms the *communication facility*.

2.2. An approach to network scheduling

The heterogeneous nature of a network is a strong argument in favor of a uniform language for both command and programming. If not, since a network job (respectively network program) results in the execution of several jobs (respectively programs) under the control of dissimilar systems, every host should know the command languages (respectively assembler codes) of every computer in the network.

It is therefore preferable to define a *unique* language that can be understood by all the participating machines. This language must be a pseudo-code to be interpretated by every host on reception. At this level there is no reason why command an programming languages should be different from one another. An interpretative approach has been selected which provides a high degree of flexibility during the debugging stage.

As detailed later, each host contains a general interpretor called IGOR [9] responsible for executing programs written in pseudo-code. The pseudo-code contains arithmetic, logical, branch and if instructions as well as normalized system calls, which permit the definition of algorithms. In addition, provision has been made for invoking program written in local code during the interpretation of a pseudo-code program (see figure 5). It has also been planned that local code be capable of being generated from pseudo-code so that libraries can be created from the final correct code.

We then obtain the remarkable facility of being able to uniquely define algorithms mixing command and programming languages which can be executed on any host in an interpretative manner. This provides a total transportability of modules, even of those containing system calls. We shall now see in full detail how this has been realized and describe the different modules composing a control sub-system.

2.3. Structure of a control sub-system

A control sub-system is one of the tasks of the operating system on which it resides. Its overall structure consists in a process management kernel (PMK) controlling two types of processes : user and system processes.

The reentrant code of the interpretor (IGOR) is associated with user processes. The two system processes are a loger (responsible for contact establishment) and the local operator console handler, which provides some kind of network operator console.

The design of the process management kernel (called SYNCOP) is extremely important since it must take into account the heterogeneous nature of the network. It accepts standard creation/destruction and synchronization primitives regardless of the local operating system. It is a key element which provides the designer with a means of transporting control modules (i.e. those containing system calls).

2.4. Structure of a distributed application

So far, the study has been restricted to the application-independent objectives. We must now describe how to develop *functional sub-systems* (*FSS*) whose union with the LNM constitutes a network distributed application. Clearly, most of the problems are specific to the type of application (nature of objects, naming, operating protocols, ..). The next section will illustrate the case of a data bank application.

Nevertheless, the global structure illustrated in figure 3, remains the same. It is shown that the sub-systems communicate with each other via a distribution ring, while the operating systems have no direct connections. This "logical" representation shows that the various levels of sub-systems can be considered as exchanging information according to specific protocols (the communication sub-systems exchange messages, the functional sub-systems exchange requests such as READ file, READ data bases, ..). In fact, all the different protocols are multiplexed inside the unique real communication means provided by the communication subnet.

Note that a control sub-system exists wherever a functional subsystem is present, though not necessarily vice-versa. Note also the sharing of LNM between different higher level applications.

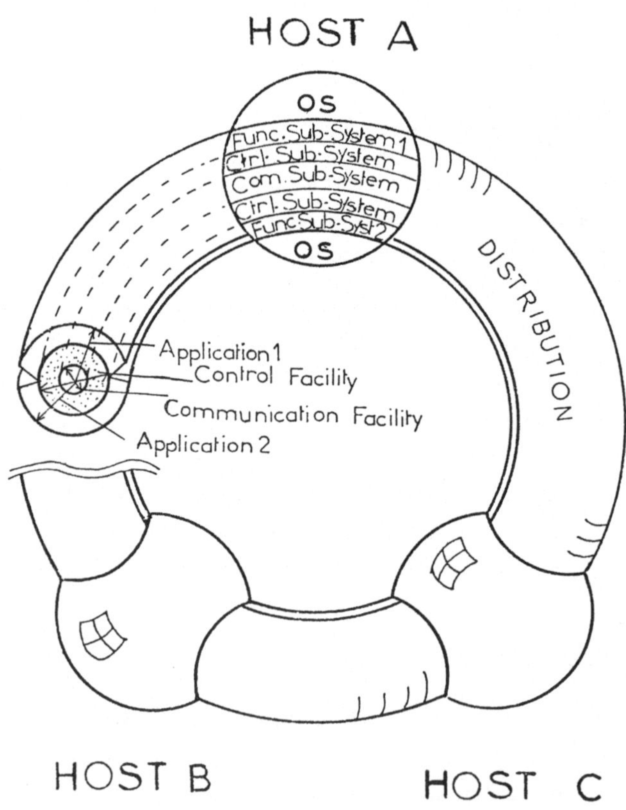

Figure 3. Structure of a distributed application

The internal structure of a functional sub-system and its interface with other functional sub-systems deserves some comments. First, there is no reason why a functional sub-system could not be hierarchically organized. Besides, some intermediate levels are not necessarily present at every host participating in the application. Since, however, it is necessary that a level be informed of the location of the next downstream level, a producer-consumer distinction has been established at each level. As shown in figure 4, there is always a *local interface* between the producer of a level and the consumer of the next downstream level. On the other hand, the interface between consumer and producer of the same level can be either local or *remote* depending upon the location of the object. Note however, that producer and consumer are not necessarily present simultaneously at a given site.

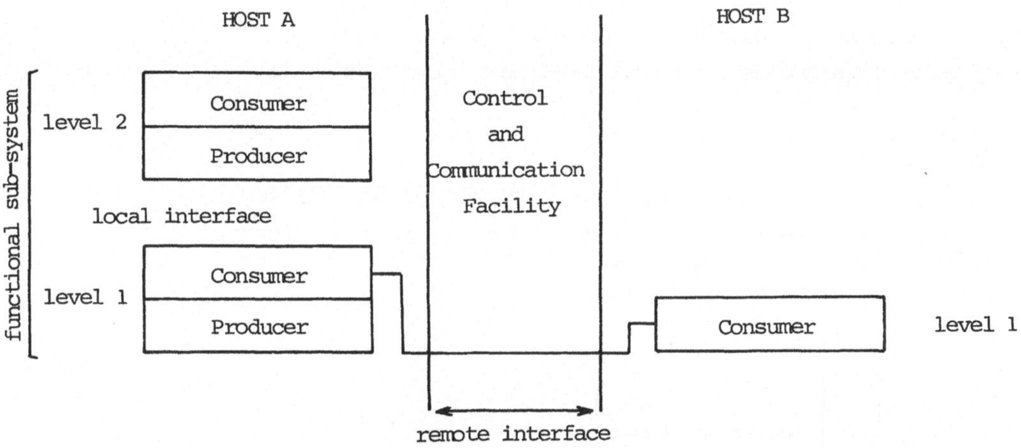

Figure 4. Local and remote interfaces

2.5. Implementation of IGOR

The final product has been developed in different steps :

- first, the SYNCOP process management kernel has been implemented separately on the different computers providing a standard synchronization scheme [5] ;
- secondly, the interpreter has been written in a PL/360-like language called FANNY, which is transported on the different computers using the STAGE 2 macro-generator [13].

2.6. Implementation of a distributed application and transportability

Implementation of a distributed application requires that functional sub-systems be implemented. One can simply write these sub-systems in pseudo-code and leave the interpreter do the rest. This could be useful way during the debugging stage but the overhead can become too expensive in the operational state. This is why it has been planned that local code be generatable from pseudo-code.

This implies that code be called for execution from a pseudo-code program. This facility (illustrated in figure 5) is also very interesting if we wish to use 'off the shelf programs' which have been previously developped on a given computer.

If we follow the following rules, the transportability of sub-systems is automatic :

a) write as many programs as possible in pseudo-code ; we can also imagine that pseudo-code be generatable from FANNY programming language ;
b) use exclusively SYNCOP for all process creations and synchronizations ;
c) provide a scrupulous functional layering to permit an eventual distribution.

THREADED CODE ASSOCIATED WITH A USER PROGRAM

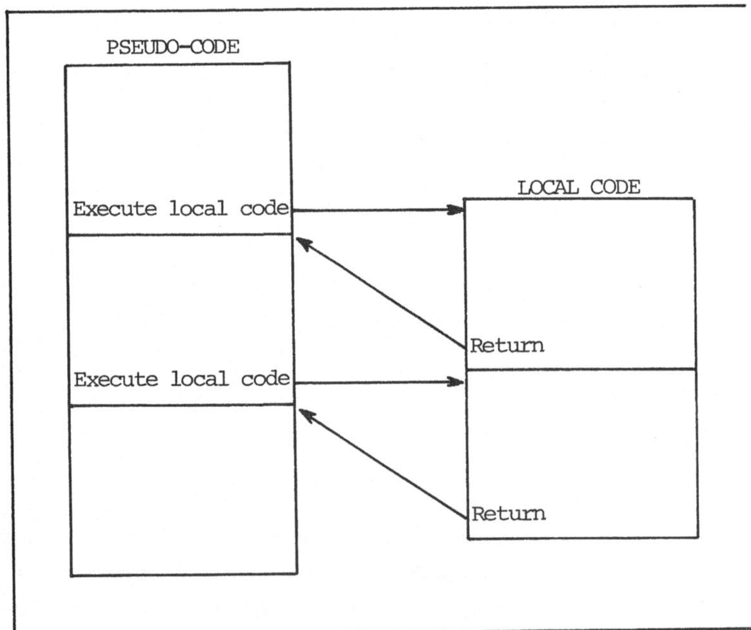

Figure 5. Relation between local code and pseudo-code

3. APPLICATION TO DISTRIBUTED DATA BASE MANAGEMENT SYSTEMS

3.1. Overview

All the above described concepts have been applied to the SOCRATE [11] data base management system in order to ensure its distribution in the French CYCLADES network. Note that SOCRATE being a general purpose data base management system, the following results also apply to most recent large data base management systems.

First, it seems necessary to clarify the notion of distributed data base management systems. For us, a data base management system consists of three sets : the *users* (be they terminals or batch-oriented), the data base management system *internal functions* and the *physical data bases* (collection of files which are standard with respect to the housing operating system). Stated another way, we identify three major functional levels : terminal access method, logical access method and physical access method.

A distributed data base management system is then a data base management system for which one or more of the access methods have been distributed.

The approach taken preserves the access method concept and ensures distribution by designing each level as a *heterogeneous distributed network application* (see section 2). It is clear that such an approach resulting in access distribution rather than data duplication, is opposed to the file transfer approach which leads inevitably to serious consistency problems (due to the presence of multiple copies of the same data set).

Finally, depending on which level is intended for distribution, we can observe several types of usage ranging from the simple user distribution up to a *distributed logical "back-end"*.

We shall now examine the distribution process of two significant levels with respect to the concepts developed in sections 1 and 2.

3.2. The network direct access method

As explained earlier, this access method deals with physical data bases (i.e. set of files in the usual sense). As opposed to a file transfer solution, the approach consists in *distributing the access*, thus avoiding consistency problems. We shall first establish the correspondance between the concepts developed in section 2 and the network direct access method module [1], [3].

A *user* (system or application program) is a process in the IGOR acceptance of the term. The associated algorithm consists in "threaded code" (IGOR instructions mixed with local code). The functional sub-systems are represented by the direct access methods provided in a standard manner by the different operating systems (CII VDAM, IBM BDAM, ..).

The operating protocol is transported and interpreted by IGOR which takes care of :

. remote process creation/destruction,

. synchronization,

. interface with the different operating systems and the file management systems.

The following diagram illustrates such an architecture.

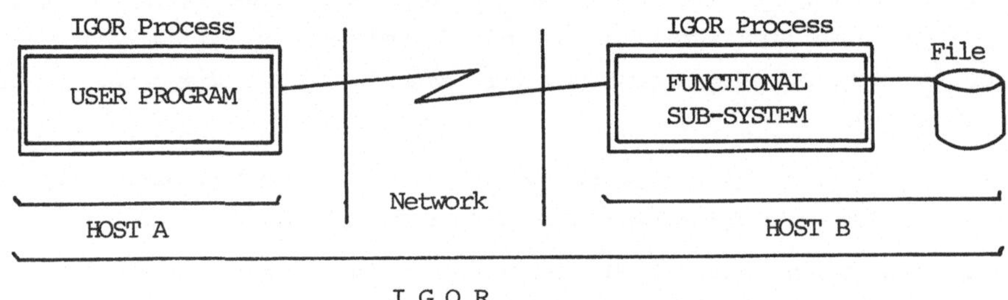

Figure 6. Remote access to a file

The replacement of the SOCRATE physical access method by network direct access method provides automatically a geographical distribution of physical data bases as well as the possibility of storing the bases on heterogeneous hosts (see figure 7).

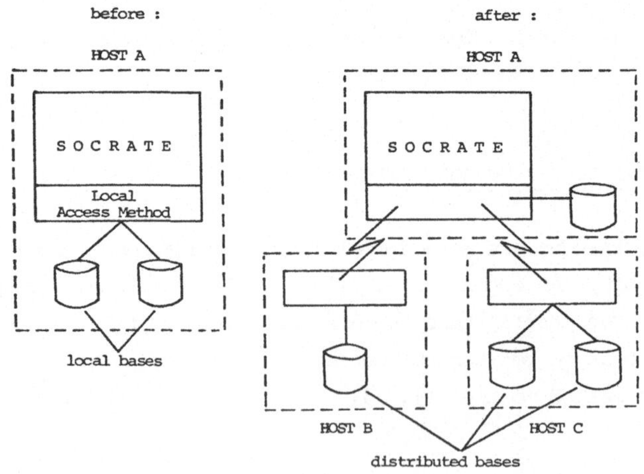

Figure 7. Physical file distribution

3.3. Logical access method

This level concerns the manipulation of *structured data* possibly containing *interrelationships*. This means that we operate at the minimum *semantic* level allowing the *logical consistency* to be preserved during eventual update operations. It is very desirable to provide a certain independence from the data description language, so that the access method can be shared between several data base management systems.

In the following we shall first present the preliminary work that must be performed on the SOCRATE data base management system in order to permit its distribution and then we shall describe the implementation.

3.3.1. Choice of the minimum semantic level

This level must be :

. independent of the user request language,

. independent of the physical data organisation,

. hopefully independent of the access path.

3.3.2. Network modularity

In order to allow different functional levels to reside on different hosts, it is necessary to define a special kind of interface between the levels. The interface cannot use local addressing since such a concept is not transportable from one computer to the other. Besides, the functional layering must be performed with a great care in order to minimize network traffic and response time. In particular, updating of large tables should be avoided by two different levels, if these levels are to reside on different hosts.

It looks particularly interesting to provide a means of sharing a given access method between different and rather independent applications. This implies that some sort of a "login mechanism" must be present at the access method level and that higher levels introduce themselves to the access method using a contact/connection protocol.

3.3.3. Distribution and implementation

In SOCRATE the compilation of the user request language is performed in three phases : edition, pseudo-code generation and finally code generation.

With slight modifications, the SOCRATE pseudo-code has been made fully transportable. It contains a set of logical access method primitives separated by branch operations. Fortunately, this level matches the requirements indicated for a minimum semantic level.

It is therefore at this level that distribution must take place.

It has been decided to adopt the IGOR pseudo-code as a vehicle for the operating protocol. This means either that SOCRATE pseudo-code be translated into IGOR pseudo-code or that the SOCRATE compiler be modified so that IGOR pseudo-code be directly generated.

The only remaining problem is site selection. First, we must adopt for the data bases a mode of designation which is adapted to the network. The *network data base name* must contain in one way or another a site/host identification which will be made available to the SOCRATE compiler.

Secondly, we must structure the generated pseudo-code into blocks, each of them corresponding to a given host. This structuring can be performed according to different strategies : either we build for each user request a small pseudo-code block to be executed immediately, or we concentrate the blocks corresponding to the same host before interpretation. In the latter case, IGOR must provide two new pseudo-code operations in order to achieve synchronization : pseudo WAIT (PSDWAIT) and pseudo POST (PSDPOST).

This approach preserves proper synchronizations and minimizes the network traffic.

Example :

Suppose we have the following user program in the request language form :

begin
names of all persons having a red car ?
types of all cars ?
end

where persons are located at site A and cars at site B. The following two blocks of IGOR pseudo-code will be generated :

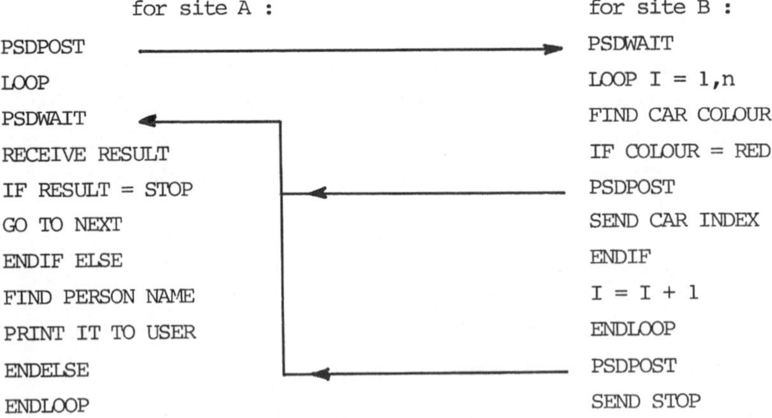

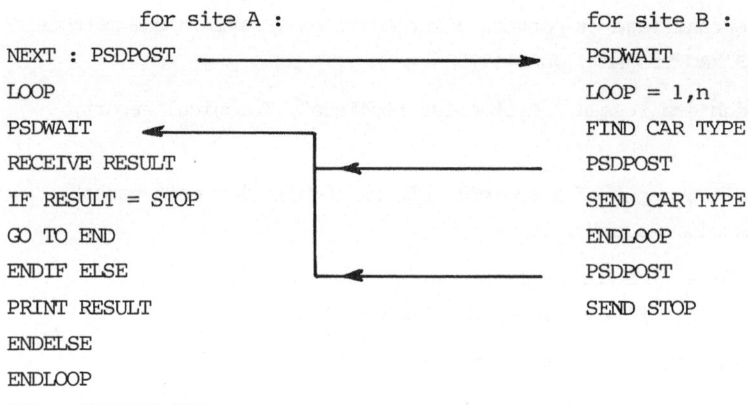

4. CONCLUSION

The logical network machine provides a solution to the problem of heterogeneity while providing the designer with a means of implementing distributed applications. This should enhance the development of such applications the lack of which is deeply resented by large scale network users.

There remain now many outstanding problems in the fields of reliability and performance.

The most significant result is certainly the complete transportability provided by conjunction of a transportable programming language (FANNY), a normalized process management kernel (SYNCOP) and an interpretative execution (IGOR).

5. REFERENCES

[1] J.C. CHUPIN & J. SEGUIN, "A Network Direct Access Method", Network Conference Darmstadt, October 1974

[2] E. ANDRE, J.C. CHUPIN & J. SEGUIN, "Distributed Data Base Management Systems", EEC Advanced Course, Serre Chevalier, December 1974

[3] J.C. CHUPIN & J. SEGUIN, "MADRE", Technical Report, CII Scientific Center, Grenoble, April 1974

[4] G. SERGEANT, "SOCYCRATE", Technical Report, ENSIMAG, Grenoble, May 1975

[5] ENSIMAG and CII Network Teams, "SYNCOP, Système Normalisé de Commutation de Processus", Grenoble, September 1975

[6] O. & C. LAMBERT, "Verrouillage et partage d'informations au sein d'une méthode d'accès réseau", ENSIMAG Project, June 1975

[7] NGUYEN GIA Toan, "Fichiers réseau / Protocoles fichiers", Technical report, Grenoble, June 1974

[8] J.C. CHUPIN, "Control concepts of a logical network machine for data banks", IFIP Congress, Stockholm, August 1974

[9] G. SERGEANT & M.N. FARZA, "Machine interprétative pour la mise en oeuvre d'un langage de commande sur le réseau CYCLADES", Thesis, Toulouse, October 1974

[10] J.R. ABRIAL, "Data Semantics", Grenoble University, Novembre 1973

[11] CII, "Manuel SOCRATE SIRIS 7/8", 4338 E/FR, July 1973

[12] J. DU MASLE, M.N. FARZA & G. SERGEANT, "Proposed organization of an interpreter intended for the implementation of high level procedures on a computer language", IFIP Working Conference on Command Languages, Sweden, July 1974

[13] M. GIEN & J. SEGUIN, "FANNY, un langage d'écriture de systèmes portables", Technical Note, CII Scientific Center, Grenoble, November 1973

[14] FARBER & HEINRICH, "The structure of a distributed computer system : the distributed file system", Proceedings International Conference on Computer Communication, Washington, October 1972, pp. 364-370

[15] ROBERTS & WESSLER, "Computer Network Development to achieve Resource sharing", AFIPS Conference Proceedings, vol 36, SJCC, 1970, pp. 543-549

[16] SHOSHANI & BERNSTEIN, "Synchronization in a parallel-accessed data base", Communication of the ACM, vol 12, n° 11, November 1969, pp. 604-407

[17] CHEN, "Representation of process synchronization", Communication of the ACM, vol 9, n° 3, July 1975, pp. 37-43

Strukturmodelle dezentralisierter Kontrolle in Mehrrechnersystemen

O. Drobnik
Kernforschungszentrum Karlsruhe
Institut für Datenverarbeitung in der Technik

1. Einführung

Der Einsatz von Mehrrechnersystemen (Rechnernetze) in Anwendungsbereichen, deren Hauptmerkmal in hohen Anforderungen an die Zuverlässigkeit der Bearbeitung von DV-Aufträgen zu sehen ist, gewinnt zunehmend an Bedeutung. Zuverlässige Auftragsbearbeitung kann erreicht werden durch redundante Ausführung der Aufträge (simultane Ausführung durch mehrere Rechner) oder durch Gewährleistung der Auftragsübernahme durch andere Rechner im Falle des Ausfalls des jeweiligen Bearbeitungsrechners. Effiziente zuverlässige Auftragsbearbeitung setzt aber die Existenz von Interrechnerkoordinationsmechanismen voraus. Der Großteil bisheriger Koordinationslösungen verwendete zentral organisierte Steuerungen - ein Rechner (master) koordiniert die Arbeitsabläufe der anderen Rechner (slaves) -, deren Funktionsfähigkeit im wesentlichen von der Verfügbarkeit des Master-Rechners abhängt. Die zunehmende Verbesserung der Kommunikationstechnologie legt die Entwicklung dezentral organisierter Koordinationsmechanismen nahe, die auch den Ausfall von Koordinationsrechnern verkraften können. Entsprechende Ansätze, wie etwa das DCS-System (University of California, Irvine /3/), basieren jedoch in der Regel auf speziellen hardwareunterstützten Interprozeßkommunikationseinrichtungen.

2. Kontrolle von Mehrrechnersystemen

Ein aktives Mehrrechnersystem, das die ihm von Benutzern (Mensch, technische Anlage) übergebenen Aufträge - Netzaufträge - bearbeitet, läßt sich als eine Menge von interagierenden System- und Benutzerprozessen interpretieren /5/. Prozesse sind funktionsorientierte, organisatorische Einheiten mit sequentieller Ablaufcharakteristik, an die dynamisch die im Rechnernetz vorhandenen Betriebsmittel zugewiesen und die genau einem Rechner zugeordnet werden können. Benutzerprozesse reflektieren vom Benutzer implementierte Algorithmen, Systemprozesse beinhalten vom Mehrrechnersystem bereitgestellte Dienstleistungsfunktionen.

Die Zuweisung der Betriebsmittel, welche im Sinne von /1/ als "reusable" zu betrachten sind, erfolgt durch spezielle Systemprozesse, die eine blockierungsfreie Inanspruchnahme der Betriebsmittel unter Berücksichtigung der durch die Netzaufträge implizierten Abhängigkeiten zwischen Prozessen gewährleisten müssen. Man überläßt zweckmäßigerweise /5/ lokalen Systemprozessen die rechnerinterne Betriebsmittelzuweisung und überträgt Netzsystemprozessen (Netzkontrollinstanzen, Scheduler) die globale Koordination der Netzauftragsausführung, die Netzkontrolle. Beide Kontrollebenen müssen harmonisch aufeinander abgestimmt sein.

Eine effiziente Netzkontrolle basiert auf Information über Auftragsspezifikationen, Auftragsbearbeitungszustand und Betriebsmittelzustand, um die Entscheidung über die gegenseitige Zuordnung von Aufträgen bzw. Prozessen und Betriebsmitteln nach einem vorgegebenen Optimierungskriterium zu ermöglichen.

Die Abhängigkeit zwischen Prozessen kann durch eine operationale Präzedenzregelung /1/ vorgegeben sein - ein Prozeß ist erst nach Beendigung eines anderen Prozesses zu starten - oder in einer koordinierten Arbeitsweise bestehen derart, daß Prozesse während eines endlichen Zeitintervalls gemeinsam für ein und denselben Netzauftrag tätig sein müssen. Für die Netzkontrolle stellt eine Menge von Prozessen, die koordiniert arbeiten sollen, eine gegenüber dem Einzelprozeß übergeordnete Einheit für die Betriebsmittelzuteilung dar. Eine organisatorische Einheit für die Netzkontrolle bezeichnen wir als Aktion. Eine Aktion spezifiziert eine i.a. endliche Menge von Prozessen und einen Bedarf an Betriebsmitteln (z.B. auch logische Kommunikationskanäle). Mit ihr sind die Ereignisse Initialisierung und Terminierung (endliche Ausführungszeit sei vorausgesetzt) verbunden. Die Initialisierung einer Aktion beinhaltet die Aktivierung der beteiligten Prozesse und die simultane Reservierung der zur Durchführung der Aktion geforderten Betriebsmittel. Bei der Terminierung werden nicht mehr benötigte Prozesse bzw. Betriebsmittel deaktiviert bzw. freigegeben.

Ein Netzauftrag spezifiziert aus dieser Sicht eine Aktionenmenge zusammen mit einer operationalen Präzedenzordnung. Der aktuelle Zustand der Auftragsbearbeitung wird durch die Folge der Aktionsinitialisierungen und -Terminierungen aller momentan im Netz existierenden Aufträge beschrieben. Mit der Aktionsereignisfolge wird wie in /1/ eine Betriebsmittelzustandsfolge assoziiert; ein Zustand umfaßt die nach einem Aktionsereignis eingetretene Betriebsmittelbelegung, die noch verfügbaren Betriebsmittel und die zum Stattfinden eines möglichen nächsten Aktionsereignisses zusätzlich erforderliche Betriebsmittelmenge. Der aktuelle Netzzustand ist damit durch die Gesamtheit von Aufträgen, aktueller Aktionsereignisfolge und aktuellem Betriebsmittelzustand charakterisiert.

3. Strukturmodelle für Netzkontrollinstanzen

Der Grad der Verteilung (der Grad der redundanten Realisierung oder der Kompetenzaufteilung) von Netzkontrollfunktionen im Rechnernetz bestimmt den Typ der Netzkontrollstruktur: zentral oder dezentral.

Als Strukturmodell für die Netzkontrollinstanz einer optimalen zentralen Netzkontrolle zuverlässiger Rechnernetze eignet sich, wie in /5/ ausführlich behandelt, ein Warteschlangensystem mit einer Bedienungsstation und zwei Warteschlangen: eine für die Sammlung eingehender Netzaufträge, die andere zur Aufnahme von Anforderungen seitens der Rechner auf Auftragszuteilung. Die Bedienungsstruktur kann als zyklischer (sequentieller) Prozeß mit zwei Zuständen charakterisiert werden. Der eine Zustand repräsentiert den Ruhezustand, in dem der Scheduler auf Aufträge und Rechneranforderungen wartet. Im anderen Zustand wird die Zuordnung von Aufträgen und Rechnern nach einem vorgegebenen Auftragsvergabeverfahren durchgeführt /5/. Zur verklemmungsfreien Betriebsmittelvergabe können die in /1 (Chap.2)/ hierfür konzipierten, eine zentrale Kontrolle voraussetzenden Vorgehensweisen herangezogen werden.

Dezentrale Netzkontrolle ohne Kommunikation der Netzkontrollinstanzen kann durchaus effizient sein /2/, falls die Information über den Netzzustand mit geeignet gewählter Frequenz erneuert wird und sich ein Auftrag nicht gleichzeitig bei mehreren Schedulern um Betriebsmittelzuteilung bewerben darf; sie gewährleistet aber nicht eine koordinierte Auftragsausführung. Hierzu müssen die Scheduler selbst koordiniert arbeiten. Da wir keine speziellen Hardwareeinrichtungen für die Koordinierung der Scheduler voraussetzen wollen, kann diese nur durch Austausch von Kontrollnachrichten zwischen den Schedulern nach einem geeigneten Kommunikationsprotokoll herbeigeführt werden.

Zur dezentralen Netzkontrolle mit Kommunikation der Scheduler ist das für die zentrale Netzkontrolle entwickelte Strukturmodell um eine Warteschlange zu erweitern, die zur Aufnahme der Interschedulernachrichten dient. Die Bedienungsstation besteht aus einem Warteschlangenverwaltungsmechanismus und einer Protokolleinheit im Sinne des Interlokutormodells von Le Moli /6/. Der Warteschlangenverwaltungsmechanismus führt der Protokolleinheit die in die Warteschlangen eingehenden Nachrichten sequentiell, prioritätsgerecht und unter Berücksichtigung der vom Sender generierten Reihenfolge zu. Wir unterscheiden interne und externe Nachrichten. Interne Nachrichten betreffen nur die Interschedulerkommunikation; externe Nachrichten charakterisieren Ereignisse in den beiden anderen Warteschlangen - z.B. Auftragseingänge oder Meldungen von lokalen Systemprozessen - oder Kommandos an z.B. lokale Systemprozesse.

Die Bedienungsstruktur der Protokolleinheit ist ebenfalls die eines zyklischen (sequentiellen) Prozesses, der sich in Anlehnung an /6/ formal als 7-Tupel (S, I_{in}, I_{ex}, O_{in}, O_{ex}, M, N) beschreiben läßt; darin bedeuten S die Zustandsmenge, I_{in} bzw. I_{ex} die Menge der internen bzw. externen Eingabenachrichten, O_{in} bzw. O_{ex} die Menge der internen bzw. externen Ausgabenachrichten, M: $S \times (I_{in} \cup I_{ex}) \rightarrow S$ die Zustandsübergangsfunktion und N: $S \times (I_{in} \cup I_{ex}) \rightarrow O_{in} \times O_{ex}$ die Ausgabefunktion.

Anzahl und Bedeutung der Aktivitäten einer konkreten Protokolleinheit hängen von der Art der jeweils vorzunehmenden koordinierten Auftragsbearbeitung ab.

4. Dezentralisierte Auftragskoordination

Unterschiedliche Arten koordinierter Auftragsbearbeitung ergeben sich durch die Komplexität der Netzaufträge (Anzahl der Aktionen, Strukturierung der Präzedenzordnung, Anzahl der an einer Aktion zu beteiligenden Rechner usw.) sowie durch die im Rechnernetz vorhandenen Betriebsmittel und Auftragsbearbeitungsmöglichkeiten. Zur Entwicklung einer für komplexe Fälle anwendbaren dezentralen Netzkontrollorganisation behandeln wir zwei Spezialfälle koordinierter Auftragsbearbeitung, wie sie z.B. im Fertigungsbereich anzutreffen sind.

Fall 1:
Auf einer Fertigungsanlage, die aus n miteinander verketteten, von eigenen Prozeßrechnern gelenkten Fertigungseinrichtungen besteht, sind Produkte unterschiedlicher Spezifikation zu erstellen (z.B. Werkstücke mit unterschiedlichen Abmessungen). Für die Dauer der Erstellung eines Produkts nach einem vorgegebenen Auftrag sind alle Fertigungseinrichtungen diesem Auftrag zuzuordnen. Der Auftrag spezifiziert also eine alle Rechner umfassende Aktion. Die Aufträge werden den Rechnern von einer Zentrale übergeben und sind von dieser durch Prioritäten zusätzlich unterscheidbar gemacht. Die Rechner haben die Aufgabe, sich aus den anstehenden Aufträgen über einen zu bearbeitenden Auftrag zu einigen und dessen Ausführung zu überwachen.

Zur Lösung dieser Koordinationsaufgabe mittels dezentraler Netzkontrolle wird in jedem der n Rechner ein Scheduler eingerichtet. Die Protokolleinheit eines Schedulers ist beschrieben durch $S = \{1,2,3,4\}$, $I_{in} = O_{in} = \{A_1, \ldots, A_n, E\}$, $I_{ex} = \{a,e\}$, $O_{ex} = \{d\}$ und den Graphen von Bild 3.1. Die Pfeile zusammen mit den beigeordneten Beschriftungen der Form - externe Eingabenachricht, interne Eingabenachricht/externe Ausgabenachricht, interne Ausgabenachricht - definieren die Funktionen M und N ("-" bedeutet die Leernachricht). Mit den Nachrichten A_i, i=1(1)n, zeigen sich die Scheduler gegenseitig die Bereitschaft an, den von Scheduler i akzeptierten Auftrag zu bearbeiten, und mit der Nachricht E, daß sie den Auftrag ausgeführt haben. Die externe Nachricht a bedeutet die Ankunft eines Auftrags in dem zum Scheduler zugehörigen Rechner. Mit dem Kommando d wird dem Rechner der Start der Auftragsbearbeitung befohlen, der seinerseits die Auftragsbeendigung mit der Nachricht e dem Scheduler zurückmeldet.

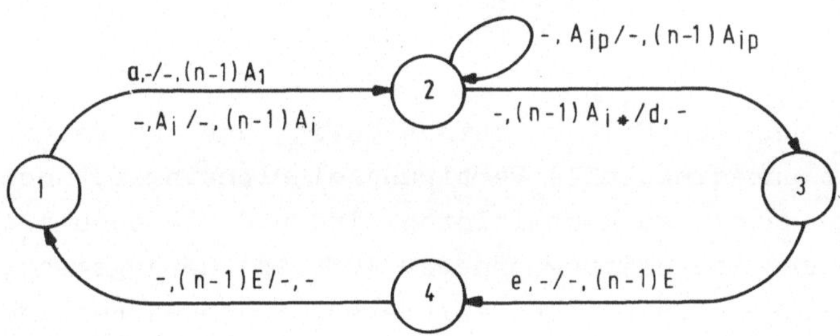

Bild 3.1.: Protokolleinheit (Scheduler 1) für Fall 1

Die Arbeitsweise der Scheduler sei wie folgt:

a) Ein Koordinationszyklus kann nur im Zustand 1 beginnen; Auslöser kann der eigene Rechner (Eigeninitialisierung) oder ein anderer Scheduler (Fremdinitialisierung) sein.

b) Ein Scheduler geht im Zustand 2 nach Empfang von n-1 Bestätigungen für einen Auftrag A_{i*}, für den er seinerseits Bestätigungen an die n-1 restlichen Scheduler gesendet hat, sofort in den Zustand 3 über.

c) Eine Verdrängung von in Abstimmung befindlichen Aufträgen durch einen Auftrag höherer Priorität A_{ip} ist einem Scheduler nur im Zustand 1 oder 2 erlaubt. Beruht die Verdrängungsanforderung auf Fremdinitialisierung, so kann er ihr nur zustimmen, falls er noch keine n-1 Bestätigungen für einen Auftrag empfangen hat. Er selbst kann eine Verdrängung nur initialisieren, falls er noch keine Bestätigungen für einen anderen Auftrag an die restlichen Scheduler abgesendet hat und selbst nicht Initialisator eines anderen Auftrags war.

d) Die Verdrängung eines in Ausführung befindlichen Auftrags ist nicht erlaubt.

e) Nach Auftragsdurchführung kehrt ein Scheduler erst in den Zustand 1 zurück, falls er die Bestätigung über die Auftragsdurchführung von allen anderen Schedulern vorliegen hat.

Unter der Voraussetzung einer konfliktauflösenden Prioritätsregelung für die Aufträge sorgt dieses Protokoll für den Übergang aller Scheduler in den Zustand 3 und verhindert, wie in /4/ am Beispiel der Koordination von Dateimanagern gezeigt wird, daß die Scheduler, falls im Zustand 3 befindlich, unterschiedliche Aufträge gestartet haben. Da zudem die geordnete Rückkehr in den Zustand 1 gesichert ist, gewährleistet das Protokoll im Fall eines zuverlässigen Gesamtsystems die verklemmungsfreie Koordination der Auftragsbearbeitung.

Fall 2:

Eine Verallgemeinerung von Fall 1 besteht darin, daß zur Bearbeitung eines Auftrags nicht unbedingt alle Fertigungseinrichtungen, sondern u.U. nur eine Teilmenge davon, zu koordinieren sind und die noch nicht belegten Einrichtungen zur Bearbeitung anderer Aufträge herangezogen werden können. Dieser Fall kann in Anlagen auftreten, in denen Fertigungseinrichtungen unterschiedlich kombinierbar sind oder redundant existieren. Die Rechner haben zusätzlich zur Auftragskoordinierung über die Zuordnung Rechner - Auftrag zu entscheiden. Wie im Fall 1 soll ein Auftrag nur aus einer Aktion bestehen und eine konfliktlösende Prioritätsregelung für Aufträge gegeben sein.

Zur Lösung dieser Koordinationsaufgabe mittels dezentraler Kontrolle wird in jedem der n Rechner ein Scheduler eingerichtet. In den Kontrollinstanzen ist ein Vergabealgorithmus einzusetzen, der die Zuordnung der Aufträge zu den verfügbaren Maschinen auf der Basis der beim Scheduler vorliegenden Netzzustandsinformation vornimmt. Da der Vergabealgorithmus in allen Schedulern gleich ist, kann eine verklemmungsfreie Vergabe nur gewährleistet werden, wenn die bei jedem Scheduler vorhandene aktuelle Netzzustandsinformation konsistent gehalten wird. Neben der Auftrag-Rechner-Zuordnung ist deshalb auch die Auftragsterminierung und die damit verbundene Rechnerfreigabe in den Koordinationsvorgang miteinzubeziehen.

Die Protokolleinheit eines Schedulers ist durch $S = \{1,2,3,3',4\}$, $I_{in}=O_{in}=\{A_1,...,A_n,E\}$, $I_{ex}=\{a,e,v\}$, $O_{ex}=\{d\}$ und die in Bild 3.2. dargestellten Funktionen M und N gegeben. Die Eingabenachricht v sei eine schedulerinterne Anzeige für die Beendigung der vom Scheduler in den Zuständen 3 und 3' unternommenen Aktivitäten, die Bedeutung der Nachrichten a,e und des Kommandos d sei wie im Fall 1 festgelegt.

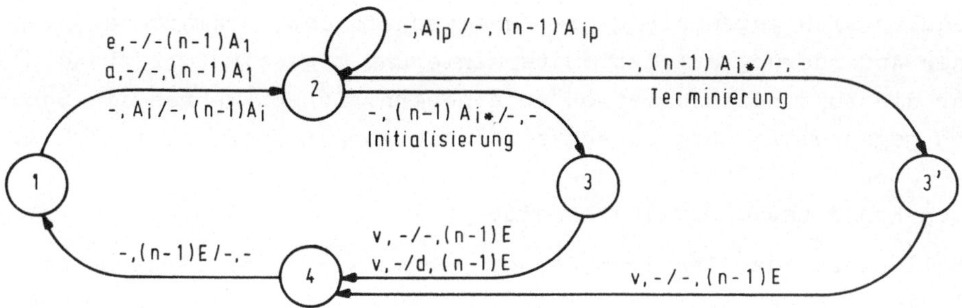

Bild 3.2.: Protokolleinheit (Scheduler 1) für Fall 2

Mit den Nachrichten A_i, i=1(1)n, erklären sich die Scheduler gegenseitig ihre Bereitschaft, die von Scheduler i akzeptierte Anforderung zu bearbeiten. Die Anforderung kann sich auf eine Aktionsinitialisierung oder auf eine Aktionsterminierung beziehen;der Bezug ist in der Nachricht zu spezifizieren.

Die unter a), b) und c) festgelegte Arbeitsweise einer Netzkontrollinstanz für den Fall 1 wird übernommen, wobei "Auftrag" durch "Anforderung" ersetzt und die Zustandsübergangsregelung dahingehend modifiziert wird, daß der Übergang von 2 nach 3 bzw. 3' in Abhängigkeit von der durch A_{i*} spezifizierten Anforderung zu vollziehen ist. Ein Scheduler kann also auch in diesem Fall nur einmal pro Zyklus initiativ werden. Zur Auflösung von Konfliktsituationen durch konkurrierende Anforderungen unterschiedlicher Art (Initialisierung oder Terminierung) ist eine Prioritätsregelung einzuführen. Einer Aktionsterminierung soll höhere Priorität gegenüber einer Aktionsinitialisierung zugemessen werden, um eine bessere Systemauslastung zu erzielen. Aktionsterminierungen können asynchron angefordert werden und sind ebenfalls durch Prioritäten unterscheidbar zu machen (z.B. Prioritätszuweisung gemäß Nummer des initialisierenden Rechners). Diese Prioritätsregelung gewährleistet zusammen mit der o.a. Schedulerarbeitsweise eine Koordination der Scheduler über die jeweilig vorzunehmende Aktivität: Initialisierung oder Terminierung einer Aktion.

Bei einer Anforderung auf Aktionsinitialisierung (Zustand 3) führt ein Scheduler den Vergabealgorithmus aus, erneuert die Netzzustandsinformation und startet die Aktion, falls der zum Scheduler zugehörige Rechner an der Aktion zu beteiligen ist. Unter Umständen kann es erforderlich sein, den eigentlichen Start der Aktion erst vorzunehmen, falls alle Scheduler sich gegenseitig die Bereitschaft dazu erklärt haben. Wurde einer Anforderung auf Aktionsterminierung zugestimmt (Zustand 3'), so ist nur die Zustandsinformation zu erneuern. Danach kehren die Scheduler nach gegenseitig ausgetauschter Bestätigung E über die in 3 bzw. 3' durchgeführte Aktivität geordnet in den Zustand 1 zurück und sind für einen neuen Koordinationszyklus bereit.

Für den Fall eines zuverlässigen Gesamtsystems wird eine verklemmungsfreie Koordination der Auftragsbearbeitung unter diesen Bedingungen erzielt, wenn die Eigeninitialisierung einer Anforderung auf Aktionsinitialisierung nur erlaubt ist, falls eine Menge nicht belegter Rechner existiert, die der Aktion zu ihrer Bearbeitung zugeordnet werden kann.

Der Fall 2 kann als Grundlage für die koordinierte Bearbeitung eines aus komplex strukturierten Aufträgen zusammengesetzten Auftragsstroms dienen. Der Vergabealgorithmus hat zusätzlich die verklemmungsfreie Zuordnung von Aktionen und Betriebsmitteln zu sichern. Verfahren wie die in /1 (Chap.2)/ beschriebene dynamische MRU (maximum resource usage)-Methode können eingesetzt werden. Zu ihrer effizienten Anwendung sind jedoch von den Netzaufträgen präzise Betriebsmittelbedarfsspezifikationen zu fordern.

5. Fehlertolerante Interrechnerkoordination

Störsituationen unterschiedlichster Art wie Ausfälle von Rechnern oder Nachrichtentransporteinrichtungen können schwerwiegende Beeinträchtigungen der Auftragsbearbeitung zur Folge haben, falls nicht durch redundante Auslegung von Betriebsmitteln und Kontrollinstanzen für eine hohe Verfügbarkeit des Gesamtsystems gesorgt wird. Die unter der Annahme eines zuverlässigen Rechnernetzes entwickelten Koordinationsprotokolle sind hierfür zu fehlertoleranten Protokollen auszubauen, die

- die Reaktion auf eintretende Störsituationen in Rechnern oder im Kommunikationssystem so steuern, daß eine optimal zuverlässige Arbeitsweise des Gesamtsystems erzielt wird,
- die stoßfreie Wiedereingliederung reparierter Systeme ermöglichen.

Eine solche Erweiterung wird im folgenden am Protokoll von Fall 2 für den Ausfall und die Wiedereingliederung einer Netzkontrollinstanz demonstriert.

Der Ausfall einer Netzkontrollinstanz kann durch Ausfall des zugehörigen Rechners oder von Nachrichtentransporteinrichtungen bewirkt sein. Von den restlichen Kontrollinstanzen wird er "erkannt", falls erwartete

Nachrichten innerhalb eines vorgegebenen Zeitintervalls (Time-out-Mechanismus) ausbleiben. Da die Behandlung von Störsituationen gegenüber der Auftragskoordinierung Vorrang besitzen muß und eine sofortige Reaktion der restlichen aktiven Scheduler erfordert, ist die zur adäquaten Fehlerbehandlung notwendige Koordinierung dieser Scheduler in einer der Auftragskoordinierung überzuordnenden Ebene durchzuführen.

Das Strukturmodell erhält eine zusätzliche, vom Warteschlangenverwaltungsmechanismus vorrangig zu bearbeitende Warteschlange zur Aufnahme der vom eigenen Rechner oder von anderen Schedulern eingehenden Fehlermeldungen. Die Zustandsmenge Z der Protokolleinheit - Bild 4.1. - wird wegen der strikten Trennung der beiden Koordinierungsebenen als Produkt $Z = R \times S$ der Zustandsmenge S von Fall 2 für die Auftragskoordinierung und $R = \{1,2,3,4,f\}$ für die Fehlerbehandlungskoordinierung definiert. I_{in} und O_{in} werden um $\{F_1,\ldots,F_n,W,X\}$ und I_{ex} um $\{w,x,f\}$ erweitert: die F_i, $i=1(1)n$, beinhalten die Bereitschaft zur Behandlung des von Scheduler i akzeptierten Fehlers und W bzw. X die Beendigung der Aktivität in Zustand $(3,s_j)$, $s_j \varepsilon S$; w,x sind die W,X initialisierenden schedulerinternen Anzeigen; f repräsentiert Fehlernachrichten, die zu einer Eigeninitialisierung des Fehlerbehandlungszyklus führen.

Es wird vorausgesetzt, daß die bei einer Protokolleinheit eingehenden Nachrichten nicht verfälscht sind und Ausfälle von Nachrichtentransporteinrichtungen keine Bildung unabhängiger Zusammenhangskomponenten aktiver Scheduler implizieren, da sonst eine globale Auftragskoordination nicht mehr gewährleistet werden kann.

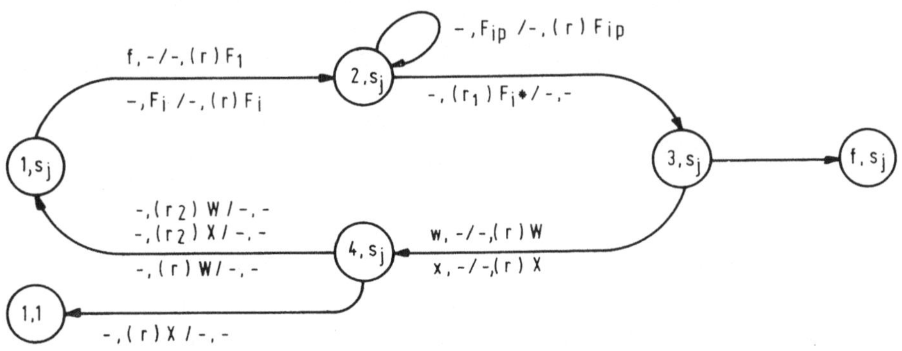

Bild 4.1.: Erweiterung der Protokolleinheit (Scheduler 1) zur Reaktion auf Schedulerausfälle

Im Zustand $(1,s_j)$, $s_j \varepsilon S$ beliebig, der Auftragskoordinierung werde ein Schedulerausfall diagnostiziert. Dies führt zur Initialisierung des Fehlerbehandlungszyklus durch Übersenden einer Nachricht vom Typ F an die restlichen r, noch als aktiv bekannten Scheduler unter gleichzeitiger Spezifizierung der vorzunehmenden Netzzustandsänderung. Bei Initialisierung desselben Fehlers durch unterschiedliche Scheduler muß ein Scheduler die eingehenden Meldungen für diesen Fehler nicht bestätigen, falls er selbst zu den Initialisatoren gehört, und kann diese Meldung bereits als Bestätigung auffassen. Da Fehlermeldungen über unterschiedliche Rechnerausfälle initialisiert sein können, ist für die Koordinierung der Scheduler über die zu bearbeitende Fehlermeldung in Anlehnung an die in Fall 1 beschriebene Vorgehensweise zu sorgen; eine konfliktlösende Prioritätsregelung für Fehlermeldungen ist vorauszusetzen.

Gelingt die Koordination, d.h. gehen r Bestätigungen für die Fehlermeldung F_{i*} ein, für die sich der Scheduler ebenfalls entschieden hat, wird im Zustand $(3,s_j)$ der Netzzustand erneuert und die Auswirkungen des Rechnerausfalls auf die Auftragskoordinierung untersucht. Ist eine weitere Auftragskoordination nicht mehr möglich, erfolgt der Übergang in den Ausfallzustand (f,s_j), der einen Eingriff von außen erfordert. W bzw. X werden ausgesandt, falls die unterbrochene Auftragskoordinierung fortgesetzt - Zustand $(1,s_j)$ - bzw. nicht fortgesetzt werden kann, sondern ein neuer Zyklus in der Auftragskoordinierungsebene begonnen werden muß - Zustand (1,1). Nach Eingang von r Bestätigungen können die entsprechenden Zustandsübergänge ausgeführt werden, falls keine weitere zu bearbeitende Fehlermeldung vorliegt; ansonsten ist in den Zustand $(1,s_j)$ zurückzukehren und ein neuer Fehlerbehandlungszyklus zu starten. Der ausgefallene Scheduler geht in den Zustand (f,s_j) über.

Während der Fehlerbehandlungskoordination können weitere Scheduler ausfallen. Die Aktivitäten in diesem Zyklus sind deshalb auch durch Timeouts zu überwachen. Der Übergang von $(2,s_j)$ in $(3,s_j)$ nach Erhalt von r_1 Bestätigungen für eine Fehlermeldung mit $r_1 < r$ auf Grund eines Time-outs kann bewirken, daß in $(3,s_j)$ die Scheduler unterschiedliche Fehlermeldungen bearbeiten. Mit den Nachrichten W oder X muß deshalb auch die nun vorliegende Netzzustandsinformation mitgesendet werden. Nach Empfang von r Bestätigungen werden die Netzzustandsinformationen miteinander verglichen. Falls die Scheduler übereinstimmende Zustandsinformation besitzen und keine weiteren Fehlermeldungen anstehen, kann die Auftragskoordinierung entsprechend W oder X aufgenommen werden.

Falls jedoch nur r_2 Bestätigungen mit $r_2 < r$ (Time-out) eingehen oder der Vergleich der Netzzustandsinformationen negativ verläuft, ist nach Übergang in Zustand $(1,s_j)$ ein neuer Fehlerbehandlungszyklus zu starten. Bei der Erstellung der neuen Fehlermeldung sind außerdem alle durch die wartenden Fehlernachrichten beantragten Zustandsänderungen mitzuberücksichtigen.

Da jedem Antrag auf Fehlerbehandlung stattgegeben werden muß, bevor eine Auftragskoordinierung fortgesetzt oder neu begonnen werden kann, endet das Verfahren entweder mit der erfolgreichen Bildung einer funktionsfähigen, die Weiterführung der Auftragsbearbeitung sicherstellenden Zusammenhangskomponente von Schedulern oder mit dem Übergang aller Scheduler in den Ausfallzustand (f,s_j).

Die Wiedereingliederung einer Netzkontrollinstanz stellt für die übrigen Scheduler eine Anforderung auf Koordinierung dar, deren Priorität niedriger als die Fehlerbehandlung aber höher als Anforderungen auf Aktionsterminierung oder -initialisierung anzusehen ist. Wiedereingliederungsanforderungen unterschiedlicher Scheduler müssen durch Prioritäten unterscheidbar sein.

Die Zustandsmenge R ist um {z} und S um {3"} zu erweitern. Die Zustandsübergänge für einen wiedereinzugliedernden Scheduler sind in Bild 4.2. dargestellt.

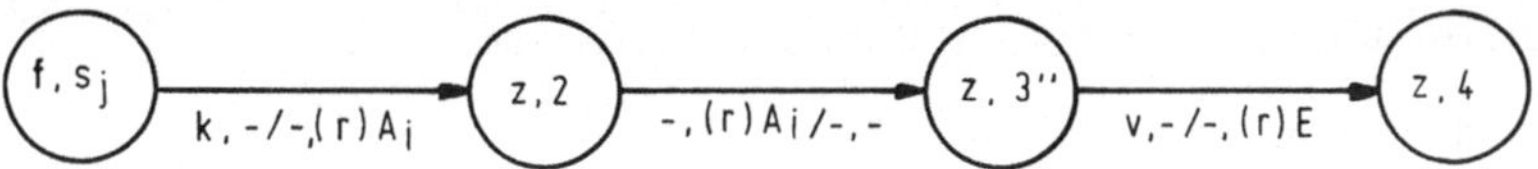

Bild 4.2.: Wiedereingliederung der Netzkontrollinstanz i

Sobald der Scheduler die rechnerinterne Präsenzmeldung k erhält, geht er unter gleichzeitiger Übersendung der Wiedereingliederungsanforderung an die von ihm aus erreichbaren aktiven r Scheduler in den Zustand (z,2) über. Die aktiven Scheduler behandeln diese Anforderung in der Auftragskoordinierungsebene. Sobald sie der Wiedereingliederung zustimmen, gehen sie in den Zustand (1,3") bzw. der wiedereinzugliedernde Scheduler in den Zustand (z,3") über, in dem der Netzzustand erneuert wird. Nach Abschluß dieser Aktivität kehren die Netzkontrollinstanzen über (1,4) bzw. der wiedereinzugliedernde Scheduler über (z,4) in den

Zustand (1,1) zurück und sind für einen neuen Auftragskoordinierungszyklus bereit.

Tritt während des Wiedereingliederungszyklus ein Fehler auf, so darf der wiedereinzugliedernde Scheduler nicht am Fehlerbehandlungszyklus teilnehmen, sondern geht in den Ausfallzustand zurück und initialisiert einen neuen Wiedereingliederungszyklus.

6. Zusammenfassung

Es wurden Strukturmodelle verklemmungsfrei arbeitender, dezentral organisierter Koordinationsmechanismen für zuverlässige Rechnernetze entwickelt, die nicht an spezielle Hardware gebunden sind. Auf der Grundlage dieser Mechanismen wurde eine Erweiterung der Interrechnerkommunikationsprotokolle zur adäquaten Reaktion auf Fehlersituationen wie Rechner- oder Kommunikationssystemausfälle vorgeschlagen.

Literatur

/1/ Coffmann, E.G., Denning, P.J.
Operating Systems Theory
Prentice-Hall, Inc. Englewood Cliffs, New Jersey,1973

/2/ Drobnik, O., Holler, E.
Simulation of Computer Network Operating System Functions
International Seminar on Models and Measures for Computer Systems, Bologna, February 1975

/3/ Farber, D.
The Design of the Distributed Computer System
Proc. of the International Meeting on Mini-Computers and Data Communication, Liège, Jan. 1975

/4/ Holler, E.
Koordination kritischer Zugriffe auf verteilte Datenbanken in Rechnernetzen bei dezentraler Überwachung
Gesellschaft für Kernforschung Karlsruhe,KFK-1967, April 1974

/5/ Holler, E., Drobnik, O.
Modeling Network Control
GMD-GI-Proceedings of the European Workshop "Distributed Computer Systems", Darmstadt, October 1974

/6/ Le Moli
A Theory of Colloquies
IRIA Proceedings of the 1st European Workshop on Computer Networks, Arles, 1973

Leistungskriterien für Rechnernetze und ihre Betriebsstrategie

S. Hoener und H. Weber
Informatikforschungsgruppe 3
Lehrstuhl für Allgemeine Elektrotechnik und Datenverarbeitungssysteme
RWTH Aachen

Zusammenfassung

In der vorliegenden Arbeit wird versucht, ein Bewertungskriterium für Struktur und Betriebsstrategie von Rechnerverbundsystemen zu entwikkeln. Im Gegensatz zu lokal konzentrierten Mehrrechnerstrukturen ist bei Rechnerverbundsystemen wegen der im allgemeinen geringeren Kanalkapazitäten im Verbindungssystem die Struktur der Anlage von besonderem Einfluß auf die Leistungsfähigkeit.

Es wird gezeigt, wie man ausgehend von einer geeigneten Strukturdarstellung und von einer Aufgabenzerlegung der repräsentativen Arbeitslast zu einem brauchbaren Verfahren für die Bewertung kommen kann. Dabei wird eine Erweiterung der sogenannten PETRI-Netze zugrunde gelegt. Damit ist es möglich, eine Zusammenfassung aller möglicher Betriebsmittelzuteilungen, die von der Struktur erlaubt werden, anzugeben. Jede gewählte Bearbeitungsreihenfolge führt auf einen Netzplan. Die Auswahl des optimalen Netzplanes stellt dabei ein Optimierungsproblem dar. Für eine Klasse von Problemen kann ein algorithmisches Verfahren zur Bestimmung des optimalen Netzplanes angegeben werden.

Leider ist das gefundene Verfahren für einen Einsatz bei der Online-Betriebsmittelzuteilungs-Planung ungeeignet, da die Lösung des Optimierungsproblemes hierfür zu große Zeit beanspruchen würde. Es ergibt sich jedoch die Möglichkeit, an Hand so gefundener Optimallösungen eine Bewertung der üblichen heuristischen Betriebsmittelzuteilungsstrategien vorzunehmen.

Einleitung

Durch die Entwicklung von Datenfernübertragungseinrichtungen mit standardisierten Schnittstellen und Übertragungsprozeduren ist der Aufbau von Rechnernetzen erheblich erleichtert worden. Angefangen bei der Kopplung zum reinen Datenaustausch, oder zum Lastausgleich bis hin zu einem Funktions- und Leistungsverbund gibt es eine Vielzahl von Argumenten für einen Rechnerverbund. Dazu kommt noch der Versuch, durch die Kopplung mehrerer Rechner eine größere Ausfallsicherheit oder Verfügbarkeit zu erzielen.

Viele dieser Probleme ließen sich jedoch auch durch eine räumlich konzentrierte Großanlage, gegebenenfalls mit mehreren unabhängigen Prozessoren realisieren, wobei im zweiten Fall das Preis/Leistungsverhältnis durchaus günstiger ausfallen kann, da ein Rechnerverbund mit hohen Übertragungsraten zur Zeit große Leitungskosten verursacht und darüberhinaus i.a. längere Reaktionszeiten aufweist. Dazu kommt noch, daß die Betriebssystemstrategien i.a. komplizierter sein müssen, als im Falle konzentrierter Anlagen, da es in dezentralen Strukturen insbesondere schwieriger ist, eine Transparenz aller Betriebszustände zu erreichen. Es ist daher wichtig, nach geeigneten Betriebssystemstrategien zu suchen, die den Gegebenheiten einer Struktur und den Eigenschaften der Arbeitslast besonders angepaßt sind. Andererseits ist zu untersuchen, wie die Verwaltung durch eine Anpassung der Hardwarestruktur vereinfacht werden kann. Letzteres ist z.B. durch Einsatz von Netzwerkprozessoren oder Vor- und Verwaltungsrechnern zu erreichen.

Grundlage jeder Bewertung von komplexen Strukturen muß die Definition von Leistungsmaßen sein, die den realen Bedürfnissen möglichst gut angepaßt sind. Dabei sind zwei Kriterien zu unterscheiden, einerseits die optimale Lösung einer Aufgabe bei einer gegebenen Struktur und andererseits die bei einer implementierten Betriebssystemstrategie erreichbaren Leistungseigenschaften.

Ziel der hier dargestellten Untersuchungen ist einerseits die Entwicklung optimaler Strategien, was jedoch zu sehr aufwendigen Algorithmen führt, und andererseits die Bewertung einfacher heuristischer Betriebssystemstrategien, wobei die optimale Strategie als Bewertungsgrundlage dient.

Die Bewertung einer Strategie kann nur unter Berücksichtigung eines anzustrebenden Planzieles erfolgen. Bei Rechnerverbundsystemen kann z.B. eins oder mehrere der aufgeführten Ziele verfolgt werden:

a) Kürzeste Bearbeitungszeit für eine mittlere Last. Dies ist gleichbedeutend mit der maximalen Durchsatzrate.

b) Kürzeste Bearbeitungszeit für ein oder eine kleine Zahl von zeitkritischen Einzelproblemen. Dieser Fall tritt z.B. bei Weltraumprojekten, bei der Prozeßsteuerung oder der Datenerfassung bei Großexperimenten auf.

c) Kürzeste mittlere Wartezeit oder Antwortzeit.

d) Kleinste Kosten, z.B. bei variablen Leitungskosten.

e) Benutzerfreundlichkeit, z.B. gemeinsame Steuersprache (Job-Control-Language), Transparenz, Verfügbarkeit.

f) Zuverlässigkeit und Datensicherung.

Es ist leicht einzusehen daß eine Strategie nicht alle diese Punkte gleich gut befriedigen kann. In der vorliegenden Arbeit sollen nur die Punkte a) und b) näher betrachtet werden. Es ist denkbar, daß die entwickelten Verfahren auch bei der Behandlung der restlichen Punkte nützlich sein können.

Aufgabenstruktur

Die Bewertung einer Verbundstruktur oder einer Betriebssystemstrategie kann auf Grund von Messungen in realen Systemen erfolgen oder durch Berechnungen an Hand von Leistungsparametern der Baugruppen oder Betriebsmittel vorgenommen werden.

In der vorliegenden Arbeit soll ein Verfahren untersucht werden, das auf Berechnungen aufbaut. Dazu muß von einer repräsentativen Aufgabenstruktur ausgegangen werden.

Durch Auswahl aus der realen Arbeitslast oder aus Abschätzung der zu erwartenden Arbeitslast muß ein repräsentativer Jobmix ermittelt werden. Im Falle der Einzelproblemanalyse sollte das kritische Einzelproblem oder ein zugeschnittener Vertreter direkt benutzt werden. Um den Einfluß der einzelnen Betriebsmittel auf die Laufzeit zu erfassen, muß eine Zerlegung der repräsentativen Jobs in einzelne Teilaufgaben (tasks) erfolgen. Die Zerlegung soll nach Möglichkeit so erfolgen, daß eine Teilaufgabe nur eine Betriebsmittelart benötigt. Ist eine derartige Zerlegung nicht möglich, dann ist eine weitere Behandlung schwieriger, jedoch im wesentlichen mit den gleichen Mitteln möglich, die im folgenden angewendet werden.

Für die Berücksichtigung der Jobs sind neben der Zerlegung in Teilaufgaben auch noch die Vorrangbeziehungen (Reihenfolge, Ordnungsstruktur) wesentlich. Zur Darstellung der Aufgabenstruktur sei ein Vorranggraph definiert. Ein Vorranggraph sei ein knotenbewerteter Digraph $\mathfrak{R}(\mathfrak{A}, \mathfrak{B}, R)$, mit der Knotenmenge $\mathfrak{A}$, die die Teilaufgaben repräsentiert, der Menge der gerichteten Kanten $\mathfrak{B}$, $(F\colon \mathfrak{B} \rightarrow \mathfrak{A} \times \mathfrak{A})$, die die Reihenfolgebeziehungen darstellen und der Knotenbewertungsfunktion $R(A_i)$. Die Knotenbewertungsfunktion $R(A_i)$ wird durch die Anforderung der Aktivität $A_i \in \mathfrak{A}$ an ein entsprechendes Betriebsmittel gebildet (z.B. die Anzahl der auszuführenden Operationen, Anzahl der zu übertragenden Informationseinheiten oder dergleichen).

In der vorliegenden Arbeit seien nur einwertige Anforderungen betrachtet, Erweiterungen auf mehrwertige sind denkbar.

Synchronisationsnetze

Grundlage der Untersuchungen sei die gegebene Struktur eines Rechnerverbundnetzes. Diese sei durch einen Strukturgraphen dargestellt (vergl. Hoener [3]). Es handelt sich ebenfalls um einen gerichteten und bewerteten Graphen, dessen Knotenmenge den Betriebsmitteln und dessen Kantenmenge den Verbindungen zwischen diesen zugeordnet sind. Die Leistungseigenschaften bilden die Knotenbewertungsfunktion. Bei den folgenden Ausführungen soll zur Veranschaulichung ein einfaches Beispiel mit herangezogen werden. Gegeben sei ein einfaches Rechnerverbundsystem aus drei gekoppelten Rechnern, die durch Halb-duplex-Übertragungswege verbunden sind (Abb. 1).

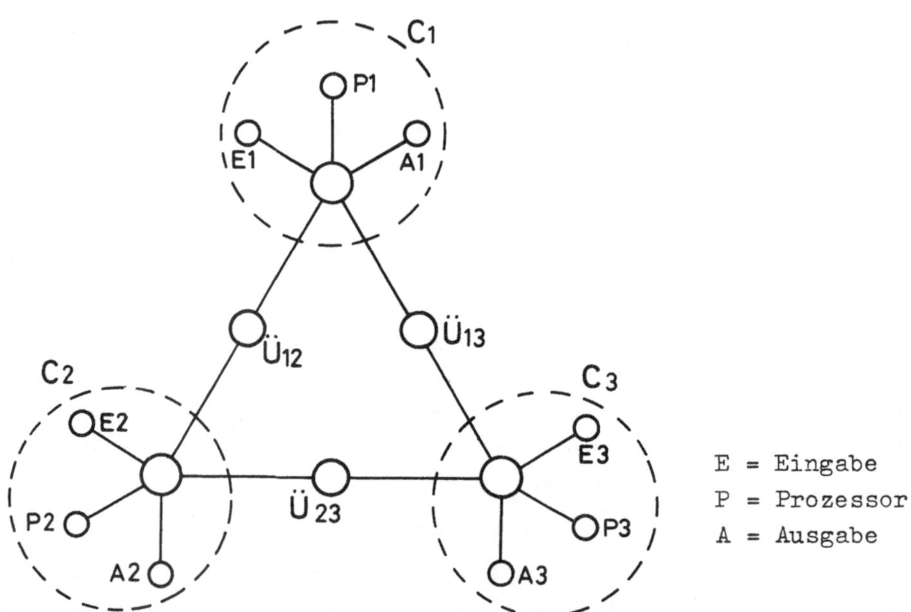

Abb. 1 Beispiel eines einfachen Rechnerverbundes

Ferner sei eine einfache Arbeitslast angenommen. Die an den drei Rechnern eingegebenen Programme seien von der gleichen Struktur (Eingabe A_E, Verarbeitung A_V, Ausgabe A_A), aber mit unterschiedlichen Baugruppenanforderungen R(A) (Abb. 2). Dabei sei angenommen, daß die Ausgabe jeweils am Ort der Eingabe erfolgen soll.

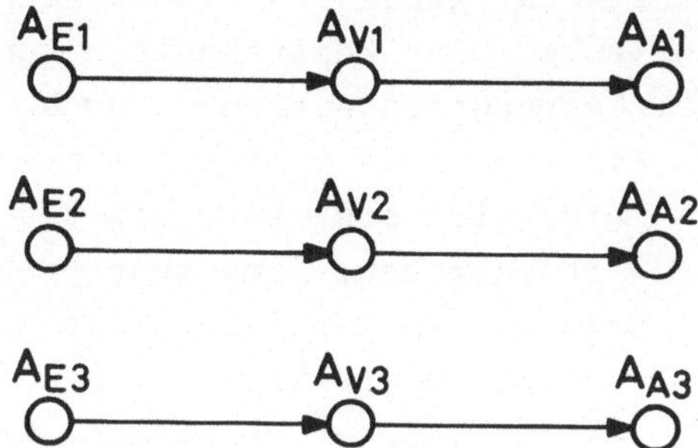

Abb. 2 Beispiel eines einfachen Vorrangdiagramms

Bei der Untersuchung von Betriebssystemstrategien hinsichtlich möglicher Verklemmungssituationen bedient man sich häufig der sogenannten PETRI-Netze (vergl. z.B. DENNIS [1]) bzw. entsprechender Erweiterungen derselben. Ein PETRI-Netz $\mathfrak{P}(\mathfrak{K}, \mathfrak{D}, M)$ ist ein gerichteter Graph, bei dem zwei Typen von Knoten unterschieden werden. Die Knotenmenge $\mathfrak{K}$ zerfällt in zwei disjunkte Teilmengen $\mathfrak{S}$ und $\mathfrak{T}$. $\mathfrak{S} \cup \mathfrak{T} = \mathfrak{K}$, $\mathfrak{S} \cap \mathfrak{T} = \emptyset$.

$\mathfrak{S}$ werde als Menge der Stellen und $\mathfrak{T}$ als Menge der Transitionen bezeichnet. Auf jedem fortlaufend orientierten Weg in $\mathfrak{P}$ müssen abwechselnd Stellen und Transitionen durchlaufen werden.

Die Menge der Stellen unterliegt außerdem noch einer Bewertung M. Diese Bewertung $M(S_i)$ gibt die Anzahl der in S_i gespeicherten Marken an. In Erweiterungen kann auch eine differenziertere Bewertung, z.B. durch mehrwertige Marken oder sogar durch reelle Zahlen erfolgen.

In der einfachsten Art der PETRI-Netze wird nur ein Typ von Transitionen, die UND-Transition, zugelassen. Die Funktion einer Transition besteht dann darin, daß die Transition aktiv wird, wenn auf allen Eingangskanten eine Marke angeboten wird. Eine aktive Transition entfernt von jeder Eingangskante eine Marke und sendet auf jeder Ausgangskante eine Marke aus.

In Abb. 3 ist ein Beispiel eines derartigen PETRI-Netzes angegeben.

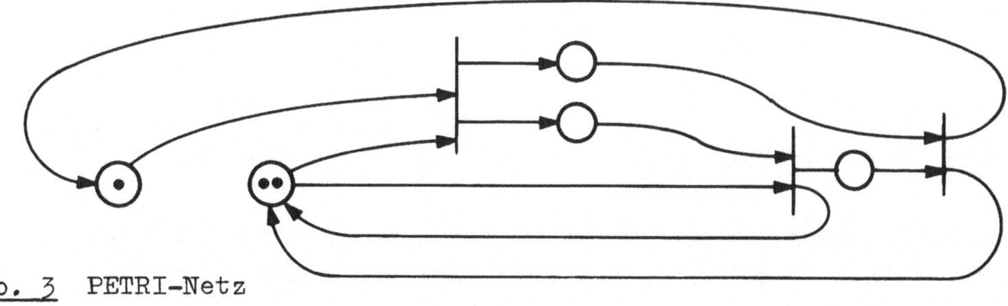

Abb. 3 PETRI-Netz

Auf die Theorie der PETRI-Netze soll in diesem Zusammenhang nicht näher eingegangen werden. Hier sollen geeignete Erweiterungen vorgenommen werden, die es auch erlauben, das Zeitverhalten von Systemen zu erfassen. Dazu sei eine Verzögerungstransition eingeführt (Abb. 4).

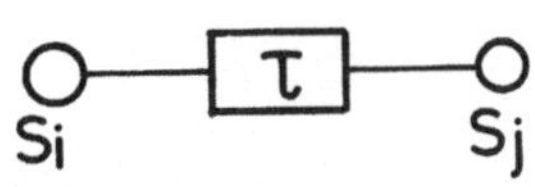

Abb. 4 Verzögerung

Eine zur Zeit t_o in S_i eintreffende Marke wird erst zur Zeit $t_o + \tau$ an S_j weitergegeben. Eine sehr praktische Erweiterung ist ferner die Einführung von zwei Sperr-Transitionen (Abb. 5), die als "passive Sperre" und "aktive Sperre" bezeichnet werden sollen.

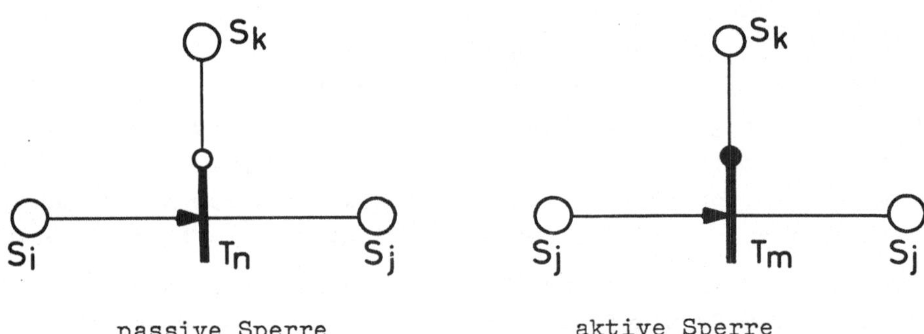

passive Sperre aktive Sperre

Abb. 5 Sperr-Transitionen

Bei der passiven Sperre (ab jetzt einfach als Sperre bezeichnet) kann die Transition T_n Marken übertragen, solange die Stelle S_k keine Marke enthält. Die aktive Sperre ist immer undurchlässig, außer wenn die Steuerstelle S_k eine Marke enthält. Die Zahl der Marken in S_k wird durch die Sperr-Transistionen nicht verändert. Mit Hilfe der Sperre ist es z.B. sehr einfach, eine Warteschlange (FIFO-Speicher) darzustellen (Abb. 6).

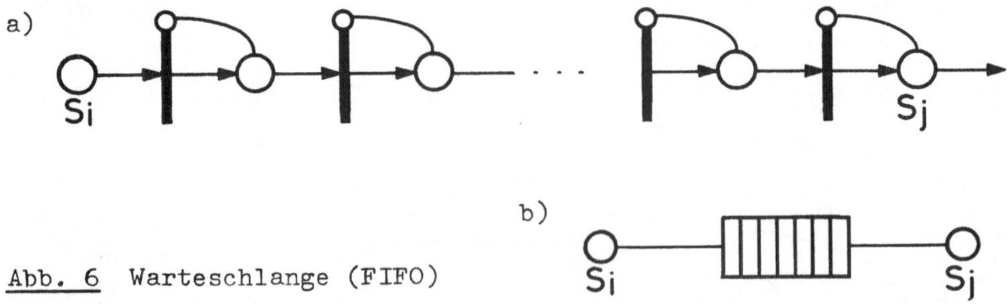

Abb. 6 Warteschlange (FIFO)

Eine bei S_i eintreffende Marke wird bis zur ersten freien Stelle nach rechts aufgeschoben. Bei Entfernen einer Stelle aus S_j rutschen alle noch in der Warteschlange befindlichen Marken eine Stelle weiter. Da die Warteschlange eine homogene Struktur bildet und eine ausführliche Darstellung für eine größere Anzahl von Warteplätzen aufwendig ist, wählt man eine Ersatzdarstellung (Makro-Transition, Abb. 6b)). Dieses Verfahren wird später noch an anderer Stelle benutzt.

Mit diesen Elementen lassen sich erweiterte PETRI-Netze, hier als Synchronisationsnetze bezeichnet, darstellen. Hilfsreich ist in vielen Anwendungen insbesondere eine graphische Darstellung der Zusammenhänge. Aus der Vielzahl der möglichen Elementarstrukturen sei hier eine Form besonders erwähnt (Abb. 7). Von einer Stelle S_i führen Kanten zu mehreren Transitionen (z.B. T_j und T_n), die alle durch eine Marke in S_i aktiv werden können. Durch das Netz ist nicht festgelegt, welche von diesen Transitionen die Marke erhält. Dieser Zustand wird als freie Entscheidung bezeichnet. Für ein Netz mit freien Entscheidungen existieren i.a. mehrere Simulationen (vergl. z.B. DENNIS [1]).

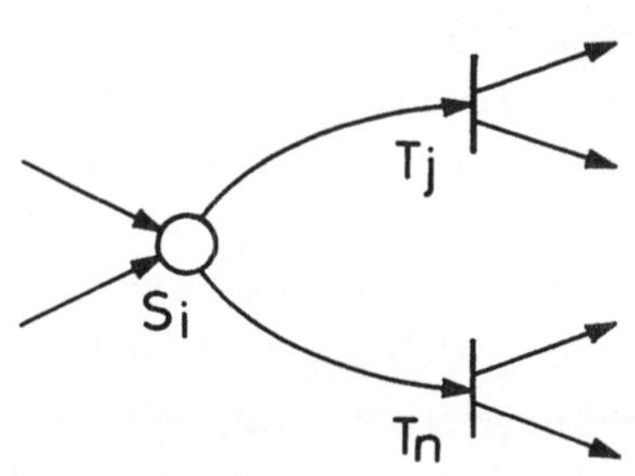

Abb. 7 Freie Entscheidung

Die Synchronisationsnetze sind ein gutes Hilfsmittel, um die Verfügbarkeit von Betriebsmitteln zu beschreiben (vergl. a. RAUBOLD/ULRICH [2]). Für jedes Betriebsmittel ist dabei eine Stelle anzunehmen, die als Anfangszustand eine Marke als Kennzeichen für die Verfügbarkeit des Betriebsmittels enthält. Benötigt eine Aktivität (Verzögerungstransition) ein Betriebsmittel, dann ist der Aktivität eine UND-Transition vorzuschalten, durch die geprüft wird, ob das jeweilige Betriebsmittel verfügbar ist. Ist das der Fall, enthält also die Betriebsmittel-Stelle S_i eine Marke, so kann die Aktivität gestartet werden, d.h. der Betriebsmittelstelle S_i wird die Marke für die Dauer des Vorganges entzogen, eine zweite Aktivität mit diesen Betriebsmitteln kann also während der Dauer des Vorganges nicht gestartet werden.

Nach Beendigung der Aktivität wird dann die Marke an die Stelle zurückgeliefert (Abb. 8).

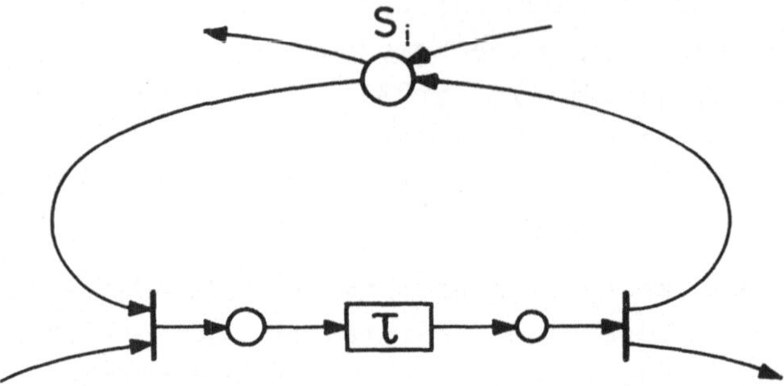

Abb. 8 Betriebsmittelverwaltung

Reihenfolgeproblem

Unter Verwendung der vorgestellten Symbolik läßt sich nun eine Darstellung des Zuordnungsproblems vornehmen (Abb. 9). Aus Gründen der Darstellbarkeit mußten wieder Makro-Transitionen eingeführt werden. Dabei ist zu beachten, daß das dargestellte Netz wegen der vorhandenen freien Entscheidungen keine eindeutige Lösung beinhaltet, sondern alle von der Verbundstruktur erlaubten Lösungswege aus dem Diagramm abzulesen sind. Die Verzögerungszeiten ergeben sich dabei aus dem Umfang der zu verarbeitenden, zu übertragenden, einzulesenden oder auszugebenden Datenmenge und aus der Leistungsfähigkeit der jeweiligen Baugruppen.

Durch Einführung von Pseudovorrangbeziehungen läßt sich das Netz so ergänzen, daß keine freien Entscheidungen mehr vorkommen. Dieses entspräche der Anwendung einer Betriebsmittel-Zuteilungsstrategie. Durch Umzeichnen läßt sich das so modifizierte Synchronisationsnetz in einen Netzplan (Kantendarstellung) verwandeln. Die Bearbeitungszeit für die gewählte Arbeitslast entspricht dann der Länge des kritischen Weges dieses Netzplanes.

Die optimale Betriebsstrategie für das Verbundsystem ist dann die Festlegung der Bearbeitungsreihenfolge, die zu dem Netzplan mit dem kürzesten kritischen Weg führt.

Es wurden Algorithmen entwickelt, die bei vernachlüssigbaren Übertragungszeiten zur Bestimmung der optimalen Reihenfolgen führen. Ähnliche Algorithmen, jedoch mit wesentlich schärferen Einschränkungen, wurden z.B. von RAMAMOORTHY u.a. [6] angegeben.

Der Einsatz dieser Algorithmen wird an einem Beispiel demonstriert. Dazu sollen die in Abb. 10 dargestellten Programme benutzt werden.

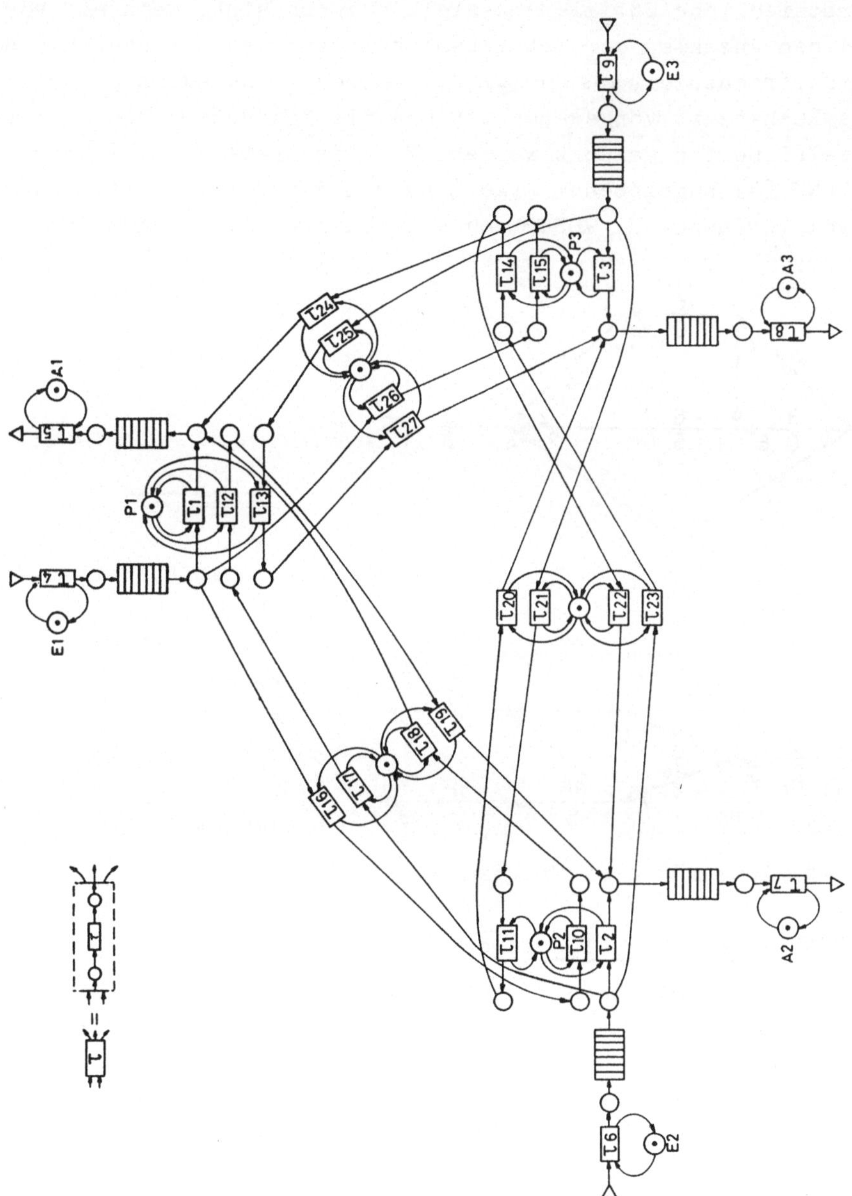

Abb. 9 Synchronisationsgraph

Zu jeder durch einen Pfeil dargestellten Aufgabe A_j ist die Bearbeitungsdauer τ_j und die Betriebsmittelart e_j eingetragen.

Zwei unterschiedliche Optimierungsziele ergeben sich, wenn entweder die jeweiligen Anzahlen der Betriebsmitteleinheiten vorgegeben sind und die Mindestrechenzeit gesucht wird, oder wenn eine maximale Schranke für die Rechenzeit vorgegeben ist und die Mindestanzahlen der Betriebsmitteleinheiten gesucht werden. Für das erste Problem kann ein von BRUNS [4] angegebener Algorithmus und für das zweite Problem ein vom Verfasser H. WEBER neu entwickelter Algorithmus verwendet werden.

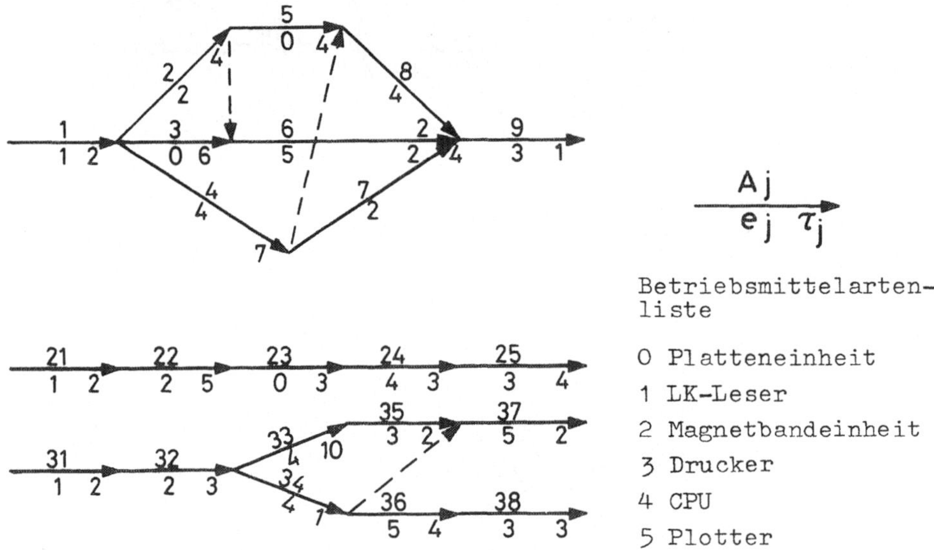

Abb. 10 Netzpläne für drei Programme

Der von BRUNS angegebene Algorithmus

Der von BRUNS [4] angegebene Algorithmus gehört zu den Entscheidungsbaumverfahren. Er läßt sich jedoch nicht als eins der bekannten Verfahren wie dynamisches Programm, begrenzte Enumeration oder Branch and Bound-Verfahren (vergl. MÜLLER-MERBACH [5]) identifizieren.

Im folgenden wird dieser Algorithmus vereinfacht beschrieben. Die Rechenmethoden der Netzplantechnik werden hierbei vorausgesetzt. Insbesondere werden hier modifizierte Vorwärtsrechnungen benötigt. Der Algorithmus arbeitet iterativ und kann wie folgt dargestellt werden.

Schritt

(0) Bilden eines Anfangsstückes (≙ Teilnetz, welches alle freien Vorgänge ($e_j = 0$) enthält, die zu Beginn angefangen werden können, da sie keine kapazitiven Vorgänger ($e_j \neq 0$) haben) ⟹ (4)

(1) Bildung sinnvoller Erweiterungen für die Teilnetze ⟹ (2)

(2) Durchführen der Erweiterungen, dadurch Erzeugung neuer Teilnetze ⟹ (3)

(3) Aussonderung nicht zum Optimum führender Teilnetze ⟹ (4)

(4) Bestimmung der nächsten Entscheidungszeitpunkte EZ_t für alle restlichen Teilnetze ⟹ (5)

(5) $\tau_e := \min_{\forall t} EZ_t$ ⟹ (6)

(6) Enthält ein Teilnetz schon alle Vorgänge und ist $PE = \max_{\forall i} FE_{A_i} < \tau_e$ ⟹ ENDE, sonst ⟹ (7)

(7) Auswahl aller Teilnetze mit $EZ_t = \tau_e$ ⟹ (1)

Im Beispiel, Abb. 10, ist das Anfangsstück leer, da die Vorgänge 1, 21 und 31 jeweils das Betriebsmittel 1 benötigen. Somit ist der in Schritt (4) bestimmte Entscheidungszeitpunkt gleich 0.

Von jeder Betriebsmittelart sollen 2 Einheiten zur Verfügung stehen. Aus den drei Vorgängen 1, 21 und 31 werden deshalb in Schritt (2) $\binom{3}{2}$ Vorgangstupel gebildet. Freie Vorgänge werden an den Teilnetzen immer dann sofort hinzugenommen, wenn alle ihre Vorgänger begonnen sind. Vorgang 3 wird deshalb den Teilnetzen, die den Vorgang 1 enthalten, hinzugefügt. Bei jedem Vorgang eines Teilnetzes wird das früheste Ende FE vermerkt, so daß die Aussonderung in Schritt (3) durchgeführt werden kann.

In diesem Beispiel wird die Aussonderung erstmalig bei $\tau_e = 4$ wirksam, wobei von 18 noch 11 Teilnetze übrigbleiben.

Insgesamt werden maximal 55 Teilnetze gebildet und 18 Iterationsschritte sind dazu notwendig. Als Ergebnis wird eine Durchsatzzeit von 20 Zeiteinheiten berechnet. Die Zahl aller möglichen Reihenfolgen ist größer als $\binom{3}{2}^2 \cdot \binom{4}{2}^2 \cdot \binom{5}{2} = 38.880$, so daß sich die Aussonderungskriterien des Algorithmus als sehr wirksam zeigen. Die Rechenzeit für die Optimierung beträgt bei einem Rechner TR440 ca. 52 s.

Online-Optimierung ist demnach nur wirtschaftlich, wenn diese Zeit klein gegen die Durchsatzzeit ist.

Zur Überprüfung einer Betriebsstrategie, die nach heuristischen Gesichtspunkten den Durchsatz steuert, kann nun als Maß die Durchsatzzeit von 20 Zeiteinheiten zugrunde gelegt werden.

Der neu entwickelte Algorithmus

Der neu entwickelte Algorithmus zur Bestimmung der minimalen Anzahl an Betriebsmitteleinheiten bestimmt zunächst die untere Grenze für eine jede Betriebsmittelart, die in dem Fall das Erreichen der vorgegebenen Durchsatzzeit erlaubt, daß die übrigen Betriebsmittel unbeschränkt zur Verfügung stehen. Mit den so gewonnenen Betriebsmittelanzahlen wird ein Test mit Hilfe eines modifizierten von BRUNS angegebenen Algorithmus durchgeführt. Ist die Durchsatzzeit immer noch erreichbar, kann die Rechnung beendet werden. Im anderen Fall ist eine gegenseitige Beeinflussung bei den durch die Betriebsmittelanzahlen bedingten Reihenfolgeänderungen im Netzplan so eingetreten, daß die Durchsatzzeit nicht realisiert werden kann.

Nun wird ein spezieller Analysealgorithmus eingesetzt, der als Ergebnis eine minimale Vergrößerung der Anzahl der Betriebsmitteleinheiten angibt.

Der gesamte Algorithmus kann wie nachstehend beschrieben werden.

Schritt

(0) Statisches Bestimmen der minimalen Anzahl der Betriebsmitteleinheiten (Benutzung von Daten aus einer Vorwärtsrechnung) ⟹ (1)

(1) Dynamisches Überprüfen und eventuelles Verbessern der gefundenen unteren Grenze (Kontrolle, ob die Durchsatzzeit bei jeder Betriebsmittelart einzeln tatsächlich erreicht werden kann) ⟹ (2)

(2) Kontrolle, ob insgesamt die Durchsatzzeit realisiert werden kann ⟹ (3)

(3) Tritt gegenseitige Beeinflussung auf ⟹ (4), sonst ⟹ ENDE

(4) Einsatz des Analysealgorithmus und Bestimmung der minimalen Anzahl zusätzlicher Betriebsmittel ⟹ (2)

Wird dieser Algorithmus auf das Beispiel Abb. 10 bei Angabe einer gewünschten Durchsatzzeit von 20 Zeiteinheiten angewendet, so erhält man folgende minimalen Anzahlen für die Betriebsmitteleinheiten:

Art	1	2	3	4	5
Anzahl	1	2	2	2	1

Es tritt keine Beeinflussung auf, so daß sich eine Rechenzeit von nur 20 s bei einem Rechner TR440 ergibt.

Gibt man als Durchsatzzeit 21 Zeiteinheiten an, so ergeben sich die unteren Grenzen zunächst wie folgt

Art	1	2	3	4	5
Anzahl	1	1	1	2	1

In diesem Fall tritt jedoch die oben erwähnte Beeinflussung auf. Die Anzahl der Betriebsmitteleinheiten muß vergrößert werden. Aus dem Analysealgorithmus resultieren die Lösungen a) und b), die beide die gewünschte Durchsatzzeit ermöglichen.

Art		1	2	3	4	5
Anzahl	a)	1	2	2	2	1
	b)	2	1	2	2	1

Die Rechenzeit ist in diesem Falle größer und beträgt 67 s. Zu berücksichtigen ist hierbei, daß die Zahl der möglichen Reihenfolgen in Schritt (2) größer als $(3!)^2 \cdot (4!)^2 \cdot \binom{5}{2} \approx 1{,}2 \cdot 10^6$ ist.

Verfeinerung der Modelle

Durch Erweiterung der Knotenbewertung, also durch Einführen verschiedener Markentypen und durch Bewertung der Marken, lassen sich die Modelle weiter verfeinern. Das führt einerseits zu Simulationsverfahren (vergl. z.B. HOENER, SANDBERG, WEBER [7]) und andererseits, wie schon bei den vorhergehenden Betrachtungen auf Verfahren der Netzplantechnik und der optimalen Reihenfolgen. Der Vorteil gegenüber den bisherigen Netzplan-Verfahren ist, daß das Synchronisationsnetz neben den rein technologischen Vorrangbeziehungen auch noch die Struktur enthält, in der die Betriebsmittel angeordnet sind.

Dies ist z.B. ein Vorteil bei der Betrachtung von Rechnerverbundsystemen, wenn man davon ausgeht, daß Übertragungskapazitäten und Übertragungszeiten bei den Untersuchungen zu berücksichtigen sind.

In dieser Arbeit konnte leider nur ein Ausschnitt aus dem Gebiet berührt werden. Wir hoffen, daß es dennoch gelungen ist, einen Eindruck von den Verfahren zu vermitteln.

Die Arbeiten zu diesem Thema wurden im Rahmen des überregionalen Forschungsprogramms Informatik gefördert.

Literaturverzeichnis

[1] DENNIS, J.B. — Concurrency in Software System
Lecture Notes in Economics and Matematical Systems, Bd. 81, S. 111 - 127

[2] RAUBOLD, E.; ULRICH, G. — Graphenmodelle zur Beschreibung der Wechselwirkung zwischen asynchronen Prozessen
in: Rechner- und Betriebssysteme, VDE-Verlag, Berlin 1972, S. 207 - 216

[3] HOENER, S. — Zur Leistungsbewertung von Multiprozessor-Strukturen
Lecture Notes in Computer Science, Bd. 26

[4] BRUNS, M. — Das Reihenfolgeproblem der Netzplantechnik
Dissertation RWTH Aachen 1972

[5] MÜLLER-MERBACH, H. — Optimale Reihenfolgen
Springer-Verlag, Berlin-Heidelberg-New York, 1970

[6] RAMAMOORTHY, C.V.; CHANDY, K.M.; GONZALEZ, M.J. — Optimale Scheduling Strategies in a Multiprocessor System
IEEE Trans on C, Vol. C21, S. 137 - 146

[7] HOENER, S.; SANDBERG, G.; WEBER, H. — Simulationssystem für Zeit-Menge-Prozesse mit entscheidungsabhängigen Zuständen
Forschungsbericht NRW 2504

AN AXIOMATIC DESCRIPTION OF THE TRANSPORT PROTOCOL OF CYCLADES

André A.S. DANTHINE Joseph BREMER
University of Liège

I. INTRODUCTION

A problem of representation arises at each of the major development phases of a protocol :
- definition and testing of the definition,
- implementation and testing of the implementation,
- documentation of an implemented protocol.

The various modes of representation which have been used so far, such as state diagram, Petri Net, Graph model [7], variable structure sequential machine [6] and structured programming [8] are more or less suitable to the different phases.

In this paper we will concentrate on a protocol representation derived from the theory of colloquies, proposed by Le Moli [5], which after some extensions appears to us as a suitable tool for the initial definition of a protocol and for its testing. Moreover we believe that this representation will ease the transition to representations more adapted to the implementation phase.

If the initial paper of Le Moli [5] lays the foundations of the theory and studies into details the problems associated with the exchanged messages, the behavior of the interlocutors under external commands was more lightly covered. In [2] and [3], we extended the definitions, introduced an axiomatic description in order to integrate these external commands and added to the basic model, a context and a set of internal mechanisms. Since then, we refined our description and formalised the context. The first part of the paper is concerned with the protocol representation itself.

The methodology of the application of the proposed representation will be discussed in the second part of the paper through the experience gained from the transport protocol of Cyclades which is completly described in the third part.

II. PROTOCOL REPRESENTATION

This representation is based on the idea of the modelisation af any communication between two entities as a colloquy between two interlocutors A and B. The figure 1 represents these two interlocutors. On the link (virtual or real) between the two interlocutors, output messages of one are input messages of the other. Moreover, each interlocutor receives and sends commands and text. In the communication between two remote processes, the two involved transport stations (TS) are the interlocutors A and B of figure 1.

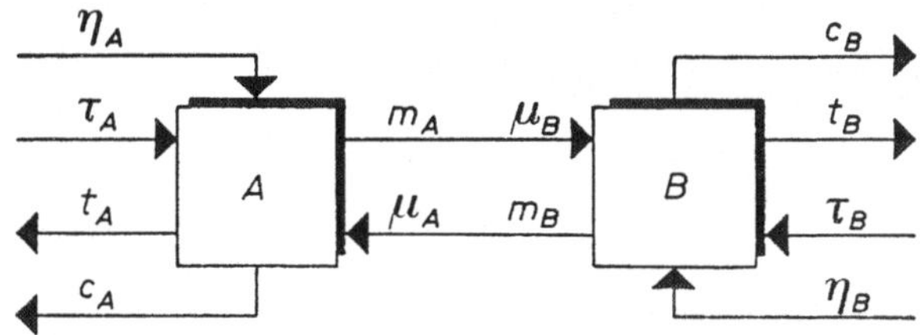

Fig. 1. Communication structure of two interlocutors of a colloquy

II.1. Definitions

Interlocutor : machine with 3 inputs and 3 outputs and a set of internal states.
Inputs : the three types of interlocutor inputs are
- messages μ coming from the other interlocutor,
- commands η coming from the user of the interlocutor,

- texts τ coming from the user and to be transmitted to the other user.

Outputs : the three types of interlocutor outputs are
- messages m for the other interlocutor,
- commands c for the user of the interlocutor,
- texts t for the user and coming from the other user.

Internal state : defined by the set of the two vectors σ and s.

The internal structure of an interlocutor is represented at the figure 2 and will be used in the following definitions.

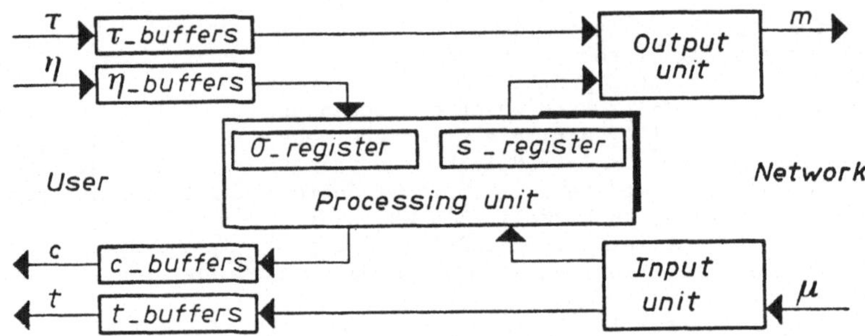

Fig. 2. Internal structure of an interlocutor

Input_message : an input message μ consists of the association of an envelope $\underline{\mu}$ and a text $\overline{\mu}$. The envelope will be transmitted to the processing unit. Depending on the internal state, the text will be either transferred to a t-buffer (in order to be sent to user after a command c has been sent) or discarded. A message without text will be used for exchange of control information between the two interlocutors.

Input dictionary : the input dictionary D_i is defined as the set of the n_i input envelopes. Any input envelope will be represented by a unit vector of dimension n_i. (In a unit vector, the unique non-zero element has value 1).

Output message : an output message m consists of the association of an envelope $\underline{m}$ and the text $\overline{m}$. The text $\overline{m}$ comes from one of the τ-buffer and the envelope will be processed by the other interlocutor.

Output dictionary : the output dictionary D_o is defined as the set of the n_o output envelopes. Any output envelope will be represented by a unit vector of dimension n_o.

Input command : the l_i input commands will be represented by unit vectors of dimension l_i. The set of these input commands will be called E_i.

Output command : the l_o output commands will be represented by unit vectors of dimension l_o. The set of these output commands will be called E_o.

II.2. Axiomatic description of a colloquy

Based on these definitions, a general description of a colloquy consists of defining the behavior of the processing unit of an interlocutor when it receives an input command, or an input message.

Input command

The reception by the processing unit of an input command η will give rise to the following operations :

- generation of an output envelope $\underline{m} = Q(\sigma,s).\eta$ (1)
  where Q is a $n_o \times l_i$ matrix whose elements are logical functions.
- generation of an output command $c = H(\sigma,s).\eta$ (2)
  where H is a $l_o \times l_i$ matrix.
- state transition $\sigma = U(\sigma,s).\eta$ (3)
  where U is a $\dim(\sigma) \times l_i$ matrix ($\dim(\sigma)$ is the dimension of σ).
- text transmission $\overline{m} = f(\sigma,s,\tau,\eta)$ (4)
  i.e. $\overline{m} = \tau$ or $\overline{m} = 0$.

Input message

The envelope $\underline{\mu}$ is transmitted to processing unit and will give rise to the following operations :

- generation of an output envelope $\underline{m} = P(\sigma,s).\underline{\mu}$ (5)
  where P is a $n_o \times n_i$ matrix.
- generation of an output command $c = G(\sigma,s).\underline{\mu}$ (6)
  where G is a $l_o \times n_i$ matrix.
- state transition $s = R(\sigma,s).\underline{\mu}$ (7)
  where R is a dim(s) x n_i matrix.
- text transmission $t = f(\sigma,s,\overline{\mu},\underline{\mu})$ (8)
  i.e. $t = \overline{\mu}$ or $t = 0$.

Each group of relations defines a Mealy machine. It would have been possible to define a unique Mealy machine, but it appears to us that the two machines representation puts into evidence that σ states may be only modified by elements of E_i and s states by elements of D_i. This state partitioning is well adapted to communication problems between remote entities and avoid the problems mentionned in [1, p. 50] about the transmission status.

To define a protocol it is therefore necessary to define
- the sets E_i and E_o of the commands exchanged by a process and its interlocutor, and the partial state vector σ;
- the sets D_i and D_o which characterize the exchanges between the two interlocutors, and the partial state vector s;
- the matrices P, Q, H, G, U and R.

II.3. Introduction of a context

The header of a message or a command includes not only an op-code but also a set of parameters not necessarily binary. In order to directly apply the previous model it would be necessary to define a mapping between each possible header and a unit vector. This will lead to matrices of unacceptable dimension and complexity.

To avoid it, it is possible to divide the processing unit into two parts, one related to the context processing of the message or the command and the other being the processing unit defined by the relations (1) to (8).

For doing so, we will associate, to the context part of the processing unit, a set V of context variables v_i. However as it is possible to group all context states in a small number of subsets, a global states vector z may be introduced. This global states vector is modified by the context itself but may influence the processing unit(*).

This global states vector is not the unique way to coordinate context and proper processing unit. It is also possible from a header with a given op-code to define several elements of D_i or E_i for instance when a given command may be used in various situations.

In summary, for each message or command the following operations may take place at the context level.
- comparison of the header parameters with the context variables,
- transmission to the proper processing unit of an element of D_i or E_i,
- modification of the context variables,
- modification of the context global states.

The context description implies therefore :
- the definition of context variables and global states,
- the procedures to modify variables and global states and to transmit command and envelopes for the description of which an Algol-like language is convenient.

II.4. Internal mechanisms

In some conditions, an interlocutor may be obliged to initiate an internal command in order to not remain indefinitely in a given state (time-out). With each interlocutor will be associated internal mechanisms able to generate internal commands. These internal commands have to be added to the input dictionary if they emulate a message from a remote interlocutor, or to the input command set, if they emulate a command from the upper level.

II.5. Multiplexing

Due to the multiplexing-demultiplexing of a transport station (TS), several virtual

(*) In (1) to (8), (σ,s) has to be replaced by (σ,s,z).

links (or flows) may be active simultanously. Therefore, we will attach an interlocutor, called "link machine" to each virtual link. In a TS, the number of such machines will vary dynamically, but will be limited by the ressources allocated to the TS.

If the protocol allows communications not involving a virtual link (e.g. Cyclades), we have to define other kinds of machines |2|.

A TS will therefore be composed of a set of interlocutors, each interlocutor communicating with an interlocutor of the same kind in a remote TS.

Each input of the TS contains addressing information which allows the TS, by means of a links table,to direct the input to the addressed interlocutor. The links table will contain the addresses of all the machines actually existing in the TS.

Figure 3 represents an interlocutor with context,internal mechanisms and links table.

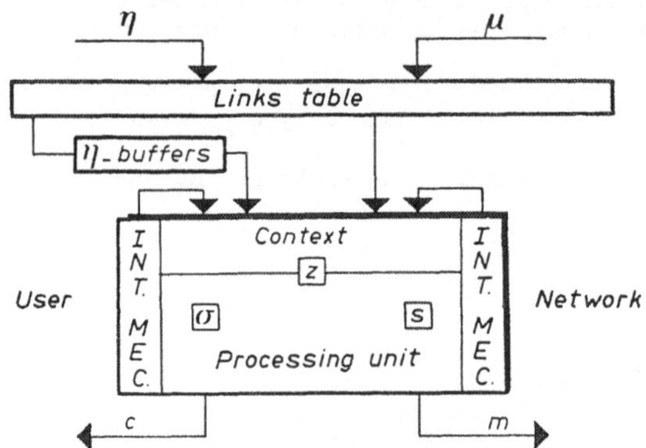

Fig. 3. Link machine with links table

III. METHODOLOGY OF THE MODELISATION

The first step consists of dividing the protocol in its basic functions, each of which being analysed separately. Thus, for a transport protocol, we shall define three functions : opening-closing, emitter and receiver functions. The grouping of the elements related to each function must take into account the possible interactions of the different functions.

For each function, we analyse successively the context, the processing unit and the internal mechanisms.

III.1. The context

The following steps are necessary to describe the context.

a) The context variables. No strict rule exists in order to decide about what to include in the context or in the processing unit. Generally non binary or secondary variables will be included in the context.

b) The global states. A global state z_i is characterised by a relation between several context variables. Several relations with same meaning for the processing unit may be represented by the same global state. Let us recall that instead of global states, it is possible to define several input envelopes for one message header.

c) Transmission of input commands and envelopes. In this step we indicate, for each command or message header, the context states necessary for the transmission of an input command or envelope to the processing unit.

d) Updating of the context variables and the global states. The context variables v_i are modified by the command or message header parameters. The modifications of the variables z_i are deduced without problem from the modified values of the context variables.

III.2. The processing unit

Six steps are necessary for the complete description of the processing unit.

a) Definition of primary state variables. The first step of the general method consists of associating with each input a primary variable (σ'_i for an input command, s'_i for an input envelope). A primary variable is incremented for each receipt of the associated input. If a given input may be accepted only once, the associated primary variable is binary.

b) Protocol specifications. These specifications indicate the conditions which have to be verified for an input to be accepted (an input is accepted if it initiates a state transition and/or generates an output). These conditions are expressed by means of the primary variables defined above.

c) State transition diagram. The definition of the primary variables and the protocol specifications allow us to determine all reachable states of the link machine. The use of a state transition diagram is motivated by two reasons : it gives a better comprehension of the protocol mechanisms and facilitates the state reduction. This step is most automatic, the state transition diagram being easily derived from the protocol specifications defined in the preceding step.

d) State reduction. An internal state of the link machine is composed of two partial states, a user state and a network state, represented by the σ'_i and s'_i variables respectively. The goal of this step is to reduce the number of partial states and consecutively the number of state variables σ_i and s_i.

At first, we define all the sets of equivalent states. By definition, n states are equivalent if all the inputs have the same effect on the n states (same state transition and same output generation).

For each set of equivalent states, we determine the partial states which are identical. Two user states are identical if among all the states containing one of these user states, those with the same network state are equivalent. A symmetrical definition holds for identical network states.

e) Definition and affectation of the state variables. From the number of partial states, we may deduce the number of σ_i and s_i variables necessary to represent them. The affectation of these state variables is chosen in order to simplify at most the components of the matrices.

f) Establishment of the interlocutor matrices. This elementary task consists mainly of expressing the state transition and output generation conditions of each input by means of the σ_i and s_i state variables.

III.3. The internal mechanisms

It is not necessary to take account of the time-outs during the initial analysis of the processing unit. Generally, a time-out is equivalent to an input which produces the same effect on the link machine. Therefore, we only introduce the time-outs once the state variables of the link machine are defined.

IV. THE LINK MACHINE OF CYCLADES

IV.1. Some characteristics of Cyclades' link machine

- A user must request explicitely the functions he wants the TS to perform, unless he is satisfied with the basic functions (multiplexing and fragmentation-reassembly). The link machine we describe here is able to perform all the functions actually implemented in Cyclades.
- Two kinds of information blocks may be exchanged between two TS : variable length letters (LT) and fixed length telegrams (TG).
- A link machine is created by the first opening request received by the TS. It is destructed if the flow is completely closed. Therefore the "flow off" state may be different from the initial state.
- The user-TS communication is half-duplex, the TS commands delivered to the user being always considered as answers to user commands.

More details about the TS and the transport protocol may be found in [10], [4] and [9].

IV.2. Opening-closing of a flow

a) The context

User Commands

- D-OPEN-FL : local opening request or confirmation of a remote opening request.

- D-RETR-OPEN : request to receive a remote opening request.
- D-CLSE-FL : request for closing a flow.
- D-CLSE-PT : request for closing a port (cancels the D-RETR-OPEN).

Remote TS letters

- FL-INIT : remote opening request or confirmation of a local opening request.
- FL-TERM : remote closing request, confirmation of a local closing request or refusal of a local opening request.

Context variables

v_1 is set to one by the first opening request.
v_2 has value 1 if error control only and value 2 if error control and flow control.
v_3 indicates the maximum length of the letters to be emitted.
v_4 indicates the maximum length of the letters to be received.
The command and letter header parameters will be designated by p_i, p_i having the same meaning as v_i (i = 2, 3 or 4).

Global states

No global state will be introduced here, but D-OPEN-FL and FL-INIT may each generate two different inputs for the processing unit, depending on the comparison of the header parameters with the context variables.

Context procedure

```
Begin if D-OPEN-FL
         then if v1 = 0
                  then transmit (D-OPEN-FL/0);
                       v1 = 1;
                       vi = pi; for i = 2, 3 and 4
                  else if v2 = p2 and v3 = p3 and v4 = p4
                          then transmit (FL-INIT/0);
                          else transmit (FL-INIT/1);
      if FL-INIT
         then if v1 = 0
                  then transmit (FL-INIT/0);
                       v1 = 1;
                       vi = pi; for i = 2, 3 and 4
                  else if v2 = p2 and v3 = p3 and v4 = p4
                          then transmit (FL-INIT/0);
                          else transmit (FL-INIT/1);
      if other command or letter
         then transmit (command or letter);
end
```

Transmit delivers its argument to the processing unit of the interlocutor.

b) The processing unit

1a) Input commands

- D-OPEN-FL/0 (DOF/0) : local opening request or confirmation of a remote opening request.
- D-RETR-OPEN (DRO) : request to receive a remote opening request.
- D-OPEN-FL/1 (DOF/1) : answer to a remote opening request (disagreement of parameters).
- D-CLSE-FL (DCF) : request for closing a flow.
- D-CLSE-PT (DCP) : request for closing a port (cancels DRO).

- In Cyclades, if a user is ready to receive a remote opening request,he must first open a port and then request the receipt of a TG. For the sake of simplicity, we replaced the two commands needed for the operation by the unique DRO command, which is functionally equivalent.
- DOF/1 is used to refuse a remote opening request.

1b) Input dictionary

- FL-INIT/0 (FIN/0) : remote opening request or confirmation of a local opening request.
- FL-INIT/1 (FIN/1) : answer to a local opening request (disagreement of parameters).

- FL-TERM (TERM) : remote closing request, confirmation of a local closing request or refusal of a local opening request.

2a) Output commands

- R-OPEN-FL/OK (ROF/OK) : confirmation of a local opening request.
- R-OPEN-FL/NOK (ROF/NOK) : refusal of a local opening request.
- R-RETR-OPEN (RRO) : remote opening request.
- R-CLSE-FL (RCF) : confirmation of the flow closing request.
- R-CLSE-PT (RCP) : confirmation of the port closing request.
- R-RETR-CLSE (RRC) : remote flow closing request.

- The RRC command may be transmitted to the user as an answer to any user command not attached to the opening-closing function of the TS. It signals to the user that a remote closing request is pending.

2b) Output dictionary

- FL-INIT (FIN)
- FL-TERM (TERM)

3) The primary state variables

We have to define 5 variables σ'_i and 3 variables s'_i. These variables are associated with the different inputs in the above order. All these variables are binary.

4) Protocol specifications

In this section, we indicate the inputs the link machine must have previously received for a given input to be accepted. (A primary variable set to 1 indicates that the associated input has been previously received). The five head digits represent the σ'_i variables, the three tail digits represent s'_i variables. The generated outputs are indicated after the arrow.

DOF/0 : 00000/000 → FIN (DOF/0 is used as local opening request).
01000/100 → ROF/OK, FIN (DOF/0 confirms a remote opening request).

DRO : 00000/000 → no output.

DOF/1 : 01000/100 → ROF/NOK, TERM (DOF/1 is used to refuse a remote opening request).

DCF : 10000/(000 or 100) or 11000/100 → RCF, TERM (DCF is used to cancel a local opening request and as closing request).
10000/101 or 11000/101 → RCF (DCF confirms a remote closing request).

DCP : 01000/000 → RCP

FIN/0 : 10000/000 → ROF/OK (FIN/0 confirms a local opening request).
01000/000 → RRO (FIN/0 is used as remote opening request).

FIN/1 : 10000/000 → ROF/NOK, TERM (the parameters of the local opening request and the remote confirmation are in disagreement).

TERM : 10000/000 → ROF/NOK, TERM (refusal of a local opening request).
(10000 or 11000)/100 → RRC, TERM (remote closing request).
01000/100 → TERM (TERM cancels a remote opening request).
10000/010 or 10010/000 or (01100 or 11010 or 10010)/100 → no output.
(The different situations correspond to the following meanings of TERM : closing confirmation after negotiation failure, closing confirmation after a local opening request cancel, closing confirmation of an open flow).

5) The state transition diagram

It is easily derived from the above protocol specifications and reproduced at the figure 4. Note that in state 01000 100, DCF is not accepted, for instance to refuse a remote opening request.

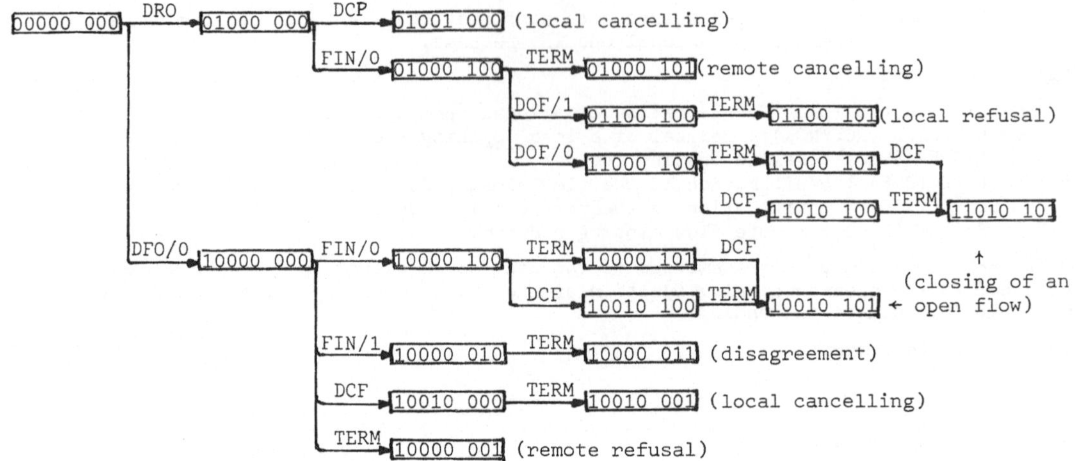

Fig. 4. State diagram of the opening-closing function of the link machine

6) State reduction

This step leads us to the conclusion that we need represent only 5 user and 5 network states.

7) Definition and affectation of the state variables

The three σ_i and three s_i variables have been affected as follows :

	σ_1	σ_2	σ_3	
00000	0	0	0	α_1
{10000, 11000	1	0	1	α_2
{11010, 10010	1	1	1	α_3
{01001, 01100	0	1	1	α_4
01000	0	0	1	α_5

	s_1	s_2	s_3	
000	0	0	0	a_1
100	1	0	0	a_2
101	1	0	1	a_3
010	0	1	0	a_4
{001, 011	1	1	0	a_5

8) The interlocutor matrices

The matrices related to the opening-closing function of the link machine correspond to the framed parts of the complete interlocutor matrices (see appendix). (At this stage, $\overline{z_3} = 1$).

c) Internal mechanisms

As indicated before, a time-out is equivalent to another input. This does not however mean that the matrices columns related to a time-out are identical to those related to the "equivalent" input.

For Cyclades we need here three time-outs.

T01 : generated if the user does not answer to a remote opening request in a given delay. It is therefore equivalent to DOF/1 but never generates an output command.

T02/a : protects FL-INIT in the opening request meaning. T02/a is equivalent to FL-INIT/1.

T02/b : protects FL-TERM in the "closing request" meaning. T02/b is equivalent to FL-TERM but only in its meaning of a confirmation of a closing request.

The matrices columns can be deduced from those related to the equivalent input (see appendix).

IV.3. The emitter function

a) The context

User commands

- D-SEND-LT (p_3) : request to send a letter.

Remote TS letters

- FL-ACK (ref,crd) : acknowledgment for one or several letters.

- In Cyclades, the acknowledgments are transmitted in the header of regular letters. A special letter (FL-ACK) is used only if a TS has no regular letter to send. Our approach which consists of transmitting all the acknowledgments in special letters is functionnally equivalent to that of Cyclades, but it simplifies the protocol description.
- The parameters of FL-ACK are respectively the reference of the last acknowledged letter (ref) and the number of credits allocated by the receiver (crd). This last parameter exists only if $v_2 = 1$.
- Parameter p_3 indicates the length of the letter to be emitted.

Context variables

v_5 : window lower bound; v_6 : window upper bound;
v_7 : sequence number of the last emitted letter;
v_8 : number of retransmission time-out (T03) for the first non acknowledged letter;
v_9 = 1 if a D-SEND-LT is pending, 0 otherwise.

Global states

$z_1 = 1$ if $v_7 < v_6$, 0 otherwise;
z_2 has same value as v_9;
$z_3 = 1$ if $v_8 > N$, 0 otherwise (N is the maximum allowed number of retransmissions of the same letter).

Context procedure

```
Begin if FL-ACK
         then if α2a2z̄3 = 1
                 then if v2 = 1
                         then if ref ≥ v5 and ref ≤ v7
                                 then v5 = ref + 1;
                                      v6 = ref + w;
                                      v8 = 0;
                                      if z2 = 1
                                         then v7 = v7 + 1;
                                              v9 = 0;
                                              transmit (D-SEND-LT);
                                      if v7 < v6
                                         then z1 = 1;
                                         else z1 = 0;
                                      z2 = v9;
                      if v2 = 2
                         then if ref ≥ (v5 - 1) and ref ≤ v7 and (ref + crd) ≥ v6
                                 then v5 = ref + 1;
                                      v6 = ref + min(w,crd);
                                      v8 = 0;
                                      if z2 = 1
                                         then if v5 ≤ v6
                                                 then v7 = v7 + 1;
                                                      v9 = 0;
                                                      transmit (D-SEND-LT);
                                      if v7 < v6
                                         then z1 = 1;
                                         else z1 = 0;

                                      z2 = v9;
```

```
if D-SEND-LT
   then if α2a2z̄3 = 0
           then transmit (D-SEND-LT);
           else if p3 ≮ v3
                   then if z1 = 1
                           then v7 = v7 + 1;
                                transmit (D-SEND-LT);
                           else v9 = 1;
                        if v7 = v6
                           then z1 = 0;
                        z2 = v9;
end
```

- The existence of a modulo has not been taken into account.
- w is the maximum number of sequence numbers inside the window.

b) The processing unit

Input commands

- D-SEND-LT (DSL) : request to send a letter.

Output commands

- R-SEND-LT (RSL) : confirmation of the sending of a letter.

Output dictionary

- FL-LT (FLT) : regular letter.

No primary state variable has to be introduced, as DSL never initiates a state transition. DSL generates outputs RSL and FLT if the flow is open ($\alpha_2 a_2 \bar{z}_3 = 1$).

c) The internal mechanisms

We need one time-out.

T03 : generated if the acknowledgment of a regular letter does not arrive within a given delay. It induces the retransmission of all the non acknowledged letters.

We have to introduce a context variable v_{10} indicating the sequence number of the last retransmitted letter. Global state $z_7 = 1$ during the retransmission phase ($v_{10} < v_7$).

T03 may generate two input envelopes for the processing unit : Internal-Send-LT (ISL) which requests the retransmission of the letter v_{10} and TOF which requests the closing of the flow.

The following context procedure must be attached to T03.

```
Begin if T03
        then if v8 = N
                then transmit (TOF);
                     z3 = 1;
                else begin v10 = v5 - 1;
                           v8  = v8 + 1;
                           z7  = 1;
                           do while (v10 < v7)
                                    v10 = v10 + 1;
                                    transmit (ISL);
                           z7 = 0;
                     end
end
```

TOF will generate a FL-TERM, whereas ISL will generate a FL-LT.

IV.4. Receiver function

a) The context

User commands

- D-RECV-LT (p_4) : user ready to receive a letter.

Remote TS letters

- FL-LT (ref) : regular letter.

Context variables

v_{11} : window lower bound; v_{12} : window upper bound;
v_{13} : list of the sequence numbers of received and non acknowledged letters; (may be implemented as a list or as a vector);
v_{14} : number of acknowledged letters not yet transmitted to the user;
v_{15} = 1 if a D-RECV-LT is pending, 0 otherwise;
v_{16} = number of free buffers;
v_{17} = number of buffers reserved for incoming letters.

Global states

z_4 = 1 if $v_{14} > 0$, 0 otherwise;
z_5 has same value as v_{15}.

Context procedure

```
Begin if FL-LT
        then if α2a2z̄3 = 1
                then if ref > v11 and ref ≤ v12 and v13(i) ≠ ref, ∀iε[1,m]
                        then insert ref in v13;
                             v17 = v17 - 1;
                        else if ref = v11
                                then begin v11 = v13(k) + 1;
                                           v17 = v17 - 1;
                                           if v2 = 1
                                              then v12 = v13(k) + w;
                                           if v2 = 2
                                              then v12 = v13(k) + min(v16+v17+m-k,w);
                                           v17 = min(v16 + v17,w-m+k);
                                           v14 = v14 + k;
                                           retrieve from v13 the components 1 to k;
                                           if z5 = 1
                                              then v14 = v14 - 1;
                                                   v15 = 0;
                                                   transmit (FL-LT/0);
                                              else transmit (FL-LT/1);
                                           if v14 > 0
                                              then z4 = 1;
                                              else z4 = 0;
                                              z5 = v15;
                                     end
                                else transmit (FL-LT/1);
      if D-RECV-LT
         then if α2a2z̄3 = 0
                 then transmit (D-RECV-LT);
                 else if p4 ≤ v4
                         then if z4 = 1
                                 then v14 = v14 - 1;
                                      transmit (D-RECV-LT);
                                 else v15 = 1
                              if v14 = 0
                                 then z4 = 0;
                              z5 = v15;
end
```

- m is the actual number of components of v_{13}.
- All letters with reference lower than $v_{13}(k)$ have been received.
- The updating of v_{16} has not been mentionned because it is implementation dependant.

b) The processing unit

Input commands

- D-RECV-LT (DRL) : request to receive a letter.

Input dictionary

- FL-LT/0 (FLT/0) : regular letter with reference equal to the window lower bound.
- FL-LT/1 (FLT/1) : regular letter with reference out of the window.

Output commands

- R-RECV-LT (RRL) : request to withdraw a letter.

Output dictionary

- FL-ACK (ACK) : acknowledgment for one or several letters.

No primary state variable has to be introduced, as no input initiates a state transition.

If the flow is open ($\alpha_2 a_2 \overline{z}_3 = 1$), DRL generates RRL, FLT/0 generates RRL and ACK, and FLT/1 generates ACK.

c) The internal mechanisms

No internal mechanism is attached to this function.

IV.5. The complete interlocutor matrices

In the process of definition, the matrices are expanded for each new function added, but we have to take into account some interactions between a new function and an old one.

- If the number of retransmissions of the same letter exceeds N ($z_3 = 1$),TOF initiates the closing of the flow. This implies the following actions : generation of a TERM and of the command RRC if a user command is pending. In consequence of this, DCF and TERM only generate a TERM if a TERM has not yet been generated by TOF ($z_3 = 0$).
- The remote closing request of an open flow is transmitted to the user as answer to a user command. We therefore have to define another **global** state z_6 which has value 1 if a user command is pending ($(v_9 + v_{15}) > 0$). Another consequence of this is that DSL and DRL may generate an RRC if a closing request is pending ($\alpha_2 a_3 = 1$). Same thing happens for a closing request coming from TOF ($\alpha_2 a_2 z_3 = 1$).

The complete interlocutor matrices are reproduced in the appendix.

V. THE OTHER MACHINES OF THE TS OF CYCLADES

We have been concerned up to now with the description of a link machine of Cyclades. Two other kinds of machines may be found in a TS of Cyclades.

A port-machine will be associated with each open port of the TS. A port, opened by a request of a user, may receive TG and LT at the request of the user. The only function performed by this machine is the reception of TG and LT.

A simple machine will be associated with each open flow performing the basic TS function only. This machine may receive and send TG and LT.

The description of these machines is most elementary.

The fragmentation-reassembly is considered here as an internal process of the TS which receives and generates FL-LT.

VI. CONCLUSIONS

One of the goals of this paper was the development of a methodology for the application of the extended theory of colloquies to any existing protocol. To illustrate this methodology, we applied it to the transport protocol of Cyclades, attempting to take account of the most possible details. Current work on other Host-Host level protocols seems to indicate that this modeling approach is quite general. Its main interest consists in its capability to allow logical testing and verification of the protocol. Let us mention also that large part of the modelling process may be performed automatically and therefore, allows easy analysis of a modification of a protocol specification. If the separation of context and processing unit is possible by different ways, we believe that current research will lead us to general principles.

* * *

This research has been done within the framework of the National Program of Informatics Research of the Belgian Government.

* * *

BIBLIOGRAPHY

1. AKKOYUNLU E., BERNSTEIN A., SCHANTZ R., Interprocess Communication Facilities Network Operating Systems, *Computer*, June 1974, p. 46-55.

2. DANTHINE A., BREMER J., Définition, représentation et simulation de protocoles dans un contexte réseaux, *Journ. Intern. Mini-ordinateurs et Transm. de Données*, AIM, Liège, Janvier 1975, p. 115-126. Also : *Bulletin Scientifique de l'AIM*, vol. 88, n° 2, Avril-Juin 1975, p. 115-126.

3. DANTHINE A., BREMER J., Communication Protocols in a Network Context, *Proceedings ACM Interprocess Communication Workshop*, Santa Monica, March 1975, p. 87-92.

4. GARCIA C., GARDIER R., MARCHAND A., MARTIN M., ZIMMERMANN H., Spécifications de réalisation de la station de transport ST2 portable, *Réseau Cyclades (SCH 536.1)*, Février 1975, 83 p.

5. LE MOLI G., A Theory of Colloquies, *First European Workshop on Computer Networks ARLES*, April-May 1973, p. 153-173.

6. MEZZALIRA L., SCHREIBER F.A., Designing Colloquies, *First European Workshop on Computer Networks ARLES*, April-May 1973, p. 351-363.

7. POSTEL J.B., A Graph Model Analysis of Computer Communications Protocols, *UCLA-ENG 7410*, January 1974, 184 p.

8. VINCIOTTI J., Sur l'utilisation des principes de programmation structurée pour la description des protocoles, *CTN-EIA (7408/21/N.T.)*, Février 1974.

9. ZIMMERMANN H., The Cyclades End to End Protocol, *4th Datacomm. Symposium*, Quebec City, October 1975, p. 7-21 to 7-26.

10. ZIMMERMANN H., ELIE M., Transport Protocol. Standard Host-Host Protocol for Heterogenous Computer Networks, *Réseaux Cyclades (SCH 519.1)*, Avril 1974.

* * *

APPENDIX - THE INTERLOCUTOR MATRICES

a) Matrice Q

	DOF/0	DRO	DOF/1	DCF	DCP	T01	DSL	DRL
FIN	$\alpha_1 a_1+\alpha_5 a_2$	-	-	-	-	-	-	-
TERM	-	-	$\alpha_5 a_2$	$\alpha_2 a_1+\alpha_2 a_2 \overline{z}_3$	-	$\alpha_5 a_2$	-	-
FLT	-	-	-	-	-	-	$\alpha_2 a_2 \overline{z}_3$	-
ACK	-	-	-	-	-	-	-	-

b) Matrice H

	DOF/0	DRO	DOF/1	DCF	DCP	T01	DSL	DRL
ROF/OK	$\alpha_5 a_2$	-	-	-	-	-	-	-
ROF/NOK	-	-	$\alpha_5 a_2$	-	-	-	-	-
RRO	-	-	-	-	-	-	-	-
RCF	-	-	-	$\alpha_2(a_1+a_2+a_3)$	-	-	-	-
RCP	-	-	-	-	$\alpha_5 a_1$	-	-	-
RRC	-	-	-	-	-	-	$\alpha_2 a_3+\alpha_2 a_2 z_3$	$\alpha_2 a_3+\alpha_2 a_2 z_3$
RSL	-	-	-	-	-	-	$\alpha_2 a_2 \bar{z}_3$	-
RRL	-	-	-	-	-	-	-	$\alpha_2 a_2 \bar{z}_3$

c) Matrice U

	DOF/0	DRO	DOF/1	DCF	DCP	T01	DSL	DRL
σ_1	$\sigma_1+\alpha_1 a_1+\alpha_5 a_2$	σ_1	σ_1	σ_1	σ_1	σ_1	σ_1	σ_1
σ_2	σ_2	σ_2	$\sigma_2+\alpha_5 a_2$	$\sigma_2+\alpha_2(a_1+a_2+a_3)$	$\sigma_2+\alpha_5 a_1$	$\sigma_2+\alpha_5 a_2$	σ_2	σ_2
σ_3	$\sigma_3+\alpha_1 a_1$	$\sigma_3+\alpha_1 a_1$	σ_3	σ_3	σ_3	σ_3	σ_3	σ_3

d) Matrice P

	FIN/0	FIN/1	TERM	T02/a	T02/b	ISL	TOF	FLT/0	FLT/1
FIN	-	-	-	-	-	-	-	-	-
TERM	-	$\alpha_2 a_1$	$\alpha_2 a_1+\alpha_2 a_2 \bar{z}_3+\alpha_5 a_2$	$\alpha_2 a_1$	-	-	$\alpha_2 a_2 z_3$	-	-
FLT	-	-	-	-	-	$\alpha_2 a_2 \bar{z}_3$	-	-	-
ACK	-	-	-	-	-	-	-	$\alpha_2 a_2 \bar{z}_3$	$\alpha_2 a_2 \bar{z}_3$

e) Matrice G

	FIN/0	FIN/1	TERM	T02/a	T02/b	ISL	TOF	FLT/0	FLT/1
ROF/OK	$\alpha_2 a_1$	-	-	-	-	-	-	-	-
ROF/NOK	-	$\alpha_2 a_1$	$\alpha_2 a_1$	$\alpha_2 a_1$	-	-	-	-	-
RRO	$\alpha_5 a_1$	-	-	-	-	-	-	-	-
RCF	-	-	-	-	-	-	-	-	-
RCP	-	-	-	-	-	-	-	-	-
RRC	-	-	$\alpha_2 a_2 \bar{z}_3 z_6$	-	-	-	$\alpha_2 a_2 z_3 z_6$	-	-
RSL	-	-	-	-	-	-	-	-	-
RRL	-	-	-	-	-	-	-	$\alpha_2 a_2 \bar{z}_3$	-

f) Matrice R

	FIN/0	FIN/1	TERM	T02/a	T02/b	ISL	TOF	FLT/0	FLT/1
s_1	$s_1+(\alpha_2+\alpha_5)a_1$	s_1	$s_1+\alpha_2(a_1+a_4)+\alpha_3 a_1$	s_1	$s_1+\alpha_2 a_4+\alpha_3 a_1$	s_1	s_1	s_1	s_1
s_2	s_2	$s_2+\alpha_2 a_1$	$s_2+(\alpha_2+\alpha_3)a_1$	$s_2+\alpha_2 a_1$	$s_2+\alpha_3 a_1$	s_2	s_2	s_2	s_2
s_3	s_3	s_3	$s_3+(\alpha_2+\alpha_3+\alpha_4+\alpha_5)a_2$	s_3	$s_3+(\alpha_2+\alpha_3+\alpha_4)a_2$	s_3	s_3	s_3	s_3

Priorities and Pay Function Routing for a Packet Switching Network

A. Butrimenko
U. Sichra

The choice of an objective function for the routing strategy in packet switching is one of the more important parts in the construction and evalutation of the network performance.

The cumulative delay along a path is very often taken as an objective function for the routing algorithm, its value being used as a performance criterion to be compared with that of another network or routing strategy.

One of the difficulties in measuring performance by means of the delay time is that in every network there are packets (or jobs) of varying importance. Usually this problem is solved by assigning priorities to each class of packets (jobs), mostly only a few priorities.

We will now describe a particular algorithm for handling packets in a store and forward network. This can be described as a decentralized, adaptive, markovian algorithm [1].

Decentralized means that there is not a single node or a set of nodes which are responsible for the routing in a whole network, but that each node constructs its own routing matrix on the basis of information gathered from neighbouring nodes, and at the same time no node has information on all the possible routes in the network.

The information at every node is regularly updated, leading to a general adaptivity of the network. The packets in each node are handled independently of the source, and this is thus a markovian-type routing. We will work with this method, which is almost an extension of the methods described in some earlier publications [1, 2, 3] and is now in use in the ARPA network. We then extend this method of routing messages for cases with a few priorites. It will be seen that the simple method of handling messages of various priorities has some awkward features and that the philosophy of fixed priorities can be wrong in many cases. Even more so, it does not reflect the proper interests of the users.

We will describe another method based on so called pay functions [4]. It will be shown that the first method with normal fixed priorities is an extreme case of the pay function method. And what is more important, the accuracy of conventional methods to actual requirements of the users can be evaluated by comparing the results with those originated by the introduction of pay functions.

Later on we will also discuss some results of the network simulation with various types of pay functions.

We will limit our study to a store and forward network, where all the packets have the same length and each one propagates through the network as a whole.*

Suppose that each packet belongs to one of three priority classes, and that the priority does not change with time. This means that on every channel we have three queues and that the queues of lower priority will be served only if the queues of higher priority are empty. We assume that in each queue the messages are served in first-in first-out order.

Updating

The routing information is stored in each node, in the form of three matrices, one for each priority. In each of these matrices the column numbers correspond to the number of outgoing channels and the row numbers correspond to the number of destination nodes. The element $r^m_{ij}(p)$ in the matrix M gives the estimated delivery time from node m to destination i through channel j for a new message with priority p. Figure 1 which represents a very small network shows the use of these matrices.

When the changes in the outgoing queues of a node become bigger than a given threshold the matrices at that node adapt itself to the new siutation. See again Figure 1.

Priority Philosophy

To show the importance of a packet the user can attach a certain priority to it. Due to the changing flow in a network it is impossible to predict the completion of a job being put into it. Therefore, the priorities do not always coincide with the user's interests, and do not provide any performance guarantee.

---

*These constraints can be taken off, but are introduced here for the sake of simplicity.

The following three reasons make the design of the priority system extremely complicated:

1. There is no method, except simulation, to calculate the delivery time for each priority even for a relatively small net for an assumed loading;
2. The assumptions for the expected loading are as a rule different from reality and a network mostly operates under other conditions than those planned;
3. Qualitative incomparability of the priorities leads to incomparability of the different routing strategies and other techniques.

The only guarantee a priority philosophy can give is that on the same channel packets with higher priorities will be sent earlier than the ones of lower priority, but that does not say anything about the performance of the whole network.

Pay Functions

We will now introduce the so called pay functions [3]. The main idea arises from the assumption that between the authorities responsible for running the network and the users, an agreement on charges can be achieved depending on the performance--delivery time.

It is possible to think of various kinds of pay functions and some examples are shown in Figure 4.

Many more pay functions can easily be imagined. The pay functions can be considered as "isointerest" functions of a user, since it is possible to establish a performance criterion for the network--the amount of its income--and in this case with the non-increasing pay functions the user's and the system's interests coincide. The maximization of this system's income is then an advantage to the user.

It is easy to see that the pay function has to be non-increasing if the storage of a packet in its destination node does not require any network resources, and that the pay function has a lowest boundary which can be considered as Ø. Therefore we will only consider non-increasing pay functions.

Let us now look at the relationship between pay functions and fixed priorities. We want to determine what kind of pay functions can correspond to fixed priorities. No matter which function we take, it must allow for first-in first-out discipline in every priority class. As shown below linear pay functions are the only one's where the queueing strategy has no influence and therefore can be taken to compare the priority philosophy with the pay function idea.

A. The Problem

If and only if the pay function is linear any order of packets in a queue gives the same income, thus:

$$f(z) = kz + d \Longleftrightarrow \pi \left(\sum_{i,j} X_{ij} \; f[t_i + j - 1] \right) = C \quad , \forall \pi \varepsilon \; P_i \times Pj$$

or

$$f(z) = kz + d \Longleftrightarrow f(x + a) + f(y) = f(y + a) + f(x) \quad , \quad \forall x,y,a$$

where

$f(z)$: pay function;

t_i : age of a packet when arriving at the queue;

$X_{ij} = \begin{cases} 1 & \text{: packet of age i in place j in queue;} \\ 0 & \text{else;} \end{cases}$

$\sum_i X_{ij} = 1 \quad , \quad \sum_j X_{ij} \leq 1 \quad ;$

$P_i = \begin{pmatrix} i_1, i_2, \ldots, i_n \\ i_{v1}, i_{v2}, \ldots, i_{vn} \end{pmatrix}$ permutations of $i_1, \ldots, i_n$;

P_j : permutations of $j_1, \ldots, j_n$;

$P_i \times P_j$: the cross product of the permutations.

B. Proof

1. Sufficient condition

Let

$$f(z) = k \cdot z + d \quad ,$$

then

$$f(x + a) + f(y) = d + kx + ka + d + ky = f(x) + f(y + a) \quad ,$$

and the right hand side is true.

2. Necessary Condition

$$f(x + a) + f(y) = f(x) + f(y + a) \quad ,$$

which means

$$f(x + a) - f(x) = C \quad .$$

for all x, and f(z) is piecewise continuous differentiable in any part interval of the whole interval.

Then

$$f(x + a) - f(x) = f(x) + \frac{a}{1!}\ (1 - \delta)\ f'(x + \delta a) - f(x) = C \quad ,$$

or

$$f'(x + \delta a) = \frac{C}{a(1 - \delta)} \quad .$$

From there it follows that f(z) = zk + d per part interval. As f(x) is piecewise differentiable it means that there exists a x_o:

$$f(x) = k_1 x + d_1 \quad , \qquad x \leq x_o$$

$$f(x) = k_2 x + d_2 \quad , \qquad x \geq x_o \quad .$$

Having $0 < a < \varepsilon$, x: $x_o < x + a < x_o + \varepsilon$, y: $y + a < x_o$, then

$$f(x + a) + f(y) = k_2(x + a) + d_2 + k_1 y + d_1 \quad ,$$

$$f(y + a) + f(x) = k_1(y + a) + d_1 + k_1 x + d_1 \quad ,$$

that is

$$x(k_2 - k_1) = a(k_1 - k_2) + d_1 - d_2 = C_1 \quad ,$$

$\forall x \varepsilon$ part interval $\Longrightarrow$ $k_2 = k_1$ is the solution and therefore $d_1 = d_2$ and the function is the same in two adjacent part intervals.

This can be done for all pairs of intervals and therefore the function must be a continuous differentiable in the whole interval and be of the form

$$f(z) = kz + d \quad .$$

Comparison of Performances

The general idea is to compare the performances of a network under both pure priority handling and pay functions routing. If it should be possible to compare it, the use of a linear non-increasing pay function is necessary.

Some simulation runs have been done with three different pay functions, one for each priority, having different slopes, the steepest slope corresponding to the highest priority (see Figure 2). The simulations were done for the network drawn on Figure 3.

A number of parameters can be measured during the simulation. For example the delivery time for each particular packet and the mean delay per packet, as well as for each priority or corresponding class of pay function. The number of transitions and waiting time in queues. As far as we are interested in the income for the system, the losses caused by delays and propagation time can be measured for each packet, the mean value for each class or the overall for all created packets. This criterion must be dependent on the initial value of the packet ($f(0)$). This initial value can only influence the admission of a packet in the system. In this model we suppose that no admission restrictions exist and therefore every packet has to be served. To evaluate the performance we have to use a measure which is independent of the initial values $f(0)$. This measure is in our case kt_i, where k is the slope and t_i delivery time of the i-th packet. This value is brought into relation with the inevitable losses, which would be caused by the distance alone in an empty network--$ktid_i$--where tid_i is the minimal theoretically possible delivery time

The measured relation is then

$$\frac{\sum_{i=1}^{n} k \cdot t_i - \sum_{i=1}^{n} k \cdot tid_i}{\sum_{i=1}^{n} k \cdot tid_i} \quad .$$

When routing with priorities the choice of the outgoing channel at a node depends only on the routing matrix elements and the queue length in front of the new packet at a channel. This implies that not only the sum of packets of the same priority as the new packet influence the length, but also the sum of packets of higher priority.

For the runs with pay functions we use those simple parameters listed on Figure 2, as it was shown that only with linear pay functions has the queueing strategy no influence. The routing strategy is such that when choosing the channel for a new packet, it selects the one where the income to the system is the highest. It means that not only the income generated by a new packet is maximized, but the one caused to others by delaying them is minimized.

Figure 5 shows the behaviour of the systems when running with only priorities, or routing according to the simple pay functions of Figure 2. The x-axis gives the loading of the system--number of packets which come into it per time unit. The y-axis is the logarithm of the relative percentage of actual loss in relation to the ideal loss--$\log_{10}$ (100 · [actual loss - ideal loss]/ideal loss), for all packets together.

It can be seen that under light loading the difference between the two methods is not big, but that it increases with the growing load. When the system becomes overloaded (with 17.8 packets per time unit) the outcome does not bear much sense.

In Figure 6 the loading is fixed, 16.6 packets per time unit creation rate, and the behaviour for the three priorities as well as pay functions are shown.

The x-axis is divided into priorities, the y-axis is double and represents for one pair of curves the logarithm of the mean delay suffered by a packet of each priority, for the other pair of curves the y-axis is as before the logarithm of the relative loss. In each pair one slope is for the priority philosophy and the other represents the pay function behaviour.

For the highest priority the pay function routing is a disadvantage compared to the simple priority routing, and in the second priority the difference is very small. In the third priority the pay function routing bears an advantage in terms of delay and relative loss.

Conclusions

1. The relations between linear pay functions and pure priority systems have been studied in a particular example.
2. It was shown that at low loading (for this particular network 16.0 packets per time unit creation rate) there was hardly any difference between the priority system and linear pay functions. That is actually the case when the queues are almost empty. With heavier loading the difference increases up to congestion.
3. The difference increases with the priority. There is no difference for the highest priority and messages with the highest decreasing pay function. It allows one to omit the pay function philosophy for messages with the highest decreasing function and to consider them as messages with the highest priority, while messages with lower decreasing functions have to be dealt with taking into account the functions.
4. The performance of the network depends considerably on the selected POROG(i) (thresholds). A further study of the network behaviour with an adapting POROG(i) is planned.

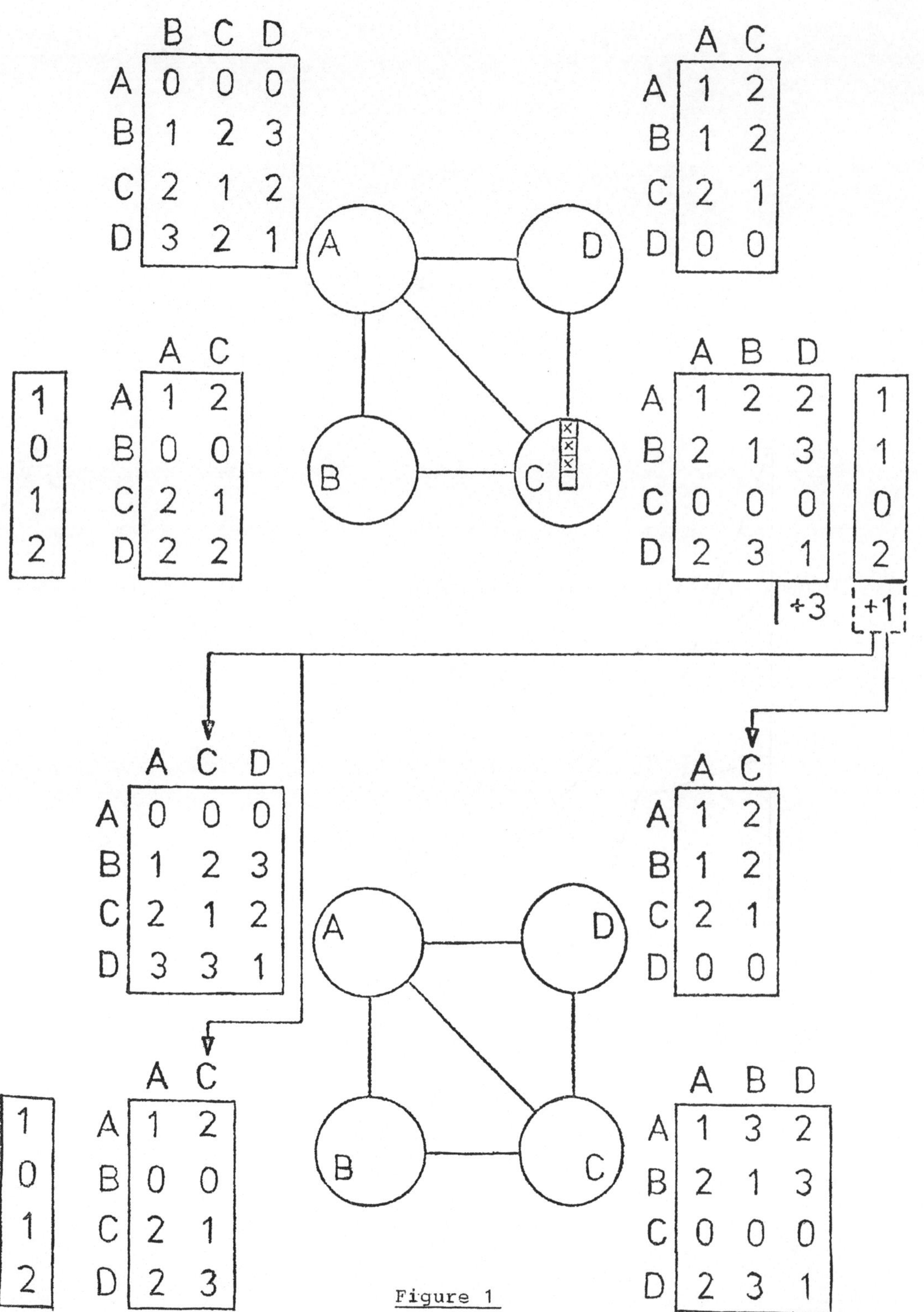
B C D
A 0 0 0
B 1 2 3
C 2 1 2
D 3 2 1
A C
A 1 2
B 1 2
C 2 1
D 0 0
A
D
B
C
1
0
1
2
A C
A 1 2
B 0 0
C 2 1
D 2 2
A B D
A 1 2 2
B 2 1 3
C 0 0 0
D 2 3 1
1
1
0
2
+3
+1
A C D
A 0 0 0
B 1 2 3
C 2 1 2
D 3 3 1
A C
A 1 2
B 1 2
C 2 1
D 0 0
A
D
B
C
A C
A 1 2
B 0 0
C 2 1
D 2 3
1
0
1
2
A B D
A 1 3 2
B 2 1 3
C 0 0 0
D 2 3 1

Figure 1

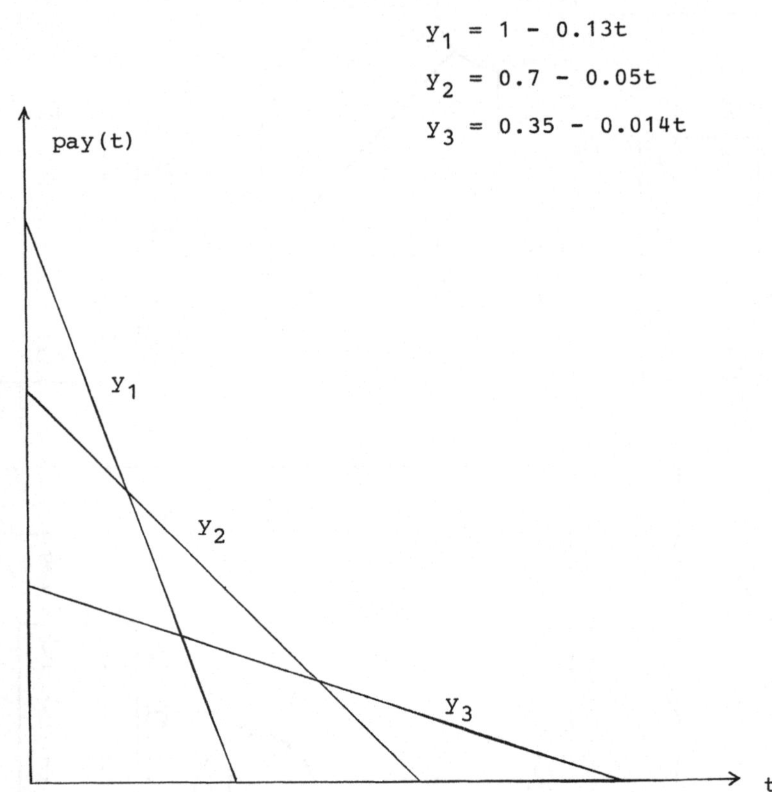

Figure 2

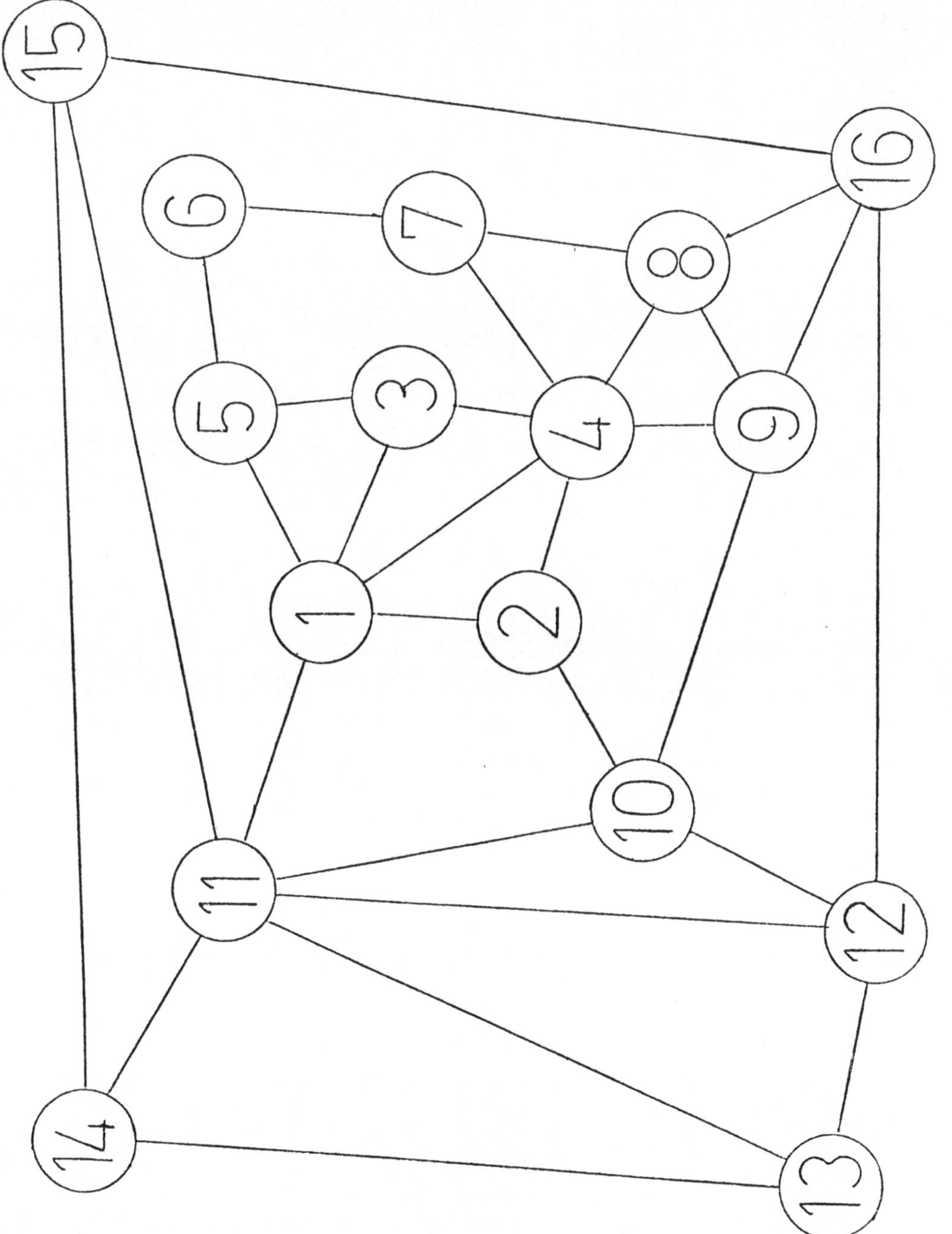

Figure 3

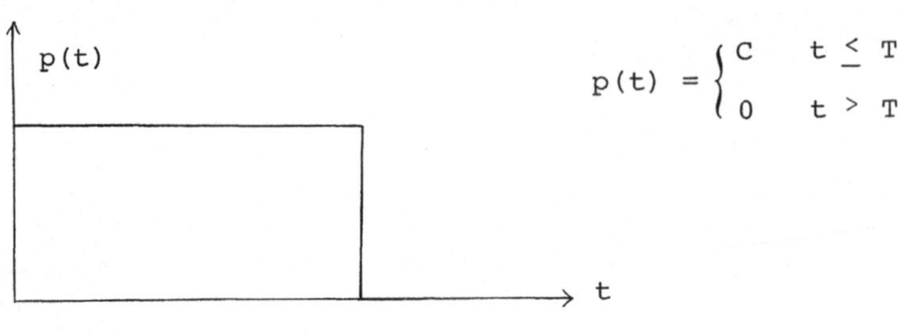

$$p(t) = \begin{cases} C & t \leq T \\ 0 & t > T \end{cases}$$

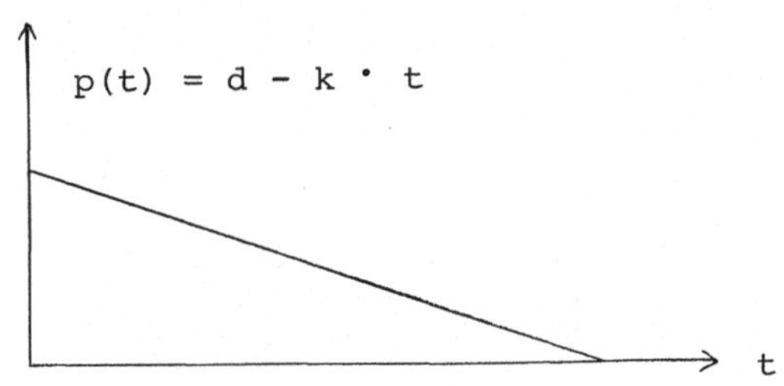

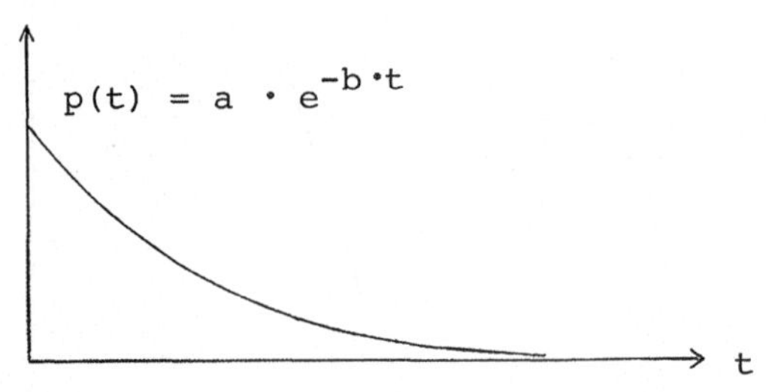

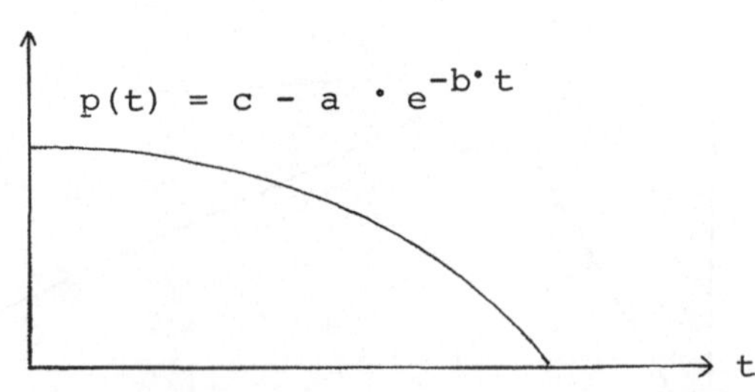

Figure 4

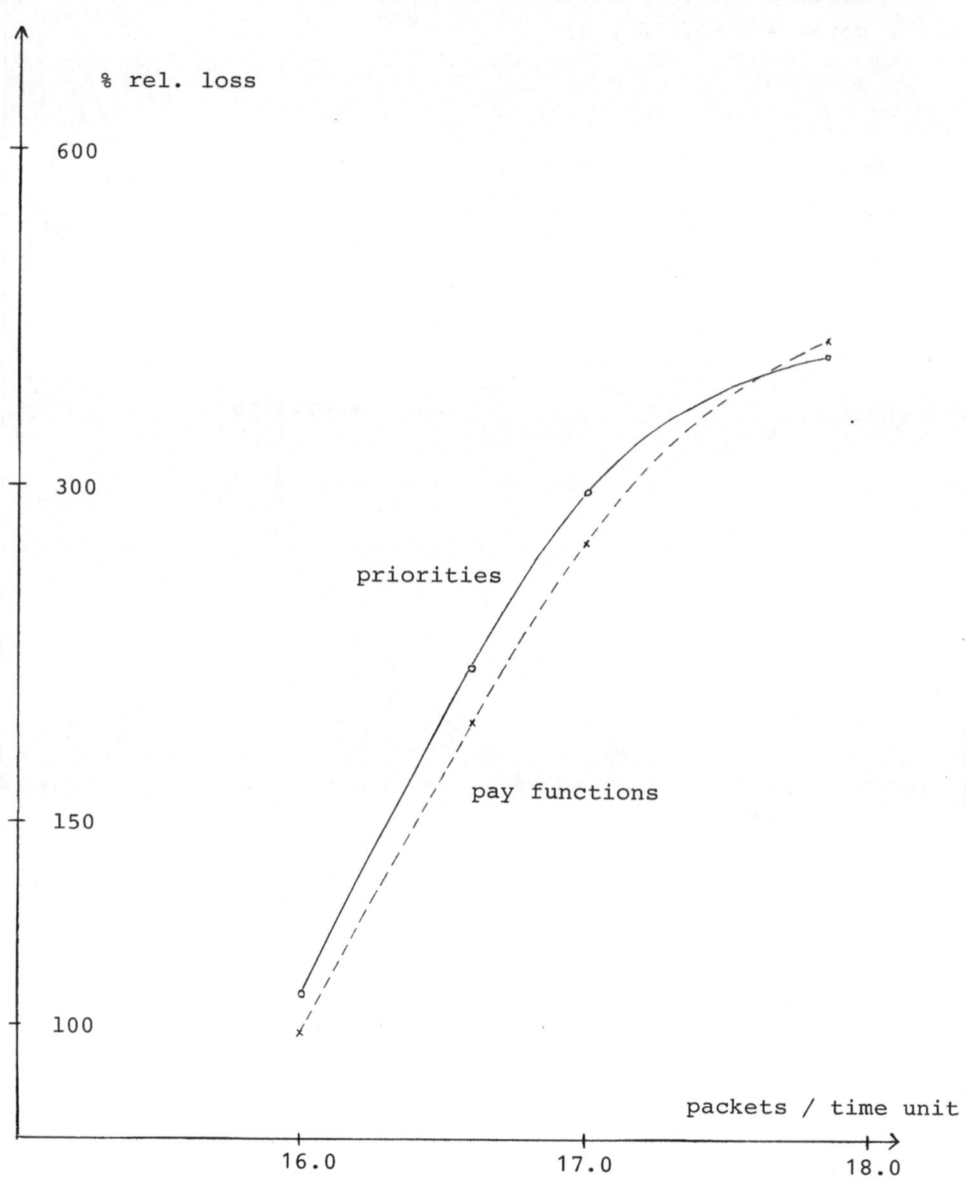

% rel. loss
600
300
150
100
priorities
pay functions
packets / time unit
16.0
17.0
18.0

Figure 5

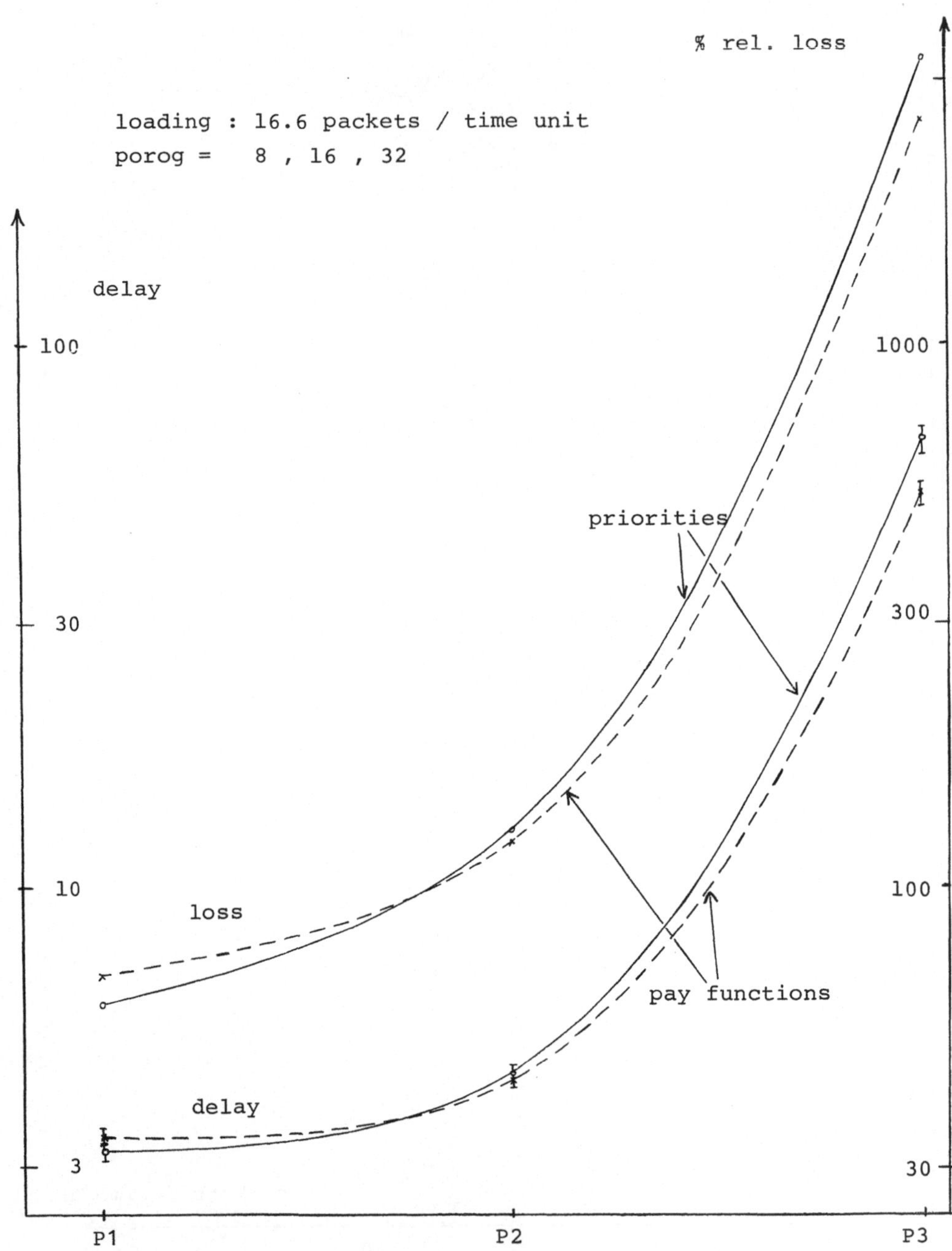
% rel. loss
loading : 16.6 packets / time unit
porog = 8 , 16 , 32
delay
100
30
10
3
1000
300
100
30
priorities
loss
pay functions
delay
P1
P2
P3

Figure 6

References

[1] McQuillan, J.M. "Adaptive Routing Algorithms for Distributed Computer Networks," Bolt, Beranek and Newman, 1974.

[2] Frank, H. and Chuo, W. "Routing in Computer Networks," Networks, Vol. No. 2, 1971.

[3] Butrimenko, A. "Routing Technique for Message Switching Networks with Message Outdating," Symposium on Computer Communications Networks and Teletraffic, Brooklyn, 1972.

[4] Butrimenko, A. "Adaptive Routing Technique and Simulation of Communication Networks," 1970.

Strukturen in Rechnerverbundsystemen

Heinz Bender
Institut für Informatik III
Universität Karlsruhe

1. Einführung

Eine Vielzahl von Systemen, die aus mehreren miteinander gekoppelten Rechenanlagen bestehen - als Rechnerverbundsysteme oder Rechnernetze bezeichnet - ist vorgeschlagen und realisiert worden. Obwohl man sich also in Theorie und Praxis seit einiger Zeit mit Rechnerverbunden beschäftigt, fehlt es doch noch an einer einheitlichen, systematischen Betrachtungsweise. Der vorliegende Beitrag soll ein Schritt in diese Richtung sein. Die derzeitigen Beschreibungen und Angaben über Rechnernetze sind äußerst unbefriedigend. Es soll deshalb dargelegt werden, wie derartige komplexe Systeme gegliedert werden können, um eine "geordnete" Betrachtung zu erleichtern. Insbesondere genügt es nicht, nur Angaben über die reale, topologische Struktur zu machen, sondern es müssen auch logische Strukturen aufgezeigt werden, die i.A. jedem System zugrundeliegen, gegeben durch die Aufgabenstellung (z.B. eines Betriebssystems) und auch als Ergebnis des Entwurfsprozesses.

2. Begriffe

Einige der verwendeten Begriffe sollen erläutert werden, da eine einheitliche Terminologie für die Verständigung nötig und oft für das Verständnis nützlich ist. Die Ausführungen werden insgesamt informeller Natur sein.

System:
analog zum Verständnis in der Systemtheorie (s. Kla 74) wird damit die "Gesamtheit von Objekten bezeichnet, zwischen denen Zusammenhänge (Beziehungen) bestehen. Als Spezialfall der hier interessierenden, dynamischen Systeme können Rechenanlagen betrachtet werden. Es ist nützlich, als Objekte solcher Systeme aktive Elemente (Prozessoren) und passive Elemente (Informationsspeicher) zu unterscheiden. Die zwischen den Objekten eines Datenverarbeitungssystems (DVS) bestehenden Beziehungen können verschiedener Art sein: Zugriffsrechte, Vorrangregeln, explizite Beeinflussung, Datenwege u.a. Für Rechnernetze ist typisch, daß die meisten dieser Beziehungen durch expliziten Nach-

richtentransport verwirklicht werden müssen.
Als komplex wird ein System bezeichnet, das aus vielen gleichartigen Elementen besteht, als kompliziert eines, das viele verschiedenartige Elemente enthält (KLA 74).

Struktur

Damit werden die Zusammenhänge in einem System dargestellt, d.h. der innere Aufbau, die Gliederung. Da i.A. zwischen Systemelementen viele Arten von Beziehungen bestehen, ist die Angabe einer Struktur meist nur sinnvoll in Bezug auf eine oder wenige Zusammenhänge, sie ist somit abhängig vom Betrachtungszweck, für den die relevanten Beziehungen hervorgehoben werden. Daraus folgt, daß für ein System in der Regel viele Strukturen angebbar sind.

Rechnerverbundsystem

Darunter werden Systeme aus $n > 1$ eigenständigen Prozessoren verstanden, die untereinander durch Datenwege (gemeinsame Speicher und/oder Leitungen) gekoppelt sind. Dies umfaßt somit das Spektrum von Multiprozessoranlagen herkömmlicher Art bis hin zu weltumspannenden Rechnernetzen.

Ein Punkt muß leider ausgeklammert werden, nämlich Darstellung und Beschreibung von Systemen und ihren Strukturen in allgemeiner, möglichst formaler Weise. Sprachliche Beschreibungen erlauben nur 1-dimensionale Darstellungen, graphische gestatten es, 2 Dimensionen auszunützen, während reale Systeme i.A. als n-dimensional betrachtet werden müssen. Graphische Darstellungen können derzeit nur als Hilfsmittel - u.a. oft recht zweckmäßige - benützt werden, die dann stets einer zusätzlichen Interpretation bedürfen.
Hier soll dazu folgendes vereinbart werden:

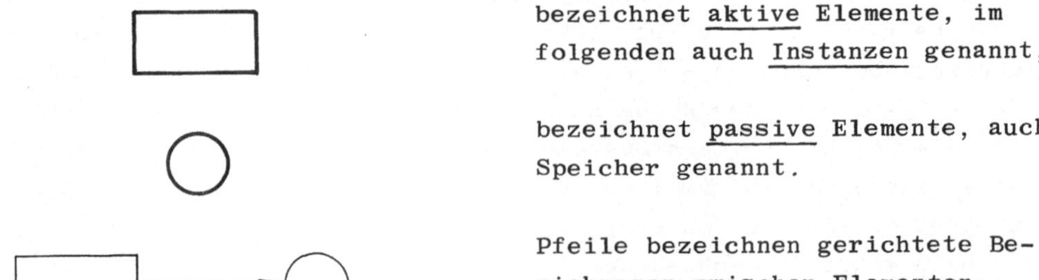

3. Allgemeines zu Rechnerverbundsystemen

3.1 Arten und Zweck

Die heute teilweise übliche Klassifizierung der Rechnernetze in Funktionsverbund, Datenverbund oder Lastverbund ist eigentlich eine Einteilung nach interner Betriebsweise und recht ungenau. Wichtiger sind Angaben über die Aufgaben des Systems, d.h. welche Leistung erbracht werden soll. Wesentlich ist auch die Nutzungsart, d.h. ob Stapelverarbeitung, Time-Sharing, Realzeitbetrieb oder reine Abfrage vorkommen sollen. Die Analogie zu herkömmlichen Betriebssystemen ist offensichtlich.

3.2 Besonderheiten

Es stellt sich oft die Frage, ob bzw. warum Rechnerverbundsysteme besondere Probleme bei Entwurf und Betrieb bieten. Zum Teil treten natürlich dieselben Probleme wie in Betriebssystemen auf; es gibt aber doch eine Reihe von Besonderheiten. Mit der Anzahl der Systemelemente steigt i.A. der Komplexitätsgrad, auch wenn noch nicht die im Konzept vorgeschlagene Zahl von Tausenden von gekoppelten Rechnern (MIL 73) erreicht ist. Multirechneranlagen mit bis zu 512 (Mikro-)Prozessoren sind allerdings jüngst auf dem Markt erschienen (CW 75). Derartige Systeme sind nur bei sinnvoller Gliederung im Entwurf beherrschbar.

Die in Rechnernetzen verfügbare Vielzahl von eigenständigen Prozessoren erlaubt es heute eher - ohne übermäßige Kosten -, daß sich die entworfene logische Struktur und die realisierte Struktur ähnlich sind, beispielsweise könnte jeder Teilaufgabe eines Betriebssystems - gesehen auf einem bestimmten Abstraktionsniveau - ein eigener (Mikro-)Prozessor zugeordnet werden (vgl. Abb. 1).

Weiter ist zu beachten, daß nunmehr echte Parallelaktivität auftritt, die weder ideell - etwa für Analysezwecke - noch real sequentialisiert werden kann, falls sich räumlich getrennte Systemelemente in Rechnernetzen nicht mehr direkt beeinflussen können.
Die Realisierung eines Systems als Verbund von Rechnern erlaubt - und erfordert teilweise - die Unterteilung bzw. die Vervielfachung von Funktionen, Informationen und Teilsystemen. Oft wird auch gefordert, daß ein Rechnernetz dynamisch veränderbar sein soll;dies hat Auswirkungen auf die Koordination im System. Besonders wichtig ist, daß im allgemeinen Fall gekoppelte Rechner voneinander getrennte

Adreßräume besitzen. Somit erfordert jede Kooperation expliziten Nachrichtentransport. Alle Arten von Beeinflussungen können nur indirekt durch Nachrichtenaustausch erzielt werden. Daraus folgt, daß das für die Kommunikation verantwortliche Teilsystem stets im gesamten Verbund verteilt sein muß.

3.3 Entstehung von Rechnernetzen

Es gibt verschiedene Wege zur Erstellung von Rechnerverbunden. Die Neuentwicklung ist noch relativ selten, hier sind für die Systementwicklung noch alle Freiheitsgrade gegeben. Die Modifizierung bzw. Erweiterung existierender DV-Systeme ist wohl noch überwiegend.
Das resultierende Verbundsystem besteht dann entweder aus den Netzanforderungen angepaßten Spezialelementen oder ist so gegliedert, daß die der Aufgabenstellung entsprechende Struktur erhalten bleibt und die Anpassung an die Netzumgebung durch besondere Systemelemente vorgenommen wird, so daß der Einfluß der Netzumgebung gewissermaßen transparent ist. Diese Vorgehensweise ist anzustreben. Dies läßt ein Rechnernetz eher als <u>eine</u> Art der Realisierung für ein DV-System erscheinen.

3.4 Stand der Rechnernetze

Obwohl eine Reihe von Netzen für verschiedene Zwecke im Einsatz ist, wurden bisher, was die systematische Behandlung angeht, fast nur Kommunikationsnetze betrachtet. So besteht das bekannte ARPA-Netz zwar aus einer Vielzahl von unterschiedlichen Großrechnern, aber nur das von den - IMP's genannten - Kommunikationsrechnern gebildete System kann als eine logische Gesamtheit betrachtet werden, es ist ein Rechnernetz, dessen Aufgabe der (reine) Transport von Daten ist. Die angeschlossenen Großrechner - HOST's genannt - benützen das Kommunikationsnetz wie ein Telefon- oder Postnetz, ohne deshalb eine Einheit zu bilden, (Ausnahmen s.u.). Aus verschiedenen Gründen ist die bevorzugte Behandlung der Kommunikationsnetze erklärlich. So ist ein zuverlässiger Nachrichtentransport Voraussetzung für das Funktionieren eines Rechnernetzes. Die Kompliziertheit von Kommunikationsnetzen ist begrenzt, sie sind leichter überschaubar, da sie meist aus gleichartigen Rechnern bestehen, die Aufgaben und die Struktur festliegen. Die Problemstellungen sind die allgemeiner Verkehrssysteme, etwa Telefonnetze, und somit seit langem bekannt. Deshalb können auch die hierfür bekannten Lösungsmethoden verwendet werden, wie

OR-Verfahren und Warteschlangentheorie.
Hingegen sind die anderen für ein DV-System relevanten Bereiche (s. 4.1) noch genauer zu erforschen.
Nur wenige Versuche sind bisher bekannt geworden, Rechnerverbunde für Aufgaben komplexerer Art in allgemeiner Form zu entwickeln. Es gibt Beispiele, die mittels des bereits erwähnten ARPA-Netzes durchgeführt wurden:
RSEXEC (THO 73) ist ein Betriebssystem (Zusatz), das einige gleichartige Anlagen zu einem Verbund koppelt, so daß daran Operationen koordiniert werden können. Die Verbundfunktionen sind hier verteilt im Netz, alle verbundspezifischen Operationen sind für die Benutzer transparent.
Mc Ross (THO 72) erlaubte es, Simulationen vom Flugzeugverkehr simultan, koordiniert auf mehreren Rechnern abzuwickeln.
Hinweise über eine Reihe weiterer interessanter Vorhaben sind in (THO 74) zu finden, so etwa über ein Programm, CREEPER genannt, das während seiner Laufzeit mitsamt seiner Ausführungsumgebung von einem Rechner zum anderen wandern kann.

4. Gliederung von Rechnerverbundsystemen

Wie für jedes System sind hier mehrere Betrachtungsziele und Gesichtspunkte möglich, um die vielfältigen Beziehungen der Systemelemente zu ordnen, zu gliedern. Allgemein ist es sinnvoll, ein System nach Funktionen, Aufgaben in Teilsysteme zu gliedern, deren Struktur von den dafür relevanten Beziehungen bestimmt wird. Der Detaillierungsgrad wird vom Abstraktionsniveau bestimmt.

4.1 Logische Gliederung

Diese ergibt sich aus der zu erfüllenden Aufgabe. Welche realen Strukturen daraus entstehen, hängt von der Realisierung ab. Im folgenden werden einige der für Rechnernetze, wie auch für DV-Systeme, relevanten Teilaufgaben aufgezeigt, sowie die Parameter, die die zugehörigen Strukturen beeinflussen.

- Leistungserstellung und Verwaltung

Diesem Bereich ist die eigentliche, von außen feststellbare Systemaufgabe zugeordnet, (vgl. Abb. 1). Hier ist jede Struktur denkbar, sowie jede beliebige Aufgabe. Wie bereits erwähnt, kann auch reiner Datentransport eine Leistungserstellung sein.

- Kommunikation

Diesem Bereich ist in Rechnernetzen der Nachrichtentransport zuzuordnen, die Struktur dieses Teilsystems spiegelt die reale, topologische Gliederung eines Netzes wieder, zumindest was die Kommunikation zwischen Rechnern betrifft. Die Probleme des Entwurfs und Aufbaus von Kommunikationssystemen können als gelöst betrachtet werden. Fertige Lösungen hierfür werden bereits kommerziell angeboten.

- Koordination

Aufgabe dieses Bereiches ist es, die Aktionen kooperierender Partner aufeinander abzustimmen, falls durch Nebenläufigkeit Konflikte entstehen können. Weitere Aufgaben werden bei der Detailbetrachtung (s. Abschnitt 5) behandelt. Art und Ausmaß der nötigen Koordination werden bestimmt von der logischen Struktur, deren Beziehungen und Wechselwirkungen sichergestellt werden sollen. Für die Gliederung dieses Bereiches gibt es einen wichtigen Parameter, nämlich das Koordinationsprinzip:
Bei der zentralen Koordination ist nur ein aktives Systemelement verantwortlich. Beispiele sind die Teste- und Setze-Operationen für Multiprozessoren und die P- und V-Operationen für Semaphore. Vorteile sind der geringe Aufwand und die rasche Durchführung, Konflikte können rasch aufgelöst werden. An Nachteilen ist nur einer zu nennen, der aber für Rechnernetze wichtig sein kann. Da nur ein Systemelement zuständig ist, führt ein Ausfall, etwa durch Beeinträchtigung der Kommunikation, dazu, daß die betreffende Koordination nicht mehr möglich ist und somit die Funktion des Gesamtsystems beeinträchtigt werden kann.
Im Gegensatz dazu ist bei der dezentralen Koordination die Aufgabe auf $n > 1$ Systemelemente verteilt, die alle gleichberechtigt sind und sich nur durch wechselseitige Dialoge abstimmen können. Einige Nachteile sind hier zu beachten. Der statische Aufwand ist höher; unangenehmer ist, daß wegen der nötigen Dialoge der Zeitaufwand beträchtlich höher ist. Zudem müssen sich die $n > 1$ Koordinationsinstanzen selbst wieder abstimmen. Als Vorteil entfällt nun die Empfindlich-

keit gegen Funktionsausfall.

-Leitung, Steuerung

Wie jedes dynamische System bedarf auch ein Rechnernetz einer gewissen Lenkung. So können Auslastung, Kapazitäten, Funktionen und auch Konfiguration eines Systems gesteuert werden. Hier ist das Leitungsprinzip ein wichtiger Strukturparameter. Bei hierarchischer Leitung sind die Instanzen in $m>1$ Rangstufen eingeteilt (s. Abb. 2), während es bei gleichrangiger Leitung für alle Instanzen nur eine Rangstufe gibt. Hier kann die Leitungsfunktion nur im gegenseitigen Einvernehmen ausgeübt werden. Instanzen können dabei beliebige Systemelemente sein, also auch ganze Teilsysteme, die etwa ihrerseits als Regelkreise gegliedert sein können.
Weitere allgemeine Struktureinflüsse werden in 4.2 besprochen. Eine Charakteristik der logischen Gliederung ist, daß totale Vermaschung von Systemelementen möglich ist.

4.2 Reale Gliederung

Aus der logischen Gliederung entsteht im Zuge der Systemrealisierung die reale Gliederung, die i.A. wiederum die logische Struktur beeinflussen kann. Real heißt i.A., physisch präsent, "hardware", kann aber auch rein per Programme als "software" gegeben sein. Die Objekte eines realen Systems sind Prozessoren und Speicher, d.h. Maschinen, Geräte. Die Kopplung geschieht durch Datenwege. Als Erscheinungsform sind beliebige Graphenstrukturen möglich. d.h. Ringe, Bäume, Netze beliebigen Vermaschungsgrades. Wie bereits erwähnt, ist dies primär für das Kommunikationsteilsystem relevant.

4.3 Zur Realisierung von Rechnerverbundsystemen

Realsisierung bedeutet Anpassung der logischen an eine reale Struktur oder auch umgekehrt. Diese Strukturanpassung läßt sich durch einige wenige Transformationen beschreiben. (Deren Auswirkungen werden in Abschnitt 5 behandelt.)
Strukturanpassungen treten während des Entwurfsprozesses und bei nachträglichen Systemmodifikationen wegen geänderter Randbedingungen auf. Im wesentlichen kommen hierbei folgende Operationen an Systemelementen zur Anwendung:
Die Aufteilung eines Elementes in mehrere verschiedene (Unter-)Elemente. Dies gilt für Funktionen (Instanzen), Informationen (Dateien)

und Systeme. Die Verteilung eines Elementes als mehrfache Kopien ist ebenfalls möglich. Dies ist etwa der Fall für Funktionen der Kommunikation, die ja im gesamten Netz vorhanden sein müssen.
Die Zusammenfassung ist der dazu inverse Vorgang. Diese Art der Anpassung kommt vor, wenn unabhängige DV-Systeme zu einem Verbund gekoppelt werden, dann kann es sinnvoll sein, jetzt mehrfach vorhandene Funktionen zu einer zusammenzufassen. Unter diese Anpassung fällt auch die Zuordnung von Elementen einer logischen Struktur zu Elementen eines realen Systems im Zuge einer Systemimplementierung. Eine Anwendung der o.a. Anpassungen bzw. eine Vorstellung davon soll Anhang 1 bieten. Dabei ist zu beachten, daß nur Informationsbeziehungen im System berücksichtigt und dargestellt sind, und daß diese Darstellung stark vereinfacht ist. Auswirkungen und Konsequenzen solcher Transormation, d.h. die zusätzlich nötige Koordination und die dafür zuständigen Systemteile, werden in Abschnitt 5 näher betrachtet.

5. Detailbetrachtung: Koordination in Rechnernetzen

5.1 Einführung

Da in Rechnernetzen viele eigenständige aktive Systemelemente nebenläufig tätig sind, müssen alle Zugriffe zu den in Speichern gehaltenen Informationen koordiniert werden, falls für die Zugriffbeziehung $(n:m)$ gilt: $n+m > 2$, $n \geq 1$, $m \geq 1$. Da hier die Zusammenhänge und Beeinflussungen meist durch expliziten Informationstransport realisiert werden, sind solche Koordinationen der Regelfall. Im folgenden werden einige typische Koordinationsaufgaben für Verbundsysteme betrachtet.

5.2 Strukturtransformationen und ihre Auswirkungen

In 4.3 wurden bereits die zur Anpassung von Systemelementen möglichen Transformationen erwähnt. Hier sollen sie im Systemzusammenhang gesehen werden, da dann die Konsequenzen deutlich werden. Relevant sind hier die Zugriffsbeziehungen, somit sind jeweils Instanzen und Speicher betroffen. Die Transformationen führen $1 : 1$ Bezihungen in $1 : m$, bzw. $n : m$ Beziehungen über. Es ist nützlich, jeden Informationszugriff als in zwei Phasen unterteilt zu sehen: in Sende- und Empfangsphase. Die Koordinationsmaßnahmen können nur eine, aber auch beide Phasen betreffen.
Die Strukturtransformationen treten sowohl beim Systementwurf als auch bei nachträglichen Modifikationen auf. Als Basis soll im folgenden die Minimalstruktur  gelten, d.h. eine

1:1-Beziehung, u.zw. Informationsablage. Das Ziel der Koordination und auch der späteren Realisierung soll sein, daß die ursprüngliche Beziehung in ihrer Charakteristik nicht beeinflußt wird, so daß die Transformationen "transparent" bleiben.

- Verteilung: Hierbei entstehen aus einem Element m neue. Je nach der Bedeutung dieser neuen Elemente sind zwei Fälle unterscheidbar: a) bei der Unterteilung entstehen aus dem Originalelement E_o m verschiedene Teil-Elemente E_j, kurz als Modulе bezeichnet, so daß gilt: $\bigcup_m E_j \equiv E_o$, b) bei der Vervielfachung ergeben sich aus einem Element E_o m identische Kopien, so daß stets gilt: $E_j \equiv E_o$.

Abb. 3 zeigt die resultierenden Strukturen, wenn Start- bzw. Zielelemente der Informationszugriffe transformiert werden. Es treten dabei die folgenden vier Koordinationsmaßnahmen auf, die auch für die restlichen Transformationen gelten:

A) Auswahl: von m möglichen Zielelementen ist ein aktuelles auszuwählen, da die Information nur für einen Modul bestimmt ist. Hierfür müssen die "Modulgrenzen" und die Orte verfügbar sein. Die aktuelle Beziehung ist 1:1.

B) Kopieren: falls die Zielelemente m Kopien sind, muß die zu sendende Information entsprechend vervielfacht werden, damit die Zielelemente stets identisch sind - im Inhalt bei Speichern, im Verhalten bei Instanzen. Hier werden nur die Zielorte benötigt. Die aktuelle Beziehung ist stets 1 : m.

C) Ausschluß: mehrere der als eigenständig betrachteten Startelemente können senden, falls es sich dabei um Module handelt, können die übermittelten unabhängig voneinander bearbeitet werden, so daß beliebige Sequentialisierung genügt.

D) Mischen: falls die Startelemente Kopien sind, können $n \leqslant m$ Informationen identisch sein, diese können deshalb zu einer reduziert werden. Danach gilt das beim Ausschluß Gesagte.

- Zusammenfassung: Bei dieser Transformation entstehen zur Verteilung äquivalente Strukturen. Deshalb sei Abb. 4 genügend. Die zusammenfassenden Elemente können entweder als Module oder als Kopien aufgefaßt werden.

- Kombination: Analog zur Zusammenfassung besteht bei dieser interessanten "Transformation" die Ausgangskonstellation aus m eigenständigen Strukturen. Die Zahl der Elemente bleibe konstant, jedoch werden sie danach als zusammengehörig betrachtet, aus m 1:1-Beziehungen entsteht eine m:m-Beziehung. Da jeweils Module oder Kopien als Start- oder Ziel-Elemente möglich sind, ergeben sich vier Varianten, von denen Abb. 5 eine exemplarisch zeigt. Hier sind stets beide Zugriffsphasen betroffen. Die mit Mischen bezeichnete Koordinationsaufgabe muß hier allerdings noch erweitert werden: a) Die Gewährleistung einer globalen Konsistenz für alle Zielelemente erfordert die Abarbeitung der ankommenden Informationsfolgen in einer global einheitlichen Reihenfolge, b) es muß ein global gültiges Übermittlungsintervall abgegrenzt werden, damit a) möglich ist, (s. dazu / HOL 74/).

Die o.a. Koordinationsaufgaben sind noch relativ einfach. Kompliziertere ergeben sich, wenn etwa Informationsablage und -aufnahme gleichzeitig zu berücksichtigen sind. Dies führt beispielsweise zu als Reader-Writer-Problemen bezeichneten Aufgaben, (/Cou 71/). Hierzu allgemein gültige Lösungen für Rechnernetze zu finden, ist eine reizvolle Aufgabe.

5.3 Durchführung der Koordination

Logisch kann die o.a. Koordination als "Zwischenschicht" im Zugriffsweg gesehen werden, sie kann -in Form eines für die Koordination zuständigen Subsystems - in vielfältiger Weise gegliedert werden. Folgende Struktureinflüsse gibt es: a) die jeweilige (externe) Koordinationsaufgabe, b) das interne Koordinationsprinzip, d.h. zentral oder dezentral, c) die Art der Realisierung, d.h. Verteilung und Zuordnung von Aufgaben.
Eine Realisierung als eigenes Teilsystem sollte es ermöglichen, gewisse Standard-Koordinationen als Dienstleistung anzufordern; damit wäre ein flexibler, ja dynamischer Verbundaufbau möglich.

5.4 Einordnung der Koordination in das Gesamtsystem

Die für die Koordination zuständigen Systemelemente können in verschiedener Weise in das Gesamtsystem eingegliedert werden: a) als eigenständiges Teilsystem, in starker Vereinfachung dargestellt in Abb. 6. Dies bietet Vorteile, so kann das interne Koordinationsprinzip oder die Realisierungsart bei Bedarf gewechselt werden, ohne daß dies nach außen merkbar wird, b) demgegenüber erscheint eine Integration in das Kommunikationssystem nicht empfehlenswert, da der bei a) genannte Vorteil entfällt, außerdem ist dies keine klare Gliederung.

6. Varianten der Gesamtstruktur

Die Struktur eines Rechnerverbundsystems wird somit durch folgende Parameter beeinflußt:

- die jeweilige externe Aufgabe des Verbundes
- Art und Ausmaß der Leitung: hierarchisch; gleichrangig.
- Gliederung der Kommunikation: Teilsystem, angepaßte Instanzen
- Gliederung der Koordination: angepaßte Instanzen, Teilsystem: eigenständig oder integriert in das Kommunikationssystem
- das jeweilige Koordinationsprinzip: zentral, dezentral
- Art der Realisierung: Verteilung, Zuordnung von Aufgaben zur Anpassung an die physische, topologische Struktur.

Die Vielfalt der möglichen Varianten ist praktisch kaum darstellbar. Die Vielzahl der beobachtbaren Varianten scheint somit durchaus natürlich. Dies bedeutet jedoch nicht, daß jede komplizierte Struktur in irgendeiner Weise systematisch hergeleitet wurde.

Da nicht alle Einzelheiten einer Systemstruktur im Zusammenhang darstellbar sind, muß versucht werden, durch zweckmäßige Gliederung Teilbereiche überschaubar zu machen. Es ist zu hoffen, dann die so oft beschworenen eigentlichen, komplexen Aufgaben für Rechnernetze mit Erfolg erledigen zu können. Eine systematische Behandlung löst zwar i.A. keine Probleme, ist aber recht hilfreich dabei.

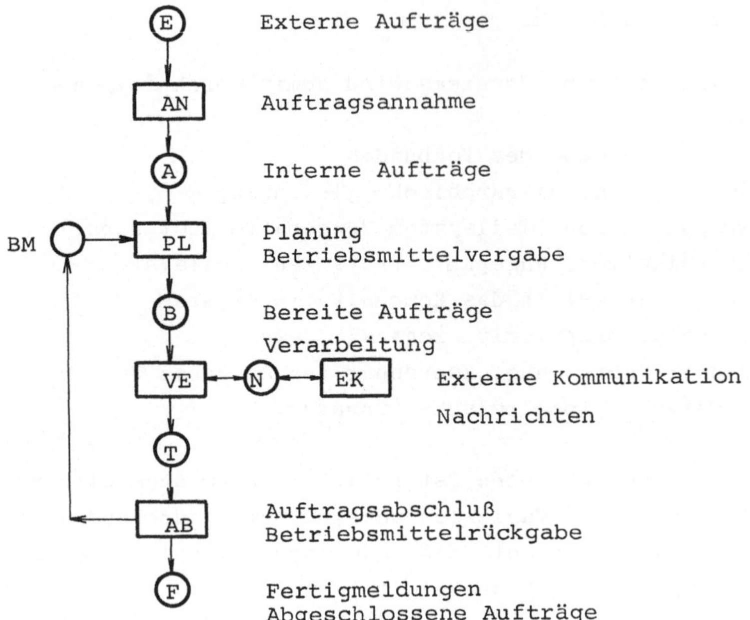

Abb. 1 Funktionsgliederung und Informationsfluß eines Betriebssystems

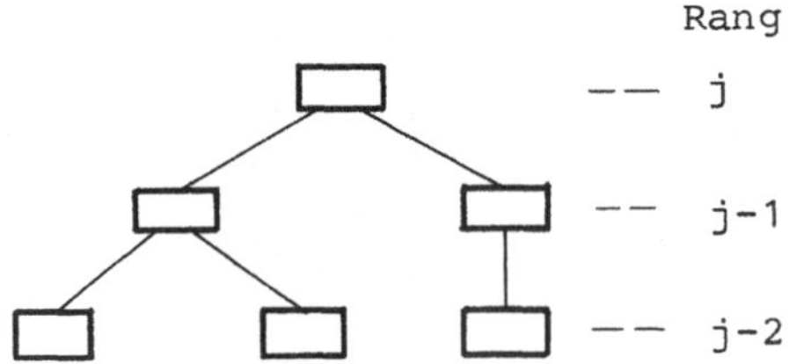

Abb. 2 Hierarchisches Leitungsschema

Verteilte Elemente		Struktur	Koordination		Aktuelle Zugriffs-Beziehung
Ort	Art		Ort	Art	
Ziel	Modul		Start	Auswahl	1:1
	Kopie			Kopieren	1:m
Start	Modul		Ziel	Ausschluß	n:1 $1 \leq n \leq m$
	Kopie			Mischen	n:1

Abb. 3 Verteilung von Systemelementen (s. 5.2)

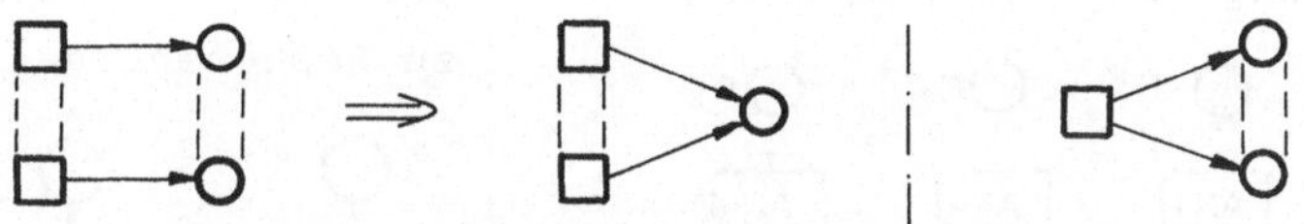

Abb. 4 Zusammenfassung von Systemelementen (s. 5.2)

Bedeutung d. Elem.		Struktur	Koordination		Aktuelle Zugriffs-Beziehung
Start	Ziel		Start	Ziel	
Kopie	Kopie		Kopieren	Mischen	n:r $1 \leq n \leq m$ $1 \leq r \leq n$

Abb. 5 Kombination von Systemelementen (s. 5.2)

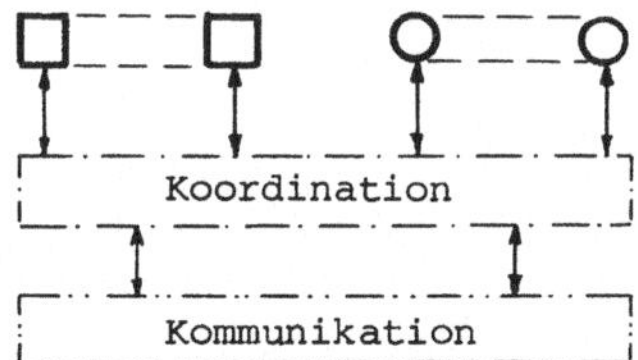

Abb. 6 Einordnung eines eigenständigen Koordinationssystems

Anhang 1

Anpassung eine Betriebssystems an eine gegebene physische Struktur

geg.: a) B.S.-Gliederung,(Struktur und Bezeichnungen analog Abb. 1)

b) Fünf Rechenanlagen nebenstehender Anordnung und Aufgabenzuordnung

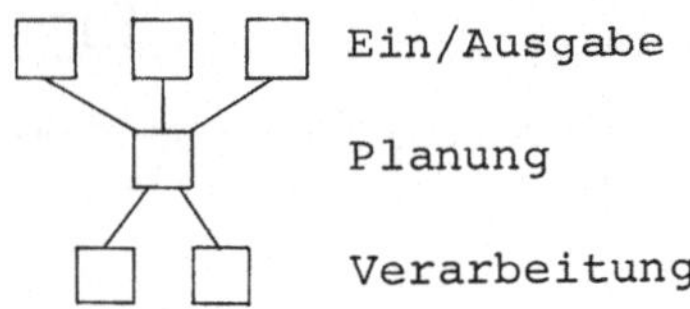

Anpassung I

Verteilung von B.S.-Elementen

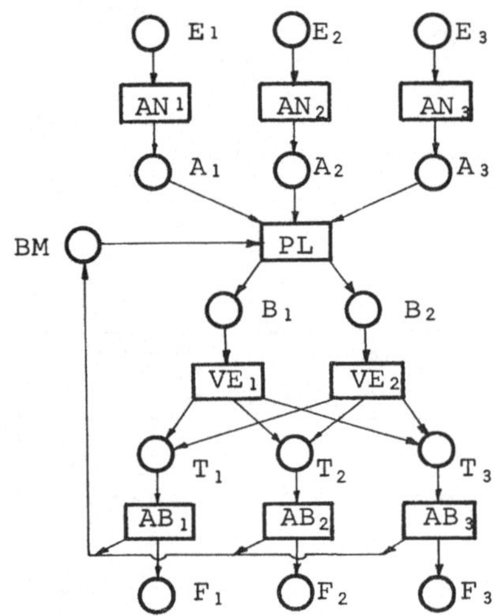

Anpassung II

Zuordnung von B.S.-Elementen zu Rechenanlagen

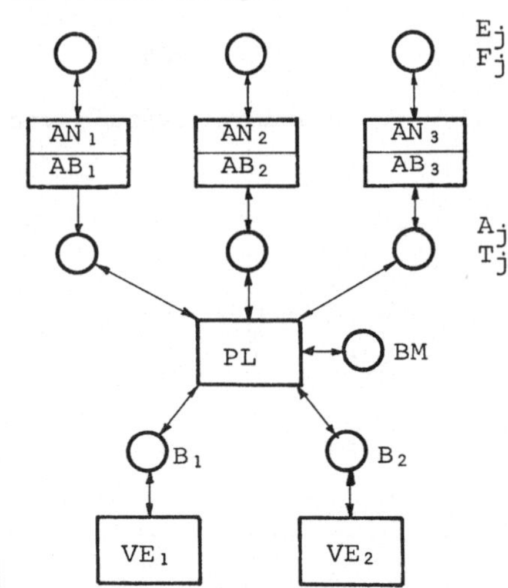

Literatur

CW 75 Computerwoche, Nr. 46, 1975, S. 1

HOL 74 Holler, E., Koordination kritischer Zugriffe auf verteilte Datenbanken in Rechnernetzen bei dezentraler Überwachung, Dissertation, Univ. Karlsruhe, 1974

KLA 74 Klaus, G., Liebscher, H.: Systeme, Informationen, Strategien, Verlag Technik Berlin, 1974

MIL 73 Miller, E., Prichard, E.: Process Control and File Management Problems in Large Minicomputer Networks, Compcon 73, 199-201

THO 72 Thomas, R.H., Henderson, D.A.: Mc Ross - A Multi-Computer-Programming System, Afips Conf. Proc., v. 40, Juni 1972, 281-293

THO 73 Thomas, R.H.: A Resource Sharing Executive for the Arpanet Afips Conf. Proc., v. 42, Juni 1973, 359 - 367

THO 74 Thomas, R.H.: Natural Communication with Computers Final Report-Volume III, BBN Report 2976

COU 71 Courtois, et.al.: Concurrent Control with Readers and Writers, CACM,14,10,1971

AUTORENVERZEICHNIS / LIST OF AUTHORS

Ambrosini Guaccimanni, L.; Università degli Studi di Bologna, Facoltà di Ingegneria, Instituto di Elettronica, Viale Risorgimento, 2, I-40136 Bologna

Barth, I.; Gesellschaft für Mathematik und Datenverarbeitung mbH Bonn, Bereich Darmstadt, Institut für Datenfernverarbeitung, Rheinstraße 75, 6100 Darmstadt

Bender, H.; Institut für Informatik III der Universität Karlsruhe, Postfach 6380, 7500 Karlsruhe

Bremer, J.; Université de Liège, Faculté des Sciences Appliquées, Systèmes et Automatique, 49, Avenue des Tilleuls, B-4000 Liège

Bürkle, M.; Regionales Hochschulrechenzentrum der Universität Trier-Kaiserslautern, Pfaffenbergstraße 95, 6750 Kaiserslautern

Butrimenko, A.; IIASA, A-2361 Schloß Laxenburg

Butscher, B.; Hahn-Meitner-Institut, Glienicker Straße 100, 1000 Berlin 39

Chupin, J.G.; Compagnie Internationale pour l'Informatique, Centre Scientifique de Grenoble, I.M.A.G., Boîte postale 53, F-38041 Grenoble Cedex, Isère

Danthine, A.; Université de Liège, Faculté des Sciences Appliquées, Systèmes et Automatique, 49, Avenue des Tilleuls, B-4000 Liège

Dierstein, R.; DFVLR-Rechenzentrum, 8031 Oberpfaffenhofen, Post Weßling

Döderlein, A.; Max-Planck-Institut für Plasmaphysik, Rechenanlage, 8046 Garching bei München

Drobnik, O.; Kernforschungszentrum Karlsruhe, Institut für Datenverarbeitung in der Technik, Postfach 3640, 7500 Karlsruhe

Gersing, J., Glas, G.; DFVLR-Rechenzentrum, 8031 Oberpfaffenhofen, Post Weßling

Glatthaar, W.; Institut für Informatik der Universität Stuttgart, Herdweg 51, 7000 Stuttgart

Händler, W.; Institut für Mathematische Maschinen und Datenverarbeitung, Erwin-Rommel-Straße 60, 8520 Erlangen

Hänle, J.; Gesellschaft für Mathematik und Datenverarbeitung mbH Bonn, Bereich Darmstadt, Institut für Datenfernverarbeitung, Rheinstraße 75, 6100 Darmstadt

Hertweck, F.; Max-Planck-Institut für Plasmaphysik, Rechenanlage, 8046 Garching bei München

Hoener, S.; Lehrstuhl für Allgemeine Elektrotechnik und Datenverarbeitungssysteme der RWTH Aachen, Rogowski-Institut, Templergraben 55, 5100 Aachen

Irsigler, R.; Hahn-Meitner-Institut, Glienicker Straße 100, 1000 Berlin 39

Jilek, P.; Siemens AG, Bereich Datenverarbeitung, Werk für Systeme, Datenfernverarbeitung 1, Hofmannstraße 51, 8000 München 70

Kirstein, P.T.; University College of London, Department of Statistics and Computer Science, 44, Gordon Square, London WC1H OPD

Peter, G.; Institut für Informatik der Universität Stuttgart, Herdweg 51, 7000 Stuttgart

Raubold, E.; Gesellschaft für Mathematik und Datenverarbeitung mbH Bonn, Bereich Darmstadt, Institut für Datenfernverarbeitung, Rheinstraße 75, 6100 Darmstadt

Schmitz, P., Schönlein, A.; Rechenzentrum der Universität Köln, Robert-Koch-Straße 10, 5000 Köln 41

Schröder, J.; Deutsche Datel GmbH, Datel-Hochhaus, 6100 Darmstadt

Séguin, J.; Compagnie Internationale pour l'Informatique, Centre Scientifique de Grenoble, I.M.A.G., Boîte postale 53, F-38041 Grenoble Cedex, Isère

Sergeant, G.; Ecole Nationale Supérieure d'Informatique et de Mathématiques Appliquées, Institut National Polytechnique de Grenoble, Boîte postale 53, F-38041 Grenoble Cedex, Isère

Sichra, U.; IIASA, A-2361 Schloß Laxenburg

Staudinger, W.; FTZ Darmstadt, Referat A 15, Am Kavalleriesand 3, 6100 Darmstadt

Strack-Zimmermann, H.W.; Hahn-Meitner-Institut, Glienicker Straße 100, 1000 Berlin 39

Struif, B.; Gesellschaft für Mathematik und Datenverarbeitung, Rheinstraße 75, 6100 Darmstadt

Vildosola, F.;	DFVLR-Rechenzentrum, 8031 Oberpfaffenhofen, Post Weßling
Vogt, F.;	Hahn-Meitner-Institut, Glienicker Straße 100, 1000 Berlin 39
Weber, H.;	Lehrstuhl für Allgemeine Elektrotechnik und Datenverarbeitungssysteme der RWTH Aachen, Rogowski-Institut, Templergraben 55, 5100 Aachen

Lecture Notes in Computer Science

Vol. 1: GI-Gesellschaft für Informatik e.V. 3. Jahrestagung, Hamburg, 8.–10. Oktober 1973. Herausgegeben im Auftrag der Gesellschaft für Informatik von W. Brauer. XI, 508 Seiten. 1973.

Vol. 2: GI-Gesellschaft für Informatik e.V. 1. Fachtagung über Automatentheorie und Formale Sprachen, Bonn, 9.–12. Juli 1973. Herausgegeben im Auftrag der Gesellschaft für Informatik von K.-H. Böhling und K. Indermark. VII, 322 Seiten. 1973.

Vol. 3: 5th Conference on Optimization Techniques, Part I. (Series: I.F.I.P. TC7 Optimization Conferences.) Edited by R. Conti and A. Ruberti. XIII, 565 pages. 1973.

Vol. 4: 5th Conference on Optimization Techniques, Part II. (Series: I.F.I.P. TC7 Optimization Conferences.) Edited by R. Conti and A. Ruberti. XIII, 389 pages. 1973.

Vol. 5: International Symposium on Theoretical Programming. Edited by A. Ershov and V. A. Nepomniaschy. VI, 407 pages. 1974.

Vol. 6: B. T. Smith, J. M. Boyle, J. J. Dongarra, B. S. Garbow, Y. Ikebe, V. C. Klema, and C. B. Moler, Matrix Eigensaystem Routines – EISPACK Guide. XI, 551 pages. 2nd Edition 1974, 1976.

Vol. 7: 3. Fachtagung über Programmiersprachen, Kiel, 5.–7. März 1974. Herausgegeben von B. Schlender und W. Frielinghaus. VI, 225 Seiten. 1974.

Vol. 8: GI-NTG Fachtagung über Struktur und Betrieb von Rechensystemen, Braunschweig, 20.–22. März 1974. Herausgegeben im Auftrag der GI und der NTG von H.-O. Leilich. VI, 340 Seiten. 1974.

Vol. 9: GI-BIFOA Internationale Fachtagung: Informationszentren in Wirtschaft und Verwaltung. Köln, 17./18. Sept. 1973. Herausgegeben im Auftrag der GI und dem BIFOA von P. Schmitz. VI, 259 Seiten. 1974.

Vol. 10: Computing Methods in Applied Sciences and Engineering, Part 1. International Symposium, Versailles, December 17–21, 1973. Edited by R. Glowinski and J. L. Lions. X, 497 pages. 1974.

Vol. 11: Computing Methods in Applied Sciences and Engineering, Part 2. International Symposium, Versailles, December 17–21, 1973. Edited by R. Glowinski and J. L. Lions. X, 434 pages. 1974.

Vol. 12: GFK-GI-GMR Fachtagung Prozessrechner 1974. Karlsruhe, 10.–11. Juni 1974. Herausgegeben von G. Krüger und R. Friehmelt. XI, 620 Seiten. 1974.

Vol. 13: Rechnerstrukturen und Betriebsprogrammierung, Erlangen, 1970. (GI-Gesellschaft für Informatik e.V.) Herausgegeben von W. Händler und P. P. Spies. VII, 333 Seiten. 1974.

Vol. 14: Automata, Languages and Programming – 2nd Colloquium, University of Saarbrücken, July 29–August 2, 1974. Edited by J. Loeckx. VIII, 611 pages. 1974.

Vol. 15: L Systems. Edited by A. Salomaa and G. Rozenberg. VI, 338 pages. 1974.

Vol. 16: Operating Systems, International Symposium, Rocquencourt 1974. Edited by E. Gelenbe and C. Kaiser. VIII, 310 pages. 1974.

Vol. 17: Rechner-Gestützter Unterricht RGU '74, Fachtagung, Hamburg, 12.–14. August 1974, ACU-Arbeitskreis Computer-Unterstützter Unterricht. Herausgegeben im Auftrag der GI von K. Brunnstein, K. Haefner und W. Händler. X, 417 Seiten. 1974.

Vol. 18: K. Jensen and N. E. Wirth, PASCAL – User Manual and Report. VII, 170 pages. Corrected Reprint of the 2nd Edition 1976.

Vol. 19: Programming Symposium. Proceedings 1974. V, 425 pages. 1974.

Vol. 20: J. Engelfriet, Simple Program Schemes and Formal Languages. VII, 254 pages. 1974.

Vol. 21: Compiler Construction, An Advanced Course. Edited by F. L. Bauer and J. Eickel. XIV. 621 pages. 1974.

Vol. 22: Formal Aspects of Cognitive Processes. Proceedings 1972. Edited by T. Storer and D. Winter. V, 214 pages. 1975.

Vol. 23: Programming Methodology. 4th Informatik Symposium, IBM Germany Wildbad, September 25–27, 1974. Edited by C. E. Hackl. VI, 501 pages. 1975.

Vol. 24: Parallel Processing. Proceedings 1974. Edited by T. Feng. VI, 433 pages. 1975.

Vol. 25: Category Theory Applied to Computation and Control. Proceedings 1974. Edited by E. G. Manes. X, 245 pages. 1975.

Vol. 26: GI-4. Jahrestagung, Berlin, 9.–12. Oktober 1974. Herausgegeben im Auftrag der GI von D. Siefkes. IX, 748 Seiten. 1975.

Vol. 27: Optimization Techniques. IFIP Technical Conference. Novosibirsk, July 1–7, 1974. (Series: I.F.I.P. TC7 Optimization Conferences.) Edited by G. I. Marchuk. VIII, 507 pages. 1975.

Vol. 28: Mathematical Foundations of Computer Science. 3rd Symposium at Jadwisin near Warsaw, June 17–22, 1974. Edited by A. Blikle. VII, 484 pages. 1975.

Vol. 29: Interval Mathematics. Procedings 1975. Edited by K. Nickel. VI, 331 pages. 1975.

Vol. 30: Software Engineering. An Advanced Course. Edited by F. L. Bauer. (Formerly published 1973 as Lecture Notes in Economics and Mathematical Systems, Vol. 81) XII, 545 pages. 1975.

Vol. 31: S. H. Fuller, Analysis of Drum and Disk Storage Units. IX, 283 pages. 1975.

Vol. 32: Mathematical Foundations of Computer Science 1975. Proceedings 1975. Edited by J. Bečvář. X, 476 pages. 1975.

Vol. 33: Automata Theory and Formal Languages, Kaiserslautern, May 20–23, 1975. Edited by H. Brakhage on behalf of GI. VIII, 292 Seiten. 1975.

Vol. 34: GI – 5. Jahrestagung, Dortmund 8.–10. Oktober 1975. Herausgegeben im Auftrag der GI von J. Mühlbacher. X, 755 Seiten. 1975.

Vol. 35: W. Everling, Exercises in Computer Systems Analysis. (Formerly published 1972 as Lecture Notes in Economics and Mathematical Systems, Vol. 65) VIII, 184 pages. 1975.

Vol. 36: S. A. Greibach, Theory of Program Structures: Schemes, Semantics, Verification. XV, 364 pages. 1975.

Vol. 37: C. Böhm, λ-Calculus and Computer Science Theory. Proceedings 1975. XII, 370 pages. 1975.

Vol. 38: P. Branquart, J.-P. Cardinael, J. Lewi, J.-P. Delescaille, M. Vanbegin. An Optimized Translation Process and Its Application to ALGOL 68. IX, 334 pages. 1976.